硕士研究生专题教材

中国汽车史

陈和平　编著

上海三联书店

目 录

目 录

导　论

一、中国法律史学科概念及研究对象

（一）学科概念

古代华夏族建国于黄河中下游一带，自以为位处天下中心，号称中国，亦有中华、中原、九州等多种代称。中国自古居中原广大地区，周边荒芜的地方为"夷狄"。除了地域概念外，中国也是一个政治概念、文化概念。从夏代家天下政权的建立，到西周分封建制，及至秦始皇统一六国，建立大一统的中央集权制，"海内为郡县，法令由一统"①，奠定了后世政治和法律的基本格局。就文化而言，生生不息的华夏民族创造了辉煌的古代文化，源远流长，凝练包容，所谓"夷而进于中国，则中国之"②，在多民族交往和融合中不断发展，衍生出博大精深的中国传统文化。当今我们使用的"法律"概念乃近代从日本移植过来的"舶来品"，中国古代没有将"法"与"律"连用的"法律"概念，指称"法律"的概念有礼、刑、法、律。礼出现最早，在原始社会就有礼，进入奴隶社会后礼成为法律形式之一；作为法律意义上的刑始出于夏代，所谓"夏有乱政，而作禹刑"；"法"与"律"概念出现稍晚，自秦以来"律"多为后世封建王朝的根本大法。由于中国传统法律以刑为主，尽管"刑""法""律"在含义上有些细微差别，但在中国

①《史记·秦始皇本纪》。
②《五百家注昌黎文集·卷十一》。

传统法中,这三者时常相互代用。

法律史,首先是个历史概念,指法律产生、发展、演变的历史。法律是历史的一部分,人类的法律走过了几千年,任何国家民族的法律都经历了漫长的历史阶段,从古代走入了近现代,并在不断延续。何谓历史,葛兆光先生认为历史就是曾经在过去的时间中出现过的人、物与事。[①] 依此,法律史可理解为过去与法律有关的人、物与事件。其次,法律史是个学科概念,即法律史学,研究法律史而产生的理论以及由法律史相关理论和研究方法发展到一定阶段形成的学科,本课程名称中国法律史即为学科概念。

长期以来《中国法律史》学科分为中国法制史和中国法律思想史两个分支,早在 1906 年《京师法律学堂章程》中就将《中国法制史》列为法学教学科目,民国时期《中国法制史》亦为大学法学教育必修课,[②]新中国成立后法学教育和研究领域也一直在沿用《中国法制史》这一学科名称。众所周知,法律制度的制定、修改和实施都离不开法律思想的指导,法律思想的变化或迟或早会带来法律制度的变化,法律制度与法律思想可谓灵魂和肉体关系,难以割裂,多年来法史学界也一直在反思这种将《中国法律史》细分为《中国法制史》和《中国法律思想史》所造成的"两张皮"的弊端。在学界呼吁和努力之下,本科教育法学课程体系中已将《中国法制史》和《中国法律思想史》合二为一,改名为《中国法律史》,这是一个理性的回归。[③] 客观地讲,《中国法律史》学科的核心是中国法制史,毕竟法律首先表现为一种制度,静态的或动态的,而法律思想则只是广义上的法律范畴,而且相对于法律思想而言,法律制度体量更大,在社会中起的作用更大。

(二) 研究对象

对于《中国法制史》学科是干什么的,早在 1934 年陈顾远先生就有精

---

① 葛兆光:《中国思想史》(导论),复旦大学出版社 2013 年版,第 1 页。
② 黄源盛:《中国法史导论》,广西师范大学出版社 2014 年版,第 3 页。
③ 当然,将《中国法制史》与《中国法律思想史》两门课程合为《中国法律史》一门,但并不意味着否定前二者之间的差异,也不意味着取消这两门分支学科的独立性。分有侧重点考虑,合有合的道理。事实上在不同高校、不同教育层次在课程名称和教材名称上,既有《中国法律史》,也有《中国法制史》。

到的言论：

> 为社会生活之规范，经国家权力之认定，并具有强制之性质者，曰法；为社会生活之形象，经国家公众之维持，并具有规律之基础者，曰制。条其本末，系其终始，阐明其因袭变革之关系者，是为法制之史的观察，曰法制史。①

研究法制发展源流变化、考证其内容、阐释法制变革的原因，是陈顾远先生强调的法制史学科研究范畴所在，其他所持的是包括制度在内的广义法律观。顾名思义，中国法律史是研究中国法律产生、发展、演变的历程和各历史阶段法律的内容、特点以及中国法律发展演变规律的一门科学。

中国法律史的研究对象可以从纵向和横向两个层面来界定。纵向即为研究中国法律产生和发展演变的历程及其规律，按照时间轴线；横向的则包括中国传统法律思想、法律制度，或者是作为二者合称的中国传统法律文化。相对于两千多年中国封建法而言中国法律近代化历史非常短，而且中体西用背景下的中国近代法变化多端，内容混杂，故中国传统法律是以中国封建法为主体的，属于中华法系范畴。传统法律制度从狭义上讲指的是国家法，即国家制定和实施的，自春秋末期以来以成文法为主体，但如从维护社会秩序、解决社会纠纷的一种强制性的规则这一广义层面来理解，除了国家法之外中国传统法律还有民间法，包括习惯法、家法族规、行会章程等等。入乡随俗，习俗因可供裁判援引从而具有一定的法律效力，习惯法之法律性毋庸置疑；中国自汉代以来兴起的世家大族制定的调解内部成员关系、维护内部秩序的家法族规，具有很强的法律效力，对于违反者规定了大量的惩罚措施，在家族内部自是法律无疑；商会、手工业行会制定的内部章程同样对会员具有拘束力，这些都具有一定的法律意义。

此外，中国法律史研究对象还可以从静态和动态两个层面来进行界定，静态为立法，动态主要为执法和司法，即法律实施活动。由于史料的阙如，唐以前各朝代的立法鲜有完整的文本存世，无疑极大地增加了我们

---

① 陈顾远：《中国法制史概要》，商务印书馆 2011 年版，第 5 页。

了解和研究早期法律的困难,《唐律疏议》美轮美奂、光彩夺目,成为中华法系空前绝后的标杆,亦为法律史研究领域的宠儿。我们必须清醒认识到立法是一回事,法律实施又是另一回事,在中国传统社会法律有没有得到很好的实施,相对于静态的立法而言这是更值得探讨的问题,对传统司法审判活动的研究多年来一直是法律史学界研究的热点。中国古代官员审案具有较大的裁量权,相对于程序而言古人更关注的是案件判决的实质结果,以及和谐文化观下古人无讼、厌讼、不愿打官司等等,都是传统司法文化之特性所在,传统法律是否具有韦伯所言的"实质合理性"这一特点值得我们去探究。

二、学科性质

在法学众多门类中,中国法律史属于基础学科,亦是法学必修课程,法学核心课,其学科性质可从三方面来界定。

(一)理论法学

法学总体上属于经验科学,具有很强的实践性,学法、知法是为了守法、用法,所谓经世致用。根据侧重于理论还是实践之不同,法学内部各分支学科分为理论法学和应用法学(部门法学)。抽象的法理学毋庸置疑是理论法学,然法律史学也是首当其冲的理论法学。《中国法律史》研究的是过去的法律,尽管建国后的法律也是法律史学的研究范畴,但中国法律史研究的侧重点是传统法律,奴隶制法、封建制法、近代转型时期的法律在制度层面都退出了历史舞台,虽然与当今的法律有着一定的历史传承,但当今的社会主义法律无论是法律制度还是立法思想与传统法律都有质的不同。学习过去的法律不能立竿见影地解决现实生活中的法律问题,《中国法律史》与现实社会的联系显然不如《民法》《刑法》等部门法学,或者说其法律实践性相对较弱,但也并非没有任何关联,它能给我们提供一些思考和解决法律问题的思维方法、法律智识和历史经验。解决社会纠纷、维护社会秩序,是今人和古人都面临着的问题,也是古今法律共同的使命。

　　传统法律制度是古人治国安邦、法律技术与法律经验的凝练，无论是法律概念的提出、规则的创制，还是法律制度的构建、运行机制及其内在逻辑，都具有一定的理论性。相对而言，更明显体现中国传统法律理论性则是传统法律思想、观念、学说，这种思想学说是对传统社会法律现象和法律实践的抽象，具有很强的理论性。在此方面，古圣先贤们提出了丰富的治国思想、法律思想，如老子的"无为而治"思想、孔子的"人存政举""导德齐礼"思想、孟子的"仁政""王道"思想、韩非的"法、术、势相结合"思想、董仲舒的"春秋决狱"理论、唐太宗的"立法宽简"思想等等，这些理论对当时和后世带来了很大的影响。

（二）传统法律文化学

　　"文化"是个很宏大的概念，与"文明"同一层次且人们时常不加区分地将二者混用。何谓"文化"，《现代汉语词典》解释为"人类在社会历史发展过程中所创造的物质财富和精神财富的总和"①，显然这是广义的文化观，包括人类所有的物质文化和精神文化。中义的文化观将"文化"界定为：社会的意识形态以及与之相适应的制度和组织机构。狭义文化观认为，文化就是指社会的意识形态，或社会的观念形态。文化的产生和发展，使得人类渐行渐远地拉开了与动物界的差距。人类为什么创造文化？启良先生认为："文化对于原始的人类来说，乃是为了弥补他们生理上的不足，使他们能够得以生存"，"文化本身不是目的，它的目的是人类为了解决自身的问题。亦可说，文化因问题而生，亦因问题而体现自身的形貌。"②启良先生所言甚是，人类所创造的一切文化莫不是为了弥补自身的不足，满足人类物质生活和精神生活之需，解决面临的问题。

　　法律是一种文化现象，法律的出现是人类文明的产物，体现了人类控制自然和人类本身的技术和进步。按如上标准，法律属于"中义"的文化，它包括法律制度及其相应的组织机构以及法律思想观念学说乃至法律信仰，等等。研究法律现象的法学，也是文化，属"狭义"上的文化，法学理论

①　中国社会科学院语言研究所词典编辑室编：《现代汉语词典》（第5版），商务印书馆2005年版，第1427页。

②　启良：《真善之间：中西文化比较答客问》，花城出版社2003年版，第41页。

知识体系属于意识形态范畴。相应地,作为研究中国传统法律文化的学科意义上的《中国法律史》属于传统法律文化学。法学任何门类都是研究法律现象、法律文化,研究传统法律文化是法史学与部门法学在研究对象上根本的不同,虽然部门法学的研究也会或多或少涉及到部门法史,但关注和研究现今的法律问题是部门法学研究的着眼点所在,借此可将《中国法律史》定性为传统法律文化学。

(三) 交叉学科

过去的法律是历史的一部分,法律史是法学和史学在研究领域上的交叉,这决定了研究中国传统法律的《中国法律史》是法学和史学的交叉学科,既具有法学品性,又具有史学品性。相应地,将其列入法学学生课程范围和史学学生的课程范围,都顺理成章,皆无不可。在学科分类上,《中国法律史》最终被纳入了法学的阵营,成为法学核心课程。就研究者而言,该领域既有法学出身的学者,也有史学出身的学者,由于学科方法和所接受的科研训练不同,两派学者在研究视角和研究方法上有一些不同,史学的学者注重考证、注重史料的梳理和对历史真实的揭示,法学的学者注重史料的阐释解读和价值层面的发掘。这是一个好现象,有利于学科的发展和繁荣,只是由于法律史相对较为冷门,真正有志于这方面研究的学者不多,特别是在法学领域。随着国际文化交流的不断发展和全社会对文化自信的高度重视,近些年来传统文化研究热度不断提升,带来了《中国法律史》较好的发展机遇。

三、中国传统法律的哲学基础

"哲学"一词来自西洋,但从对世界观和方法论、对宇宙和人生根本问题的探究和认识来讲,中国古人有着丰富的哲学理论,如冯友兰所言,"所谓中国哲学者,即中国之某种学问或某种学问之某部分之可以西洋所谓哲学名之者也。"[①]法律是治国工具,哲学是世界观,是对世界万事万物的

---

① 冯友兰:《中国哲学史》(上册),华东师范大学出版社 2000 年版,第 7 页。

根本看法,传统法律立基于传统哲学,并受到传统哲学的沁润,中国传统法律的哲学基础主要有两方面。

(一)民本

兴盛于夏商时期的神权思想,至西周时期有所动摇,周人总结夏商灭亡的教训,认为仅靠天命不足以维持统治的长久,于西周初年提出了"以德配天",将"德"和"天"统一起来,提出了"天命属于有德者",并赋予了"德"一项重要内容"保民",即重视人民疾苦,关怀小民,认为人民才是统治的基础,所谓"民之所欲,天必从之"①。在政治哲学上实现了从神本到人本的伟大转折,奠定了中国传统法律世俗化的基础。人本是相对于神本而言的,是对人事的重视和对神事的淡泊,以人为本。更为可贵的是,周人将人本的核心归结为民本,可谓对大禹时期"民为邦本,本固邦宁"思想的承袭。民本是相对于君本或官本而言的,不是说人民比君主更重要,更不是说人民地位高于君主,而是强调国家兴衰存亡的根本在人民而非君主。民本治国思想在孟子学说中得到了极致的发展,"民为贵,社稷次之,君为轻"②、"五亩之宅,树之以桑,五十者可以衣帛矣。鸡豚狗彘之畜,无失其时,七十可以食肉矣。百亩之田,勿夺其时,数口之家可以无饥矣"③,这些民本观念及相应的制度成为孟子"仁政""王道"的重要内容。此外,荀子的"天之生民,非为君也;天之立君,以为民也"④同样是民本理想的伟大彰显,颇有后儒黄宗羲的"天下为主,君为客"⑤思想风味。

秦持民本思想的并非仅有坚持"仁者爱人"的儒家,法家先驱管仲主张"人主之所以令则行、禁则止者,必令于民之所好,而禁于民之所恶也"⑥,同样将人民作为治国根本,法律禁令必须符合人民的好恶心理,所谓"令顺民心"。慎到亦言:"古者立天子而贵之者,非以立一人也。曰:

---

① 《尚书·泰誓上》。
② 《孟子·尽心下》。
③ 《孟子·梁惠王上》。
④ 《荀子·大略》。
⑤ 《明夷待访录·原君》。
⑥ 《管子·形势解》。

天下无一贵,则理无由通,通理以为天下。故立天子以为天下,非立天下以为天子也;立君以为国,非立国以为君也;立官长以为官,非立官以为长也"①,"立天子以为天下"体现了人民之本,摆正了天子与人民应有的地位。韩非的"明主治吏不治民"治国格言,强调治国的关键是治官而非治民。韩非认为芸芸众生之人民只是一群逐利者,君主应根据人民"好利恶害"的本性来制定法律,通过赏罚来调节人民的行为,实现法家的法治蓝图。唐太宗也非常认同荀子"君舟民水"观点,并对侍臣说:"为君之道,必须先存百姓。若损百姓以奉其身,犹割股以啖腹,腹饱而身毙。"②作为君主,太宗有如此高的民本观难能可贵,坚持虚心纳谏、自律反省,成为一代明君。

这些民本政治哲学,深深影响到了传统法律思想,甚至很多已成为传统法律思想的一部分,指导了传统立法和司法活动,传统法制在内容上闪烁着不少民本的光辉。在"明德慎罚"思想指导之下,西周确立的"五刑之疑有赦,五罚之疑有赦"③制度和"父子兄弟,罪不相及"④不株连的刑法原则,避免了法律的残暴和冤滥,体现了法律的仁爱和对人民的关怀。汉初在国力衰弱、民不聊生的现状下,采用道家黄老思想治国,无为而治,让人民休养生息,汉高祖五年(公元前202年)下诏:"民以饥饿自卖为人奴婢者,皆免为庶人。"⑤减轻税赋,汉文帝时期十五税一,景帝时期降到三十税一,以及"汉文帝废肉刑"等等,无不体现了法律对百姓生存及切身利益的关切,皆为民本体现。此外,唐代实行均田制并打击"占田过限",极大地保障了人民的生存基础;宋代的"务限法"将民事案件的起诉时间限定在农闲时期三个月内,是为了农忙时期政府能将主要的精力放在农业生产的组织、管理和服务上,维护农民的根本利益。《大清律例》中的保辜制度,强制加害人为受害人养伤并在辜限届满时视受害人伤情恢复的情况来最终决定加害人能否减刑之规定,其意义在于尽可能实现有利于受害

---

① 《慎子·威德》。
② 《贞观政要·君道》。
③ 《尚书·吕刑》。
④ 《左传·昭公二十年》。
⑤ 《汉书·高帝纪》。

人康复和有利于加害人减刑之双赢，是在救民。此外，传统法律中的邀车驾、登闻鼓等直诉制度避免了上下级官员之间官官相护造成百姓冤不得伸，无不是重民、安民，皆为民本。

(二) 和谐

在中国哲学上，天人关系具有根本的意义，是古人探索和认识自然界和人类社会的出发点。与西方人将天看成是外在事物的"天人相分"不同，中国传统哲学坚持"天人合一"的天人观，认为天和人是一个密切联系的系统，没有把天外在化、对象化，而是赋予了天某种人格，天能主宰人世间的事情。早在奴隶社会时期就有"有夏承天命""有殷受天命"之王权神授说，认为君主的权力来自上天，代表上天来进行统治，如董仲舒所言"天子受命于天，天下受命于天子"[①]。天命不可违，故人世间的事情要顺从天意。"天人合一"含义非常丰富，启良先生认为，原始人的"天人合一"，最具实质性意义的是神人合一，源于万物有灵、自然崇拜，巫术即为神人通感的方式之一。[②] 李泽厚指出了"天人合一"思想的发展变化："如果说，汉儒的'天人合一'是为了建立人的外在行动自由的宇宙模式，这里'天'在实质上是'气'，是自然，是身体的话；那么宋儒的'天人合一'则是为了建立内在伦理自由的人性思想，这里的'天'则主要是'理'，是精神，是心性。所以前者是宇宙论即自然本体论，后者是伦理学即道德形而上学。"[③]"天人合一"是一种和合文化，认为和谐是事物得以生存的内在规律，将对立统一的事物分为阴阳，"天地合而万物生，阴阳接而变化起"[④]，指出了万事万物产生的根源和发展演变的内在规律，老子的"万物负阴而抱阳，冲气以为和"[⑤]言明了事物阴阳面在对立统一中发展，以达到新的平衡，如此循环往复。

"天人合一"的和谐哲学观，对传统社会政治和法律带来很大影响。

---

① 《春秋繁露·为人者天》。
② 启良：《真善之间：中西文化比较答客问》，花城出版社 2003 年版，第 132 页。
③ 李泽厚：中国思想史论（上），安徽文艺出版社 1999 年版，第 323 页。
④ 《荀子·礼论》。
⑤ 《道德经·第四十二章》。

《周易》言："夫大人者,与天地合其德,与日月合其明,与四时合其序,与鬼神合其吉凶",强调君主治国应与天地、日月、四时、鬼神和谐,而不能恣意妄为,这样才能秩序井然、社会祥和。老子崇尚自然之道,反对有为政治,认为君主应顺应事物规律治理,"处无为之事,行不言之教"①,应"知雄守雌",以退为进,"后其身而身先,外其身而身存"②,通过不争实现"天下莫能与之争"。庄子秉承"天地与我并生,而万物与我为一"③的"天人合一"观,将自己融合于天地间,达到物我两忘。孔子倡导"礼之用,和为贵"④,强调"正名",以周礼为标准来恢复社会应有的秩序,实现君臣、父子、夫妇、兄弟、朋友关系的和谐。强调和谐,必须要适当限制君权,墨家的"天子为善,天能赏之;天子为暴,天能罚之"一语意在防止君主的暴虐,这种暴虐破坏了和谐、违背了天意,必将遭到上天的惩罚,导致灾难。某种程度上讲,法家一贯坚持的通过"重刑"实现"以刑去刑"治国理念,也并不违背和谐观念,因为其最终目的是"去刑",消除犯罪,实现社会和谐。这些和谐政治法律观念,渗入传统法律中,并深深影响了传统法律的性格。"三纲"理所当然地被认为是一种和谐的"礼治"秩序,在封建时代法律中得到了强有力的捍卫,其首要表现是"十恶"制度。"十恶"重罪中,维护君权的有谋反、谋大逆、谋叛、大不敬四种,维护父祖特权的有三种:恶逆、不孝、内乱。传统法律对死刑规定了严格的复核、复奏制度,并设立了较为健全的监察制度和司法官员责任制度,以尽可能避免错杀无辜,古人认为这种冤案严重破坏了社会的和谐。对于不甚严重的死刑犯罪待秋后问斩,即"秋冬行刑",以和自然四季节律相吻合,西周已有此种认识,汉儒董仲舒用"天人合一"理论和"阴阳五行说"作了更精致的阐发。此外,在人与自然的和谐上,秦代的自然资源保护法颇具代表;在人与人之和谐上,古人"无讼"观念的盛行和调解制度的发达,亦为中华法系之个性所在。

---

① 《道德经·第二章》。
② 《道德经·第七章》。
③ 《庄子·齐物论》。
④ 《论语·学而》。

四、学习意义

治学先治史,对于法学学子而言,无论是将来从事法学研究还是法律实务工作,学习《中国法律史》都是必要的,能多方面提升素养和能力。

(一) 有助于夯实法学理论基础

法学教育带有很强的职业性,法学本科培养的是应用型人才,法律硕士的培养目标也是应用型人才,法学硕士更侧重于学生研究能力的培养。当然研究型人才和应用型人才的区分是相对的,未来的职业选择也是自由的。但必须承认,法学是有着深厚理论积淀的学科,如果不具备一定的理论功底,要想成为一个合格的"法匠"都是不可能的,用统一的法律来处理千差万别的案件没有一定法学理论功底是胜任不了的。如果学生毕业后进入人大从事立法工作,没有一定的理论水平如何制定出"良法"。如果将来从事法学研究的话,对理论功底要求更高,没有相当的理论储备,显然也是不行的。

通过传统法律的学习,可以开阔学生的理论视野。传统法律有什么内容,如何调整人的行为,如何解决社会纠纷,如何维护社会秩序,古代官员怎么审案,古人是如何看待法律的,法律是什么,起什么作用,这都是《中国法律史》要探讨的问题。解决社会纠纷、维护社会秩序和救济社会弱势群体,是古今法律都面临和需要解决的问题,也决定古今法律存在一定的共性。何谓法律,韩非"法者,编著之图籍,设之于官府,而布之于百姓也"[①]之法律概念很有水准。管仲的"令重则君尊,君尊则国安;令轻则君卑,君卑则国危"[②]一语很好地道出了法律与君权的关系。在教化与刑罚效果比较上,孔子的"道之以政,齐之以刑,民免而无耻。道之以德,齐之以礼,有耻且格"[③]无疑是传统社会的至理名言。著名律学家张斐对故、失、谩、诈等二十个法律概念的界定,言简意赅,让人叹为观止,先人的

---

① 《韩非子·难三》。
② 《管子·重令》。
③ 《论语·为政》。

这些法律思想学说能够很好地拓展和深化我们对法律现象的认识。在制度层面,中国传统典卖制度、保辜制度、科举制度、永佃制等等,都别具特色,这些传统法律精华能够为我们提供丰富的理论滋养。

(二) 有助于其他法学学科的学习

《中国法律史》是基础法学,基础法学的作用之一就是为其他法学学科的学习奠定基础,这同样也是《中国法律史》学科的用武之地。主要体现在两方面:(1)为部门法的学习提供相关的法律史基础。众所周知部门法也有自己的法律史,如民法史、刑法史、经济法史、诉讼法史,了解这些部门法史为学生部门法的学习提供了铺垫,打下了基础。这些部门法史既是该部门法学的范畴也是法史学的范畴,是部门法学者和法律史学者共同的研究领域,但客观地讲由于部门法学者将主要的精力投入当前法律问题的研究,对部门法律史关注和研究不够,这就有待于法律史学者去充实。著名法学家张希坡先生曾指出,中国法律史学者们要加强对部门法律史的研究和教学工作,以便为学生部门法的学习打下良好的基础,否则学生只学当今的部门法而不了解部门法律史,是有缺憾的。张先生的话强调了法律史教学和研究不可忽视的一个方向和责任,在此方面《中国法律史》是有为和应为的。(2)为学生法理学的学习提供帮助。《法理学》是理论法学中与《中国法律史》并驾齐驱的姊妹学科,同为法学核心课。在理论法学中,要论理论的抽象性《法理学》无疑排第一的,同时法理学也是学生学习法学当然的入门学科,因为它要给学生教授一些基本的法律概念、原则、制度,这些法言法语是进一步学习法学其他课程的基础条件。然而法理学的理论过于抽象,没有一定基础的学生很难理解,在此方面《中国法律史》能够提供一些帮助。因为《法理学》的理论来自法律实践,是对法律实践素材的抽象和提升,而且更确切地讲,《法理学》的理论来自过去的法律实践,因为从实践到理论的生成存在着时间差,过去的法律实践不外乎立法、执法、司法、法律监督等,皆是法律史的范畴,也就是说法律史为《法理学》提供了研究素材,《法理学》是对法律史中丰富具体素材的归纳和去粗取精的抽象,既包括中法史材料,也包括外法史材料。通过对《中国法律史》中大量丰富具体的法律史料的学习和了解,无疑大大有益于《法理学》抽象理论的理解,能让理论变得鲜活和丰满。

(三) 有利于培养学生思辨能力

法学整体而言是应用性学科,我们培养的学生不能是死读书的庸儒,除了掌握相对完整的法学知识体系并具备良好的理论基础外,在教学过程中还应侧重于学生分析思考能力的培养,让他们成为有思想、会思考甚至睿智的人。在此方面,《中国法律史》可以大有作为。中国传统法律中有很多精华值得挖掘,有很多法律经验值得总结,也有不少反面教训值得反思,一项具体的制度为什么会出现,在历史上是如何发展演变的,对后世法制乃至当今带来什么影响,对该制度应如何评判,这都值得学生深入思考。黄源盛先生谈到"学习法史,它是一门'养慧之学',让人们关注法规范世界的同时,除了知识性地知其然,也能智能型地知其所以然,进而能到达知其所应然的悟境"①,"知其所应然"显然离不开深入的思考,通过思考领悟法律规范内在的道理,探索其发展规律。中国古代研究和论述法律问题学派林立,观点纷呈,了解传统法律丰富多彩的内容,也有利于打开我们的思路,学会多角度分析问题。如春秋战国时期诸子百家中几大显学都提出自己的治国理念和法律思想,他们何同何异、有何关联、有何优劣,为什么? 值得学生去悉心梳理、分析、辨别,以锻炼思维能力。

此外,辩证思维也很重要,是思维辩证法的运用,为马克思主义所强调,其实辩证思维在中国传统思想和制度中,早有丰富的体现,只不过未有此名称而已。孔子担任鲁国司寇时,不杀前来争讼的父子,而诛杀了少正卯,张镜影评议此事说:"对父子讼而不杀,是止于至善;其诛少正卯,亦是止于至善。"②原因在于孔子反对父子对簿公堂,主张父子相隐,不应相互告发犯罪;诛杀少正卯原因在于,孔子认为少正卯有五恶:心达而险、行辟而坚、言伪而辩、记丑而博、顺非而泽,不可以教化。可见孔子秉持的是辩证的刑杀观,不反对刑杀,而反对不教而杀。梁漱溟发现,中国古人在家里关起门来,对于老婆孩子,他便是皇帝。出得门来,遇事随和,遵循

---

① 黄源盛:《中国法史导论》,广西师范大学出版社 2014 年版,第 25 页。
② 张镜影:《儒家法律思想之溯源》,载刁荣华主编:《中西法律思想论集》,汉林出版社 1984 年版,第 83 页。

"吃亏哲学",他便是顺民。所以,他认为中国人原来个个都是顺民,同时亦个个都是皇帝。[①]梁大师这一认识即为辩证思维,即从运动变化发展角度看问题,而非静止、孤立、片面的理解。学习古人的辩证思维,对于一些重要的法律史问题,同学之间可进行讨论式学习,通过思考论辩,能锻炼和提高学生思辨能力。

(四) 有助于更好地服务于当前法治建设

古人的经验可以借鉴,古人的教训应当避免,学习历史根本目的是为当今服务,即古为今用。学习和研究中国法律史,有利于我们辩证地看待传统法律,取其精华去其糟粕,服务于我国当前法治建设。当前经济社会文化的快速发展和新事物的不断涌现使得我国社会主义法治发展进入了快车道,对法律也提出更高的要求。法律其实就是一种治理国家和管理社会的技术,特别是私法,这决定了国际上可以进行法律文化交流,吸收外来先进法律文化,毕竟文明无国界,我们当今法律中也批判借鉴了不少资本主义国家法律制度。但洋为中用的同时,我们不能忽视更不应贬低本土传统法文化。法律在漫长的历史长河中陈陈相因,从量变走向质变,我们今天的法律无疑是昨天法律的扬弃,且"不管时代怎么变,人间事有许多共通之处,研究传统法制对某些问题的处理,可供现代法制在处理同类问题时,提供参考的依据"[②]。尽管传统法律在制度上早已退出了中国历史舞台,但古人的法律思想、法律观念还在一定程度上影响着当今的国人,或许这就是民族性格、文化积淀。博大精深的传统法文化蕴含着古人丰富的法律智慧,发掘和弘扬传统法文化中的精华服务于当今,无疑是明智之举。

传统法律古为今用的例子不少,我国 20 世纪 90 年代确立的公务员制度借鉴了西方现代公务员制度,而作为现代公务员制度发源地的英国其公务员制度则是在借鉴和吸收中国科举制度基础上创立的。在我们看来是糟粕并于 1905 年废除的科举制度,英国人从中吸取到精华创立了公

---

① 梁漱溟:《中国文化要义》,上海世纪出版集团 2005 年版,第 61 页。

② 黄源盛:《中国法史导论》,广西师范大学出版社 2014 年版,第 24 页。

务员制度，我们最后反过来又去学习他们，这一教训足够深刻。应当一分为二地看待传统法律，不能因为它是奴隶制法、封建制法就像"倒洗澡水连小孩一起倒掉"一样将其不分青红皂白地否定。又如，中国传统永佃制在清代发展到了顶峰，民国时期渐趋衰落，近些年不少经济、法律学者在探讨永佃制对中国农村土地经营制度改革之启示和借鉴价值，并提出了不少设想和方案，应该说这是一项有意义的研究。再如，我国当前离婚率居高不下，大量家庭的破裂带来很多社会问题。这肯定不是我们倡导结婚自由、离婚自由的初衷，甚至立法者们都始料不及。相反在离婚条件上中国传统法律都有明确规定，且"和合文化"主导下的中国传统社会和传统法律都反对轻率离婚，冷静思考我们不难发现这一点很有积极价值，虽然古代婚姻法也有包办婚姻、离婚权男女不平等的缺陷。

（五）有利于热爱传统文化

作为文明古国，中国文化经历了几千年的发展，尽管历史上经历了多次民族文化融合，但我们的文化一脉相承，生生不息，始终没有断裂，且汉民族文化始终处于主导地位。传统法律是传统文化的一部分，学习传统法律也是在学习传统文化，作为治国工具传统法律在传统文化中占有重要地位。只有学习传统文化才了解传统文化，只有了解传统文化才理解传统文化，只有理解传统文化才热爱传统文化，所以通过《中国法律史》的学习有助于了解传统文化，了解传统文化的博大和精深，如此才能真正从内心散发出对传统文化的热爱。进一步讲，文化是一个国家和民族的精神所在，是国家和民族的象征，各国家和民族间的不同根本上是文化的不同。在世界国家民族林立的当今，文化自信是我们立足的根本，也是我们大国和强国的底气。传统文化、红色文化、社会主义新文化，都是我们文化的重要组成部分。传统文化是我们的文化源泉，是中华文化的根，弘扬优秀的传统文化，有利于唤起包括台湾人民在内的全国各族人民同根同源的家国情怀，凝聚人心实现中华民族伟大复兴。文化是国家的标志，热爱传统文化也就是爱国，二者是统一的，学习《中国法律史》有利于进一步提升学生们的爱国情怀。

五、研究方法

搞法律史研究既要兴趣,又要时间,尤其要能沉下心来,另外还得掌握一些基本的研究方法。说到研究方法,是务虚的东西,不同的研究者有不同的研究方法,亦是其研究的个性和特色所在,千篇一律统一公认的研究方法是没有的。当然在学科宏观层面,还是有一些基本的类型化研究方法或研究范式,常见的有三种。

(一) 考证

法律史研究很大程度上是在揭示法律的历史,探寻历史真实,不同时期、不同层面、宏观的、微观的等等,需要大量的史料。在历史长河中流传下来的史料形式多样,内容庞杂,有些真伪难辨,可靠性不一,既有被篡改和伪造的原因,也可能是通过民间大众化、市井化方式流传下来或者经过文学形式的修饰,又被后人不严谨地记入历史,从而难寻其真实,这就需要考证真伪。《现代汉语词典》将"考证"概念界定为:"研究文献或历史问题时,根据资料来考核、证实和说明"①,应该说考证是法律史学乃至历史学的基本研究方法。材料的真伪很重要,如果使用不可靠的史料,得出的研究成果必然打了很大折扣,学术观点也难以让人信服。再者,针对同一问题,学者们依据不同材料研究得出不同观点,也是正常现象,毕竟每个人所掌握的材料不同,在同一问题上可能会出现相互矛盾的学术观点。孰对孰错,此时在该问题上如有相关一手史料如出土文物的考证研究成果,有利于学术分歧的解决。考证研究重在揭示事物的真实面貌,正本清源,研究成果很有分量。目前学界有不少考证研究成果,远的如沈家本先生的鸿篇巨著《历代刑法考》、程树德先生的《九朝律考》,闻名遐迩。特别《历代刑法考》,涉猎之广、内容之精,让人叹为观止。近的如胡留元先生、冯卓慧女士合著的《长安文物与古代法制》,根据出土文物结合古籍史料,

---

① 中国社会科学院语言研究所词典编辑室编:《现代汉语词典》(第5版),商务印书馆2005年版,第766—767页。

考证了西周金文中所记载的刑罚种类、民法规范、契约、判例与诉讼制度，并依据秦陵出土的文物考证了秦代刑种和刑具，弥补了西周法律史研究的一些空白，也澄清了一些法律问题，很有学术分量。再如，何勤华先生的《秦汉律学考》，对秦汉律学整体上的发展演变、主要内容、鲜明特征及其历史地位作了悉心考证，是该领域的力作。

（二）整理

考证研究既可以是一项专门的研究工作，也可以与其他研究工作结合在一起而成为其中的一部分。与考证不同的第二种研究方法是整理，这里讲的整理不是一般意义上任何项目研究中都存在的整理材料工作，而是法律史料专门性的广泛搜集与整理，这是一项非常基础的工作。我们研究工作中经常使用到的一些汇编史料，如社会经济史料汇编、法律文件选编、案例汇编等等，就是别人广泛搜集、分类整理出来的劳动成果，甚至付出了不少考证的辛劳。清代祝庆琪编纂的《刑案汇览》全编选编了九千多个刑案，彪炳史册，为后人研究清代法制提供了极大便利，瞿同祖先生写作《中国法律与中国社会》、美国学者布迪和莫里斯写作《中华帝国的法律》时，都大量使用了《刑案汇览》中的材料。清人胡文炳所辑《折狱龟鉴补》收载了历代民刑案例 719 则，蔚为可观。在当今革命根据法研究领域，张希坡先生在几十年来对根据地法律文件收集、整理、考证基础上，出版了《革命根据地法律文献选辑》，包括革命根据地各历史时期法律内容，震撼学界，成为当前革命根据地法律文献集大成者。此外，当前也有些学者致力于民间契约文书、民间法律史料等方面的收集整理。除了为后人研究提供方便之外，整理史料还有一项重要意义在于保存史料。如赴原苏区、革命根据地基层，收集各种类型的民间法律文献史料，既有书面的，也有口头的，听取一些健在的古稀老人或者其晚辈口述历史，这既是在发掘史料，也是在抢救史料，这些东西再不收集整理，几十年之后很多可能荡然无存了。

（三）阐释

阐释，通俗地讲就是"解释"，在探讨法律史研究方法时，胡旭晟先生较早使用了这一概念,称之为"解释性法史学"。前述的考证研究,需要死钻牛角尖的较真精神,且持续时间往往很长,因为有些重要的原始材料可能无法获得甚至没有,说白了考证不是凭自己主观一厢情愿就能成功的。从事法律史料整理工作,往往工程浩大,耗时费力,可想如有简单轻松的整理工作,可能别人早已做了,当然别人做了你也可以做,只要你有信心做得更好或者与别人不同。相对而言,绝大多数法律史学者使用的都是"阐释"型研究方法。这种阐释,其实就是对研究材料的再加工,深加工。既可以是对文献史料的阐释,也可以是对学界已有研究成果的解读、评析和批判。形象地说可以把前者称为"解释",后者称为对"解释"的"解释"。"阐释"研究方法开展起来较为便利,买(借)一堆相关书籍,有些可供使用的电子数据库,再加一些档案文献,只要认为材料基本具备了,即可开始研究工作,当然研究者对该研究领域有一定的知识储备也是必需的。使用该方法取得的学术成果很多,如:陈顾远先生的《中国文化与中国法系》、张晋藩先生的《中国法律的传统与近代转型》、赵晓耕先生的《中国古典法治的表达:再说韩非子》、范忠信先生的《中国法律传统的基本精神》、日本滋贺秀三先生的《中国家族法原理》,等等。阐释研究方法的运用非常灵活,同一问题可以从不同视角、不同方法、运用不同的学科理论来阐释,而且既然是解读,难免会带有一定的主观性,可能仁者见仁、智者见智,而且阐释也充分体现了研究者的个性。

如上中国法律史几种研究方法,在使用上是不排斥的,在具体研究工作中可能会用到其中部分或全部。这些研究方法实为法学研究方法和史学研究方法的混合,在使用"阐释"方法时,法学研究方法更为明显。法学方法具有较强的价值取向,因为法学具有较强的功利性,法学研究着重于解决实际问题,追求有用性。法学领域的学者研究传统法律制度时,总不免要谈到其对当今的启示借鉴价值,当然这也不是截然必须的,不能为了谈而谈,生搬硬套可能会适得其反。

第一讲

法 律 起 源

    法律是人类控制外在的物质世界乃至人类本身的一种手段,作为人类文明的一部分,法律不是生来就有的,而是社会发展到一定阶段的产物。中国法律起源方式独特,也决定了中国传统法律的早期性格。

一、法律起源路径

    中国法律文明走过了几千年,它源自哪里,如何产生? 中国法律起源问题古往今来不少古圣先贤和当今学者都曾探讨过,对于法律起源路径学界众说纷纭,认识不一。

(一) 刑起于兵

    中国最早的法律称为"刑",据文献记载,"刑"早在黄帝时期就出现了,"神农之世,男耕而食,妇织而衣;刑政不用而治,甲兵不起而王。神农既没,以强胜弱,以众暴寡,故黄帝作为君臣上下之义、父子兄弟之礼、夫妇妃匹之合,内行刀锯,外用甲兵"①,刀锯和甲兵,乃肉刑和死刑之执行。依据《尚书·吕刑》中"苗民弗用灵,制以刑。惟作五虐之刑曰法"和《尚书·尧典》中"象以典刑,流宥五刑,鞭作官刑,扑作教刑,金作赎刑。眚灾肆赦,怙终贼刑"这些材料,吕思勉先生认为,五刑起源于唐尧虞舜之

---

① 《商君书·画策》。

世。① 可以说,作为对严重违反社会秩序者进行惩罚的刑在原始社会后期就存在,但作为国法意义上的刑则始于夏代。史载:"禹承尧舜之后,自以德衰,始制肉刑"②,"夏有乱政,而作禹刑"③,"夏刑三千条",都说明夏代已经有了肉刑和死刑。

刑源于何处?学界普遍认为"刑起于兵",即刑来源于战争,是战争的产物,该论有充足的理由。

首先,战争与刑罚有很大的共性。古人云:"大刑用甲兵,其次用斧钺,中刑用刀锯,其次用钻笮,薄刑用鞭扑,以威民也。故大者陈之原野,小者致之市朝"④,战争的性质是杀人,死刑和肉刑也是杀人或残害人,二者都是极端的暴力,只不过规模和程度不同而已。关于这一点,王充在《论衡》中讲得很清楚:"夫刑人用刀,伐人用兵,罪人用法,诛人用武。武法不殊,兵刀不异,巧论之人,不能别也。夫德劣故用兵,犯法故施刑。刑与兵,犹足与翼也。走用足,飞用翼,形体虽异,其行身同。刑之与兵,全众禁邪,其实一也。"⑤可以说,兵和刑实质上是相同的,所谓"兵刑合一",战争和刑罚只不过是惩罚规模大小不同而已。

其次,战争产生了军法。军法服务于战争的需要,因为战争需要严明的作战纪律,所谓"师出以律"⑥,即出兵打仗必须有严明的法纪,没有法纪就会招致凶险,这种严明的作战纪律就是军法。军法非常严厉,对违反者常常处死。《尚书·甘誓》记载了夏启攻打有扈氏之前发布的军令:"左不攻于左,汝不恭命;右不攻于右,汝不恭命;御非其马之正,汝不恭命。用命,赏于祖;弗用命,戮于社,予则孥戮汝",对于不努力作战的士兵要处死,并且要株连处死他们的妻子和孩子,在夏启看来只有这样才能保证战士们努力作战,军队才有战斗力。

再次,早期刑官的称谓也来自军队。史载,舜对皋陶说"汝作士,明于

---

① 吕思勉:《中国社会史》,上海古籍出版社 2007 年版,第 583 页。

② 《汉书·刑法志》。

③ 《左传·昭公六年》。

④ 《国语·鲁语上》。

⑤ 《论衡·儒增》。

⑥ 《周易·师卦》。

五刑,以弼五教,期于予治"①,舜命令皋陶做刑官,审判案件,辅佐治理。此后审理案件的刑官无论夏代的"士",还是商代的"司寇"乃至秦汉时期的"廷尉",最初都是军队中的军职,被借用而成为司法官员名称,这也是早期"兵刑不分"的体现,军官与刑官一身二任,战时的军官兼为非战时的刑官。

最后,刑也是统治奴隶的需要,而早期的奴隶多是来自战俘。由于战争系你死我活,异常残暴,最早的时候胜利方会将战俘全部杀掉,以最大程度地获取对方的财富。随着理性的发展,人们认识到取得战争胜利后没有必要将敌人斩尽杀绝,可将战俘留作奴隶,强迫他们为自己劳动更有价值。但奴隶也是人,他们难免会造反或逃亡,为了统治和压榨他们,防止他们犯上作乱,必须制定严厉的刑法严惩不贷。

作为战争的产物,最早的五虐之刑也是针对外族人,所谓"德以柔中国,刑以威四夷"②,后五刑逐步引入到族内,成为普遍适用的刑罚。当然我们也不能认为所有的早期刑罚都是源自战争,早期针对犯小罪族内人的鞭、扑、赎这些轻刑,没有足够的证据证明其来自战争。

战争的残酷造就了作为中国早期法"刑"的异常残酷,由死刑和四种肉刑构成的苗民五虐之刑即是如此,其中劓、刵、椓、黥,分别为对犯人施以割鼻、割耳、宫刑、面部刺字,让犯人肉体终身残缺。苗民的五刑后被吸收改造为夏代的五刑:墨、劓、刖、宫、大辟,并成为奴隶制各时期刑罚的主体。陈顾远先生研究认为,"任何民族之法之起源,都是先刑事法,而后民事法"③,而且中国传统法律自诞生以来都是以刑为主,刑法占有绝大份额,刑法的残酷使得中国早期乃至后世法律整体上都带有残酷色彩。

(二) 礼源于祭祀

中国传统社会是礼治型的社会,礼在中国历史悠久,其源头可追溯到原始社会的祭祀活动。礼的古体字"豊",本意为祭祀用的器物,许慎在

---

① 《尚书·大禹谟》。
② 《左传注疏·卷十六》。
③ 陈顾远:《中国文化与中国法系》,范忠信、尤陈俊、翟文喆编校,中国政法大学出版社 2006 年版,第 380 页。

《说文解字》中将"礼"解释为"履也，所以事神致福也"①，指出了礼是祭祀鬼神的活动，通过祭祀鬼神获得幸福安宁。古人说"国之大事，在祀与戎"②，祭祀和打战是国家大事，也是国家建立之前的氏族和部落社会大事，祭祀是权力和等级的彰显，也是文化的传承。由于祭祀是沟通神灵的活动，为了获得神灵的保佑，古人祭祀中必须严格遵守约定俗成的仪式和一些具体规则，即祭祀之礼。祭祀之礼具有强制性，违反者将会受到制裁，具有法律的效力。随着时间的推移，礼由祭祀活动逐步延伸到社会生活方方面面，演变成后世的"五礼"：吉、凶、军、宾、嘉，即祭祀之礼、丧葬之礼、打战之礼、接人待物之礼、冠婚喜庆之礼。这些礼都是规则，具有法律性质，其中"吉礼"居五礼之首，是最重要的礼，所谓："凡治人之道，莫急于礼。礼有五经，莫重于祭。"③祭祀礼仪中，最重要的是祭天与祭祖，因为天为万物之本，而祖先则为人生之本。由于原始社会的古礼史料没有保存下来，后人所知甚少，孔子曾感慨："夏礼吾能言之，杞不足征也；殷礼吾能言之，宋不足征也，文献不足故也。足，则吾能征之矣。"④

祭祀之礼是一种规则，它来源于社会习俗，这种习俗是氏族社会人们在长久生活中约定俗成的，是由原始社会生产力所决定的社会文化。祭神的习俗来自人们信奉鬼神的迷信思想和神灵主宰人世间事情的神权观念以及由此进行的普遍的祭祀活动。无论祭祀之礼还是随后出现的冠婚礼、丧葬礼等等，在内容和形式上都是源自这些生活领域的习俗，是习俗的进一步提升，体现在其规范性和强制力的增强，何勤华先生一语"礼源于氏族部落的风俗习惯，而又高于风俗习惯"⑤，所言极是。

原始社会的礼延续到夏商周时期，成为重要法律形式，特别是西周礼治治国思想的确立，礼的作用提到了无以复加的程度。《礼记》谈到礼的作用："定亲疏，决嫌疑，别同异，明是非"⑥，《左传》言之更高，说礼"经国

---

① 许慎：《说文解字》，徐铉校定，中华书局 2013 年版，第 1 页。
② 《左传·成公十三年》。
③ 《礼记·祭统》。
④ 《论语·八佾》。
⑤ 何勤华：《法律文明的起源——一个历史学、考古学、人类学和法学的跨学科研究》，载《现代法学》2019 年第 1 期，第 27 页。
⑥ 《礼记·曲礼上》。

家,定社稷,序民人,利后嗣"①。礼不仅是法律,而且是根本大法,既有精神(礼治的原则),又有制度,社会生活方方面面无所不涉,与刑相互配合,相辅相成,所谓"出礼入刑"。与刑着眼于事后惩罚不同,礼重在事先的教育防范,所谓"礼禁于未然"。相对于刑而言,礼在治国上更有优势,更容易为百姓所认同,原因之一,与刑的狰狞残暴不同,礼比较温和;原因之二,礼是在人们天长日久生活中自然而然形成的,礼是传统而非国家强加给百姓的,人们在潜移默化中毫无选择地接受了,甚至被同化了。②

祭祀活动的特征,使得源于祭祀的礼具有自己鲜明的特性:其一,神圣性。礼形式上来自神,是神意的体现,礼不可以亵渎,违反者将会受到神的制裁,从而加强了礼的威严。由祭祀之礼延伸到其他的礼,而后世"法出于礼",无疑也使得传统法律带有一定的神圣色彩。其二,差别性。哪些人能参与祭祀以及人们在祭祀中的不同地位,祭祀之礼都有规定,这也是人与人社会地位不平等的体现,并通过礼进一步确认和强化了这种不平等,这种不平等在后世的礼中一以贯之地存在,所谓"礼者为异",成为捍卫奴隶制等级和封建制等级秩序的有力手段。

(三) 中国法律起源其他学说

刑起于兵和礼源于祭祀,是当今较为盛行的通说,关于法律起源问题,中国历史上也出现过一些颇有见地的学说,先秦诸子从不同角度提出了一些很有价值的认识,代表性的有三。

1. 商鞅的"定分止争"说

商鞅用历史进化的眼光,从社会发展角度分析了法律起源问题。他认为,人类早期社会的发展经历了上世的"亲亲而爱私",到中世的"上贤而说仁",由于中世倡导的仁爱与上贤无制度规范,带来了社会混乱,于是法律、禁令、官员、君主相继产生了,人类进入了"贵贵而尊官"的下世。

> 天地设而民生之。当此之时也,民知其母而不知其父,其道
> 亲亲而爱私。亲亲则别,爱私则险。民众而以别、险为务,则民

---

① 《左传·隐公十一年》。
② 范忠信:《中国法律传统的基本精神》,山东人民出版社 2001 年版,第 256—257 页。

乱。当此时也,民务胜而力征。务胜则争,力征则讼,讼而无正,则莫得其性也。故贤者立中正,设无私,而民说仁。当此时也,亲亲废,上贤立矣。凡仁者以爱利为务,而贤者以相出为道。民众而无制,久而相出为道,则有乱。故圣人承之,作为土地、货财、男女之分。分定而无制,不可,故立禁;禁立而莫之司,不可,故立官;官设而莫之一,不可,故立君。①

在《商君书·定分》中,商鞅进一步谈到法律是"定分止争"的产物及法律对于确立名分、解决纠纷和维护社会秩序的重要性。

一兔走,百人逐之,非以兔为可分以为百,由名之未定也。夫卖兔者满市,而盗不敢取,由名分已定也。故名分未定,尧、舜、禹、汤且皆如骛焉而逐之;名分已定,贪盗不取。②

圣人必为法令置官也,置吏也,为天下师,所以定名分也。名分定,则大诈贞信,巨盗愿悫,而各自治也。故夫名分定,势治之道也;名分不定,势乱之道也。③

2. 荀子的"明分使群"说

在礼法起源问题上,荀子同样强调"分"的作用,分的含义非常丰富,既包括物质财富的分配,也包括人与人之间的区分,即名分的不同,以维护社会等级秩序。荀子说:"(人)力不若牛,走不若马,而牛马为用,何也?曰:人能群,彼不能群也。人何以能群?曰:分。分何以能行?曰:义。"④弱小的人之所以能控制体力强壮的牛马,靠的是群体力量,人过群体生活,群体的秩序如何维护?靠的是"分",区分人的不同名分,不同等级地位,这样才有群体内的等级秩序,否则群体无法维系。"分"的依据何在,荀子将其归结为"义",何谓"义",儒家的解释为"义者,宜也",即适宜的规则。

对于礼的起源,荀子有言:

礼起于何也?曰:人生而有欲;欲而不得,则不能无求;求

---

① 《商君书·开塞》。
② 《商君书·定分》。
③ 《商君书·定分》。
④ 《荀子·王制》。

而无度量分界,则不能不争;争则乱,乱则穷。先王恶其乱也,故制礼义以分之,以养人之欲、给人之求。使欲必不穷乎物,物必不屈于欲,两者相持而长,是礼之所起也。①

荀子从人的生活需求、生活欲望这一根本角度探讨礼的起源,认识深刻,认为人性的扩张导致损害他人并引起社会纷争,造成社会混乱,最终需要制定礼义来分配物质财富,满足人的合理需求,维护社会秩序。

荀子所指的礼义实为法律,他所谈的礼义起源实为法律的起源。

3. 墨子的"一同天下之义"说

墨子认为,在没有国家和法律之前,每个人都有自己的是非标准,"一人一义,十人十义,百人百义,千人千义"②。人人意见不一,于是发生争执,甚至斗殴,彼此伤害,其原因在于不懂得"兼爱"的道理,没有统一的思想。这就需要选择贤人,"立以为天子"和各级政长,然后由天子"法宪布令于天下之众",自上而下地"一同天下之义",即"天子之所是,皆是之;天子之所非,皆非之。去若不善言,学天子之善言;去若不善行,学天子之善行,则天下何说以乱哉。察天下之所以治者,何也? 天子唯能一同天下之义,是以天下治也"③。墨子提出的这种"一同天下之义"的法律起源论,以天子的是非标准来统一人们的思想,目的在于使"兼相爱,交相利"能够上升为国策和法律,以便用国家的强制力自上而下地加以贯彻。当然,天子并不是墨子尚同之义的终点,而是进一步尚同于天,"天下既已治,天子又总天下之义,以尚同于天"④,而且天能制约天子,"天子为善,天能赏之;天子为暴,天能罚之"⑤。

墨子的"一同天下之义"法律起源说反映了生活在社会底层民众的美好期望,但过于理想化,天子是天下最贤能的人是个伪命题,用天子的思想和是非标准来统一所有的人显然也不现实,墨子的法律起源观只是一个伟大的理想。

---

① 《荀子·礼论》。
② 《墨子·尚同下》。
③ 《墨子·尚同上》。
④ 《墨子·尚同下》。
⑤ 《墨子·天志中》。

二、神权法思想——先民的法律观

在中国文化史上,宗教神权先于法律而出现,并主宰了早期的法律,神权法是伴随法律起源而出现的中国古人最早的法律观念。

(一) 神权法思想产生与发展

神权观念是诞生于原始社会的宗教迷信思想,随着原始人信仰由自然崇拜到图腾崇拜、再到祖先崇拜的发展而不断发展。夏、商、西周统治者对神权加以利用,使他们的统治神化(合法化),并把体现他们意志的法律说成是神意,这种法律即神权法。中国奴隶制社会神权法思想的产生、发展、演变过程,张国华先生精炼地概括为:"形成于夏,极盛于殷商,动摇于西周。"①据传夏禹非常注重祭祀,"菲饮食而致孝乎鬼神"②,自己吃得很坏,却把祭品办得极为丰盛,夏启对违抗其统治者代天行罚。进入商代后,神权法思想达到鼎盛,商代是奴隶制三代中最迷信的,史载:"殷人尊神,率民以事神,先鬼而后礼。"③商人既重神又重鬼,鬼是死去了的祖先,商王无事不卜,无日不卜,是个大巫师。西周初年以周公旦为代表的统治者将"德"的概念引入神权法思想,提出了"以德配天",对夏、商时期较为粗糙的神权法思想作了理性化的改造,也开创了将道德引入政治的先河,周人认识到仅仅依靠上天也不能保障政治统治的长久,神权思想开始动摇。三代以后神权法思想衰落了,但并未消亡。董仲舒的"王道之三纲,可求于天"④,认为人间的等级秩序是上天安排的,不可违抗,明代皇帝诏书前加上的"奉天承运"几个字同样强调君主秉承天意来治理国家。当然,封建时代的神权法,可能更多的只是形式上意义。

神权法思想为什么会产生,其原因不外两方面:(1)神权信仰的存在。原始社会之所以信仰鬼神,一方面是人生存能力低下,饥饿、疾病、洪

---

① 张国华:《中国法律思想史新编》,北京大学出版社 1998 年版,第 19 页。
② 《论语·泰伯》。
③ 《礼记·表记》。
④ 《春秋繁露·基义》。

水猛兽,都能给人带来了痛苦、灾难,甚至生存危机,人们难以避免,无法摆脱;另一方面,没什么文化的原始人对人的生老病死和各种自然现象、社会现象不能正确地认识和理解,更别说认识事物的本质和规律,只能归结是超自然力量在主宰。(2)君主政治统治的需要。《礼记·祭义》很好地揭示了这一点:"因物之精,制为之极,明命鬼神,以为黔首,则百众以畏,万民以服。"①早期统治者根据万物有灵,给他们取了一个至高无上的名字"鬼神",通过修建庙宇、频繁祭祀鬼神来教导人民敬畏天神,缅怀祖先,不要忘记自己从哪里来,通过这样把鬼神抬到很高地位让老百姓害怕,只得服服帖帖地服从他们的统治。通俗讲就是统治者将神权信仰引入政治,借神权来强化王权,将神权作为自己统治的精神支柱。

(二) 神权法思想的基本内容

1. 受命于天

冯友兰认为,在中国文字中"天"有五义:物质之天、主宰之天、命运之天、自然之天、义理之天。② 实不外物质之天、规律之天和人格之天三种,宗教之天乃人格之天之极致。《说文解字》将"天"解释为"天,颠也。至高无上,从一大"③,说的乃是宗教之天,至高无上。在先人看来,天是至上神,是宇宙的根本。

君主将统治权的来源归结为天,是天命,上天的安排。《史记·夏本纪》:"舜荐禹于天,为嗣","禹遂即天子位"。《尚书·召诰》:"有夏服天命,惟有历年""有殷受天命,惟有历年。"《诗经·商颂·玄鸟》中的"天命玄鸟,降而生商",极大地神化了商人的祖先,说他们的祖先"契"是在母亲吃了玄鸟(神鸟)蛋后怀孕而生,是神创造的,并以玄鸟为他们的图腾。

西周时期,王权神授仍然是基本的治国思想,《大盂鼎铭》文中载有"丕显文王,受天有大命"。《尚书·多士》中记载,周公以成王的名义告诫殷商的旧臣说:"非我小国敢弋殷命。惟天不畀允罔固乱,弼我,我岂敢求位?惟帝不畀,惟我下民秉为,惟天明畏。"指出了周人取代了商人获得统

---

① 《礼记·祭义》。
② 冯友兰:《中国哲学史》(上册),华东师范大学出版社2000年版,第35页。
③ 许慎:《说文解字》,徐铉校定,中华书局2013年版,第1页。

治权,乃上天安排。"受命于天"神化了君权的来源,有利于建立和维护自上而下的等级秩序,子曰:"唯天子受命于天,士受命于君。故君命顺,则臣有顺命;君命逆,则臣有逆命。"①

西周统治者在宣扬天命的同时,又认为"惟命不于常"②,用"失德"来解释商灭亡的原因,认为天命属于有德者,"皇天无亲,惟德是辅"③。提出"以德配天""敬天保民"。周人讲的"德",包括敬天、孝祖和保民三方面。敬天即畏敬天命,继续用神权来维护王权;孝祖要求恪守祖宗遗训,以维护宗法等级制度;保民就是要保怀小民,关心老百姓的疾苦。周人强调的是统治者的"德",要求统治者标榜德行,勤政修德,如此才能保持天命的长久,这是政治思想上很大的进步。

2. 天罚神判

夏朝的统治者认为,他们的统治权力来自于"天",他们对异族的讨伐和对被统治阶级的镇压都是在执行"天"的意志。夏启攻打有扈氏的战争,即以有扈氏得罪了上天而自己受上天之命执行"天罚"名义发动的。夏启在出征前对士兵发布的动员令中说:"有扈氏威侮五行,怠弃三正。天用剿绝其命,今予惟恭行天之罚。左不攻于左,汝不恭命;右不攻于右,汝不恭命;御非其马之正,汝不恭命。用命,赏于祖;弗用命,戮于社,予则孥戮汝。"④在后来的商汤讨伐夏桀、武王伐纣的战前誓师令中,无一例外都是以执行"天罚"为名义,指出对方犯了上天不可饶恕的罪行,宣扬自己发动战争的正义性,以鼓舞士气。

神判是一种古老的人类学现象,又是一种古老的法文化现象。在先民社会时,人们托借神力断是非、决争讼,是为神判,又被称为"神判法"。神判源于对神灵的崇拜,古人相信人不知道的事情神知道,对于神判的正义性,瞿同祖指出:"原始人相信神喜欢正直无罪者,对于侵犯神明及邪恶的人则深恶痛绝。同时他们相信也只有神能洞察人的善恶邪直,所以原

---

① 《礼记·表记》。
② 《尚书·康诰》。
③ 《左传·僖公五年》引《周书》。
④ 《尚书·甘誓》。

始的法律常求助于神的裁判。"①早在舜的时代,就有"獬豸"断狱传说:"一角之羊,性知有罪,皋陶治狱,其罪疑者,令羊触之,有罪则触,无罪则不触。"②商代卜辞中有以"占卜神判"治狱的卜文,西周有盟诅神判的记载。后世民间神判大量存在,其常见的形式有"捞沸判""铁火判""占卜判""宣誓判"等。当然,神判通常是在审案时证据不足而嫌疑人不承认指控罪行时使用,这是基本的前提条件。

尽管神判在今人看来是愚昧的,但在先民社会里神判具有非常重要的作用。首先,神判具有证据作用。审案讲证据,古往今来都是如此,正因为证据不足案情无法确定、嫌疑人有罪无罪不知道,才进行神判活动,让神来告诉我们。神判的结果就是证明嫌疑人是否有罪的证据,这是神给我们提供的证据,司法官员依此来判案。其次,神判的存在,有利于罪犯尽快认罪伏法。相信神判的正义性,使得犯了罪的被告不敢对神判抱侥幸心理,与其等待神判来认定其是否有罪,不如早点认罪伏法,免受神判过程的痛苦,毕竟有些神判方式会给当事人带来一定的肉体上痛苦,如捞沸石、铁火判。再次,神判有利于预防犯罪。既然神无所不知,神绝对公正,一个人想犯罪即便没人知道但神知道,即便没有证据,神判也能断定出他的罪行,所以不敢抱侥幸心理从而不去犯罪,故而神判的存在有利于预防和减少犯罪。最后,神判体现了司法的威严。神判中有些请神仪式,有严格的程序,神判过程很神秘,很威严,很庄重,而且神判的结果是来自神的裁决,司法官员只是宣示神的意旨而已,因此神判在一定程度上增加了司法的威严和司法官员的威严。

(三) 巫术对早期法文化的影响

神权法中的占卜判案本身就是巫术形式,因此巫术也是传统法文化的一部分,此外从更广泛的意义讲,巫术对早期法文化带来很大的影响。

1. 巫术是中国传统文化之源

由于相信鬼神等超自然力量的存在,便出现了借助这种"超自然"的

---

① 瞿同祖:《瞿同祖法学论著集》,中国政法大学出版社1998年版,第273—274页。
② 《论衡·是应》。

力量来实现某种愿望的法术,即巫术。巫术信仰者认为凡人与鬼神之沟通,必通过一个媒介,那就是巫师。古代的巫师是由部落氏族首领兼任的,后来才演变有专职的巫师、祭司,他们是人与鬼神之间的桥梁,上述民情,下传神意。巫术基于超自然力量的信仰,是早期具有宗教性的行为。关于巫术的地位,李泽厚有言:"巫的特质在中国大传统中,以理性化的形式坚固保存,延续下来,成为了解中国思想和文化的钥匙所在"①。李泽厚对巫术评价很高,也很中肯,巫术实为中国传统文化源头。

首先,巫术促进了文字的出现。现在见到的甲骨文资料内容多为卜辞,是古人占卜的记录,法国学者汪德迈认为这些刻在甲骨上的文字:"与其说这些记文是为了人与人之间的交流,毋宁说只是为了记载人类与精灵、与上苍的联系。"②马德邻等学者更为直白地认为:"文字的发明在很大程度上是为了巫术的需要。无巫则无字,无字则无史。"③没有文字记录,人类的历史必然泯灭在历史长河中,后人无从知晓。

其次,巫师一身多任,是早期的文化人。夏商史官职责为编辑典册,记录先王世系史料及王事活动,还要掌管占卜、祭祀、天象、历法等,扮演宗教祭祀活动中负责迎神祈祷的祝、预测吉凶以决疑难的卜等社会角色,故史官一般由巫师来担任。当时人们认为人生病是因为鬼神作祟,治疗的主要办法是驱鬼,重任自然就落在能通鬼神的巫师身上,所以往往是合巫、医、史、卜于一身。

最后,巫术衍生发展出了各种文化。《周易》是保存至今我国最早的一部筮书,是巫师(史官)占卜后作的记录。"易道广大,无所不包,旁及天文、地理、乐律、兵法、韵学、算术,以逮方外之炉火,皆可援《易》以为说。"④用今天的眼光看,《周易》无所不包,涉及天文、地理、数学、音乐、文学等诸多学科。此外,早期的巫术活动也促进了舞蹈、绘画文化的发展。巫师在从事巫术活动过程中,产生、保存并传播了文化。

巫术是传统文化之源,自然也是传统法文化之源,毕竟传统法文化是

---

① 李泽厚:《历史本体论·己卯五说》,生活·读书·新知三联书店 2003 年版,第 162 页。

② [法]汪德迈:《新汉文化圈》,陈彦译,江西人民出版社 1993 年版,第 93 页。

③ 马德邻、吾淳、汪晓鲁编:《宗教:一种文化现象》,上海人民出版社 1987 年版,第 54 页。

④ 《皇朝经世文编·卷五》。

传统文化中的一部分。

2. 巫术影响了儒家法文化

巫术是建立在鬼神信仰基础上的神秘文化,巫师是早期的文化人,帮别人主持一些祭祀、占卜等仪式。春秋末期以后出现儒家学者也是一群文化人,他们懂得古礼,也帮人操持一些仪式。在文化传承上,儒士是巫祝的后人,在马王堆汉墓帛书《易传》中的一篇《要》中孔子曾说"吾与史巫同涂而殊归也"①,只不过相对于巫术始终专注于借助鬼神力量主宰事物的法术而言,儒家更关注现实问题,敬鬼神而远之。

此外,儒家极为看重的礼仪也是从巫术转化而来的。礼源于祭祀活动,早期的祭祀活动也是巫术的一部分,儒家认为礼制的核心就是祭祀礼仪,"凡治人之道,莫急于礼。礼有五经,莫重于祭"②。在祭祀活动人与人之间的等级差别得到了体现,祭祀活动也有助于巩固社会等级秩序。在夏商周时期,王权与神权是统一的,君主是集王权与神权一体的大巫,上能通天,在制定礼仪和法律时自然会将一些巫术仪式移植过来。在由巫术仪式向儒家的礼仪转化过程中,周公和孔子起了决定性的作用,周公完成了内在的巫术情感理性化的最终过程,孔子完成了外在巫术礼仪理性化的最终过程。

孔子非常重视礼仪,《论语·八佾》载:"子贡欲去告朔之饩羊,子曰:'赐也,尔爱其羊,我爱其礼'",孔子认为相对于爱惜羊而言,礼更重要。孔子也曾埋怨季氏"八佾舞于庭","是可忍也,孰不可忍"③,对于只能享用四佾的季氏动用天子才能享有的"八佾"乐舞非常不满,认为这严重僭越了周礼。此外,儒家还非常强调服饰的作用,认为服饰具有很强的象征意味,吉日、丧事、平居服饰各不相同,子路"君子死而冠不免"更是把儒家的服饰礼仪推到了极致。儒家以"礼"为核心的法文化,深受早期巫术的影响,特别是对礼仪的强调,发端于巫术中的仪式。

---

① 葛兆光:《中国思想史》(第一卷),复旦大学出版社2013年版,第83页。

② 《礼记·祭统》。

③ 《论语·八佾》。

第二讲

儒家法律思想

　　"儒"是早期的文化人,"儒"在古文字中写作"需",章太炎释之为求雨的巫觋,葛兆光认为"儒"源于殷周时代参与礼仪操作的巫祝史宗一类文化人。[①] 巫祝一直在操持礼仪的秩序,而儒士作为巫祝的后裔,所以沿袭了这种仪式和象征的传统。孔子时代的儒是懂得周礼、以相礼为业的人。春秋末期孔子聚众讲学,招收弟子,开创了儒家学派,成为先秦诸子显学之一。孔子是著名的思想家,教育家,被后人誉为"万世师表"。在孔子之后儒家学派大师迭出,孟子、荀子极负盛名。汉代大儒董仲舒改造的新儒学成为汉代(及汉以后)封建正统法律思想,南宋著名理学家朱熹成为儒家学派集大成者。

一、孔子的礼治、德治与人治思想

(一) 礼治

　　《说文解字》释"礼"为:"履也,所以事神致福也","礼"即行礼用的器具,费孝通:"礼是按着仪式做的意思。礼字本是从豊从示。豊是一种祭器,示是一种仪式。"[②]

　　西周周公制礼,确立了"礼治"的治国思想。周礼涉及社会生活方方面面,成为治国的根本,"道德仁义,非礼不成;教训正俗,非礼不备;分争

---

① 葛兆光:《中国思想史》,商务印书馆 2007 年版,第 102 页。
② 费孝通:《乡土中国、生育制度》,北京大学出版社 1998 年版,第 51 页。

辩讼,非礼不决;君臣上下,父子兄弟,非礼不定;宦学事师,非礼不亲;班朝治军,莅官行法,非礼威严不行"①。礼治的基本原则:亲亲、尊尊、长长、男女有别。

孔子说:"殷因于夏礼,所损益,可知也;周因于殷礼,所损益,可知也"②,并说:"夏礼吾能言之,杞不足征也;殷礼吾能言之,宋不足征也,文献不足故也。足,则吾能征之矣"③,"周监于二代,郁郁乎文哉! 吾从周。"④孔子心中的圣人是周公,"久矣,吾不复梦见周公"⑤。虽然"周公卒五百岁而有孔子"⑥,但在周礼的传承中孔子起了非常重要的作用。

针对当时礼崩乐坏,孔子提出"天下有道,则礼乐征伐自天子出;天下无道,则礼乐征伐自诸侯出。自诸侯出,盖十世希不失矣;自大夫出,五世希不失矣;陪臣执国命,三世希不失矣。天下有道,则政不在大夫。天下有道,则庶人不议"⑦。季氏八佾舞于庭,孔子强烈不满"是可忍也,孰不可忍也?"⑧孔子希望能恢复周礼,提出"为国以礼","礼之用,和为贵,先王之道斯为美"⑨。

在孔子看来恢复礼治首先是要正名,"名不正,则言不顺;言不顺,则事不成;事不成,则礼乐不兴;礼乐不兴,则刑罚不中;刑罚不中,则民无所措手足。"⑩通过正名结束君不君、臣不臣、父不父、子不子的社会混乱,恢复周礼的社会秩序。孔子要复的是什么样的礼,张国华先生认为,是经过孔子修正了的新礼,孔子的修正主要有两点:一是主张对人民也"道之以德,齐之以礼",反对过去奴隶主贵族对人民一味"齐之以刑";二是修正了周礼的"亲亲"原则,在"笃于亲"的前提下,也要求"举贤才",让非贵族出

---

① 《礼记·曲礼上》。
② 《论语·为政》。
③ 《论语·八佾》。
④ 《论语·八佾》。
⑤ 《论语·述而》。
⑥ 《史记·太史公自序》。
⑦ 《论语·季氏》。
⑧ 《论语·八佾》。
⑨ 《论语·学而》。
⑩ 《论语·子路》。

身的"贤才"也能参与国政。①

由于礼带有很强的血缘伦理色彩,因而在犯罪问题上,孔子主张"父为子隐,子为父隐","叶公语孔子曰:'吾党有直躬者,其父攘羊,而子证之。'孔子曰:'吾党之直者异于是。父为子隐,子为父隐,直在其中矣。'"②当然,孔子的"隐"又不是绝对的,他曾赞美叔向为"古之遗直",不隐于亲,史载:

> 晋邢侯与雍子争鄐田,久而无成。士景伯如楚,叔鱼摄理,韩宣子命断旧狱,罪在雍子。雍子纳其女于叔鱼,叔鱼蔽罪邢侯。邢侯怒,杀叔鱼与雍子于朝。宣子问其罪于叔向。叔向曰:"三人同罪,施生戮死可也。雍子自知其罪而赂以买直,鲋也鬻狱,刑侯专杀,其罪一也。己恶而掠美为昏,贪以败官为墨,杀人不忌为贼。《夏书》曰:'昏、墨、贼,杀。'皋陶之刑也。请从之。"乃施邢侯而尸雍子与叔鱼于市。仲尼曰:"叔向,古之遗直也。治国制刑,不隐于亲,三数叔鱼之恶,不为末减。曰义也夫,可谓直矣。"③

孔子反对"铸刑鼎"公布成文法,理由之一:打破了尊卑贵贱的等级秩序(礼治秩序),贵族的特权无法维护,"今弃是度也,而为刑鼎,民在鼎矣,何以尊贵? 贵何业之守? 贵贱无序,何以为国?"④理由之二:其内容是"晋国的乱制",根本不该制定为法律,"夫宣子之刑,夷之蒐也,晋国之乱制也,若之何以为法?"⑤

(二) 德治

孔子的德治思想渊源于西周,承袭了周公的思想并有所发展,夏伟东先生指出了这一变化,"孔子已不是在原始宗教的意义上去谈论'以德配天'和'敬德保民',而是把'德'上升到更加自觉的'德治'特别是'德政'的

---

① 张国华:《中国法律思想史新编》,北京大学出版社 1998 年版,第 59 页。
② 《论语·子路》。
③ 《左传·昭公十四年》。
④ 《左传·昭公二十九年》。
⑤ 《左传·昭公二十九年》。

高度上来认识"。可以说更自觉,也更人本。

孔子一方面严格区分"君子"与"小人"界限,另一方面又认识到人民力量的强大。而且对于奴隶制的人殉、苛政猛于虎等不人道的现象极为反感。主张将伦理引入政治,"政者,正也。子帅以正,孰敢不正"①,"为政以德,譬如北辰,居其所而众星共之"②。孔子多次赞扬子产,"其行己也恭,其事上也敬,其养民也惠,其使民也义"③,张国华先生认为孔子是第一个主张"以德服人"的"王道"的思想家。④

"道之以政,齐之以刑,民免而无耻。道之以德,齐之以礼,有耻且格"⑤,孔子把德礼放在第一位,政刑放在第二位。孔子认为,通过教育可以改变人性,"性相近,习相远也"⑥,提出了"有教无类"思想,主张对庶民也要进行礼教,突破了"礼不下庶人"的旧传统。反对不教而杀,"不教而杀,谓之虐"⑦。孔子进而认为,德教可以消除犯罪,"善人为邦百年,亦可以胜残去杀矣"⑧,宣扬儒家的"以德去刑"思想。

在强调德礼的同时,孔子并不否认刑罚的作用。当"化之弗变,导之弗从"时,就要付诸刑罚,提出了"宽猛相济"思想,《左传》中有相关记载:

> 郑子产有疾,谓子大叔曰:"我死,子必为政。唯有德者能以宽服民,其次莫如猛。夫火烈,民望而畏之,故鲜死焉。水懦弱,民狎而玩之,则多死焉。故宽难。"疾数月而卒。大叔为政,不忍猛而宽。郑国多盗,取人于萑苻之泽。大叔悔之,曰:"吾早从夫子,不及此。"兴徒兵以攻萑苻之盗,尽杀之,盗少止。仲尼曰:"善哉! 政宽则民慢,慢则纠之以猛。猛则民残,残则施之以宽。宽以济猛,猛以济宽,政是以和。"⑨

---

① 《论语·颜渊》。
② 《论语·为政》。
③ 《论语·公冶长》。
④ 张国华:《中国法律思想史新编》,北京大学出版社1998年版,第62页。
⑤ 《论语·为政》。
⑥ 《论语·阳货》。
⑦ 《论语·尧曰》。
⑧ 《论语·子路》。
⑨ 《左传·昭公二十年》。

（三）人治

人治的不同理解：其一，贤人政治；其二，权大于法的君主专制。在儒家思想中人治更多地体现为贤人政治，主要是依靠一个贤明君主来实现圣人之治，强调政治治理中人的品行、能力因素。张国华先生、武树臣先生认为，"人治"是从"礼治""德治"派生的。

孔子强调统治者以身作则的重要性，"不能正其身，如正人何？"①，"政者，正也。子帅以正，孰敢不正"②，"其身正，不令而行；其不正，虽令不从"③。赋予政"正"的含义，强调为政者的品格，是孔子很大的理论贡献，"身正令行"也是统治者自身的约束，而且必须打破周礼的"亲亲"原则，"举贤才"，让非贵族出身的"贤才"参与国政，《礼记·中庸》便以他的名义提出了"为政在人，其人存则其政举，其人亡则其政息"这一贤人政治观。

孔子提倡人治，在一定程度上突破了周礼的"亲亲"原则，强调当权者以身作则，具有一定的积极意义。同时也具有消极的一面：它是一种唯心的英雄史观，同时也贬低了法律的作用。

（四）孔子思想的核心：礼与仁

孔子向往西周礼治，传承周礼，但周礼的集大成者为周公，清代史学家章学诚指出了这一点："贤智学于圣人，圣人学于百姓，集大成者，为周公而非孔子……孔子之大，学周礼一言可以蔽其全体"④。《论语》讲"礼"75 次，包括"礼乐"并言的；讲"仁"却 110 次。孔子思想的主要范畴是"仁"而不是"礼"，后者是因循，前者是创造。

关于仁的含义非常广泛，孔子在很多场合谈到了仁：

"孝弟也者，其为仁之本与！"⑤

---

① 《论语·子路》。
② 《论语·颜渊》。
③ 《论语·子路》。
④ 《文史通义·原道下》。
⑤ 《论语·学而》。

"巧言令色，鲜矣仁！"①

"刚毅、木讷，近仁。"②

"樊迟问仁。子曰：'爱人。'"③

"克己复礼为仁。一日克己复礼，天下归仁焉。为仁由己，而由人乎哉？"④

"夫仁者，己欲立而立人，己欲达而达人。能近取譬，可谓仁之方也已。"⑤

其中有代表性含义是"仁者爱人""克己复礼为仁"。在孔子看来，一个人必须完美无缺，具备各种美德才能称得上是"仁者"。《论语·子路》："子张问仁于孔子。孔子曰：'能行五者于天下，为仁矣。'请问之。曰：'恭、宽、信、敏、惠。恭则不侮，宽则得众，信则人任焉，敏则有功，惠则足以使人。'"

孔子是发现和阐发"仁"这一思想的第一人，这是孔子的贡献。孔子认为，"仁"是人的内心情感，根植于人的血缘伦理，真诚无妄，自然而然。

关于礼、仁关系，孔子认为，外在的礼取决于内在的仁。一个人只有内心具备仁的素养，才能遵从外在的礼。没有仁，也就谈不上礼，所以说："人而不仁，如礼何？""人而不仁，如乐何？"李泽厚说："孔子用'仁'解'礼'，本来是为了'复礼'，然而其结果却使手段高于目的，被孔子所发掘所强调的'仁'——人性心理原则，反而成了更本质的东西，外的血缘（'礼'）服从于内的心理（'仁'）。"⑥"仁"的这一要素对个体提出了社会性的义务和要求，它把人（其当时具体内容是氏族贵族）与人的社会关系和社会交往作为人性的本质和"仁"的重要标准。

当然，孔子的"仁者爱人"思想有亲属、贵贱以及君子和小人之分。

---

① 《论语·学而》。

② 《论语·子路》。

③ 《论语·颜渊》。

④ 《论语·颜渊》。

⑤ 《论语·雍也》。

⑥ 李泽厚：《中国思想史论》（上），安徽文艺出版社 1999 年版，第 26 页。

二、孟子对孔子法律思想的发展

(一) 继承和发展了孔子"行权反经"思想

在中国哲学史上,孔子是第一个注意到道德主体在面临两难境遇时的自由选择问题的。关于"经""权"问题的探讨,源于孔子。孔子说:"可与共学,未可与适道;可与适道,未可与立;可与立,未可与权。"[1]

何谓"经""权"? 朱熹在《四书集注》中说:"经,常也,万世不易之道也","权,秤锤也,所以称物之轻重而取中也"。经权关系实际上是原则性与灵活性关系。"经"与"权"的关系在孟子思想中得到进一步阐发。

《孟子·梁惠王下》记载,当齐宣王说自己"非能好先王之乐也,直好世俗之乐耳"时,孟子干脆说"今之乐,犹古之乐也",甚至认为齐宣王的"好货""好色""好乐""好勇"都不要紧,只要他能够与民同乐,让百姓也可以丰衣足食,内外无怨就行了。孟子从大处着眼,只要统治者能够实行爱民行仁政,那么就可以不必拘于小节。

关于经权关系,孟子还谈了不少,《孟子·离娄上》载:

淳于髡曰:"男女授受不亲,礼与?"

孟子曰:"礼也。"

曰:"嫂溺则援之以手乎?"

曰:"嫂溺不援,是豺狼也。男女授受不亲,礼也;嫂溺援之以手者,权也。"

曰:"今天下溺矣,夫子之不援,何也?"

曰:"天下溺,援之以道;嫂溺,援之以手。子欲手援天下乎?"

《孟子·梁惠王下》载:

齐宣王问曰:"汤放桀,武王伐纣,有诸?"

孟子对曰:"于传有之。"

---

[1] 《论语·子罕》。

曰："臣弑其君,可乎?"

曰："贼仁者谓之贼,贼义者谓之残,残贼之人谓之一夫。闻诛一夫纣矣,未闻弑君也。"

(二) 仁政与民本思想

1. 仁政

孔子一生之志为继周公之业,孟子一生之志为继孔子之业。"乃所愿,则学孔子"①,"自生民以来,未有盛于孔子也"②。冯友兰将孔子比之苏格拉底,将孟子比之柏拉图。③

孟子阐发了孔子"仁"的思想,并将其运用于政治领域,形成系统的"仁政"理论。他将法家的一套说成是"以力服人"的"霸道",而把自己主张的"仁政"说成是"以德服人"的"王道",认为只有实行"仁政""王道",才能统一天下。

孟子"仁政"思想的基础是人性善,即所谓"四心":"恻隐之心,仁也;羞恶之心,义也;恭敬之心,礼也;是非之心,智也④。"由于人皆有"不忍人之心",推及治国上就会形成"不忍人之政",即所谓"仁政"。"人皆有不忍人之心;先王有不忍人之心,斯有不忍人之政矣。"⑤李泽厚说:"孟子的特征在于,他在承继孔子仁学的思想体系上有意识地把第二因素的心理原则作为整个理论结构的基础和起点,其他几个因素都直接由它推出。孟子把他的整个'仁政王道'的经济政治纲领完全建立在心理的情感原则上。"⑥

为什么要实施仁政? 孟子认为"仁与不仁"是天下存亡的关键,"三代之得天下也,以仁;其失天下也,以不仁;国之所以废兴存亡者亦然。天子不仁,不保四海;诸侯不仁,不保社稷"⑦。

孟子"仁政"思想的主要内容:

---

① 《孟子·公孙丑上》。
② 《孟子·离娄上》。
③ 冯友兰:《中国哲学史》(上),华东师范大学出版社 2000 年版,第 86 页。
④ 《孟子·告子上》。
⑤ 《孟子·公孙丑上》。
⑥ 李泽厚:《中国思想史论》(上),安徽文艺出版社 1999 年版,第 47 页。
⑦ 《孟子·离娄上》。

（1）正经界、制民恒产

"夫仁政，必自经界始。经界不正，井地不钧，谷禄不平。是故暴君污吏必慢其经界。经界既正，分田制禄可坐而定也。"①正经界就是要划分好土地界限，以保护人民的土地所有权。同时，要让人民安居乐业，必须制民恒产，"有恒产者有恒心，无恒产者无恒心。苟无恒心，放辟邪侈，无不为已。"②在如何制民恒产上，孟子提出了他伟大的设想："五亩之宅，树之以桑，五十者可以衣帛矣。鸡豚狗彘之畜，无失其时，七十者可以食肉矣。百亩之田，勿夺其时，数口之家可以无饥矣。"③

（2）薄税敛

孟子认为，要得到民心和使教化发挥作用，最根本的办法是在经济上推恩于民，使人民富裕起来。在制民之产基础上，还要减轻租税。

"易其田畴，薄其税敛，民可使富也。"④

"市廛而不征，法而不廛，则天下之商皆悦而愿藏于其市矣。关讥而不征，则天下之旅皆悦而愿出于其路矣。耕者助而不税，则天下之农皆悦而愿耕于其野矣。"⑤

"请野九一而助，国中什一使自赋。……方里而井，井九百亩，其中为公田。八家皆私百亩，同养公田。公事毕，然后敢治私事。"⑥

（3）兴教化、省刑罚

在强调先验的"善"的同时，孟子又强调经验的"学"。通过学可以扩大人的善性，孟子认为"人皆可以为尧舜"。

"谨庠序之教，申之以孝悌之义。"⑦

"教以人伦：父子有亲，君臣有义，夫妇有别，长幼有序，朋友有信。"⑧

孟子极力倡导"义"，认为义是"人路也"，由仁到义。孟子甚至提出

---

① 《孟子·滕文公上》。
② 《孟子·滕文公上》。
③ 《孟子·梁惠王上》。
④ 《孟子·尽心上》。
⑤ 《孟子·公孙丑上》。
⑥ 《孟子·滕文公上》。
⑦ 《孟子·梁惠王上》。
⑧ 《孟子·滕文公上》。

"生，亦我所欲也；义，亦我所欲也。二者不可得兼，舍生而取义者也。"①钱穆认为，孟子的"舍生取义"带有一种宗教的精神。②

"省刑罚"，就是减少刑罚，减轻刑罚，孟子对此谈了很多：

"行一不义、杀一不辜而得天下，皆不为也。"③

"无罪而杀士，则大夫可以去；无罪而戮民，则士可以徙。"④

"左右皆曰可杀，勿听；诸大夫皆曰可杀，勿听；国人皆曰可杀，然后察之；见可杀焉，然后杀之。"⑤

"罪人不孥"⑥，即罪责自负，不搞株连。

2. 民本思想

"民为贵，社稷次之，君为轻。是故得乎丘民而为天子，得乎天子为诸侯，得乎诸侯为大夫。"⑦

"乐民之乐者，民亦乐其乐；忧民之忧者，民亦忧其忧。乐以天下，忧以天下，然而不王者，未之有也。"⑧

"桀纣之失天下也，失其民也；失其民者，失其心也。得天下有道：得其民，斯得天下矣；得其民有道：得其心，斯得民矣；得其心有道：所欲与之聚之，所恶勿施尔也。"⑨

"文王之囿方七十里，刍荛者往焉，雉兔者往焉，与民同之。民以为小，不亦宜乎？臣始至于境，问国之大禁，然后敢入。臣闻郊关之内有囿方四十里，杀其麋鹿者如杀人之罪。则是方四十里，为阱于国中。民以为大，不亦宜乎？"⑩

"惟仁者宜在高位。不仁而在高位，是播其恶于众也。"⑪

---

① 《孟子·告子上》。
② 钱穆：《中国思想史》，九州出版社 2012 年版，第 36 页。
③ 《孟子·公孙丑上》。
④ 《孟子·离娄下》。
⑤ 《孟子·梁惠王下》。
⑥ 《孟子·梁惠王下》。
⑦ 《孟子·尽心下》。
⑧ 《孟子·梁惠王下》。
⑨ 《孟子·离娄上》。
⑩ 《孟子·梁惠王下》。
⑪ 《孟子·离娄上》。

"君仁莫不仁,君义莫不义,君正莫不正。"①

此外,孟子还提出了"暴君放伐"论,认为商汤讨伐夏桀是"为匹夫匹妇复仇",周武王伐纣是"救民于水火之中",而不是臣轼其君。②

三、荀子的礼法统一观

战国中后期,思孟学派成为孔学正宗,荀学独辟蹊径,另立门户。李泽厚认为荀子"上承孔孟,下接易庸,旁收诸子,开启汉儒,是中国思想史从先秦到汉代的一个关键。"③

荀子的思想对秦汉时代的儒学影响很大,张国华认为,秦汉以后礼、法结合的封建正统儒家思想并不完全是孔孟原貌,从一定意义上讲,反而开端于荀况。④

冯友兰说,中国哲学家中,荀子最善于批评哲学,学问极博。孟子尊孔子,荀子亦尊孔子。荀子以为孔子,乃最能"全"能"尽"能"粹"者。⑤

对于孟、荀之不同,冯友兰认为,孟子较注重于"孔子"之德,荀子则较注重于孔子之学。孟子乃软心的哲学家,其哲学有唯心论的倾向,荀子为硬心的哲学家,其哲学有唯物论的倾向。⑥

生活在战国末期,荀子的思想具有儒法合流的特点。

(一)唯物主义天人观

分析自然之"天"和社会之"人",是荀子法律思想的起点和归宿。

孔孟所言之天多为主宰之天、义理之天,荀子所言之天则为自然之天,其中并无道德原则。认为天没有意志,"天"和"人"是两码事,不能主宰人间事务。荀子主张把"天"和"人""自然"和"社会"区别开来,"明于天

---

① 《孟子·离娄上》。
② 《孟子·滕文公下》。
③ 李泽厚:《中国思想史论》(上),安徽文艺出版社 1999 年版,第 110 页。
④ 张国华:《中国法律思想史新编》,北京大学出版社 1998 年版,第 77 页。
⑤ 冯友兰:《中国哲学史》(上册),华东师范大学出版社 2000 年版,第 212—213 页。
⑥ 冯友兰:《中国哲学史》(上册),华东师范大学出版社 2000 年版,第 213—214 页。

人之分",并"制天命而用之"。

在《荀子·天论》中,荀子不但提出了"明于天人之分",指出了天和人的不同,各有其运行规律:

> 天行有常,不为尧存,不为桀亡。应之以治则吉,应之以乱则凶。强本而节用,则天不能贫;养备而动时,则天不能病;循道而不忒,则天不能祸。故水旱不能使之饥,寒暑不能使之疾,袄怪不能使之凶。本荒而用侈,则天不能使之富;养略而动罕,则天不能使之全;倍道而妄行,则天不能使之吉。故水旱未至而饥,寒暑未薄而疾,袄怪未至而凶。受时与治世同,而殃祸与治世异,不可以怨天,其道然也。故明于天人之分,则可谓至人矣。

还提出了利用自然、服务人类"制天命而用之"之伟大思想:

> 大天而思之,孰与物畜而制之?从天而颂之,孰与制天命而用之?望时而待之,孰与应时而使之?因物而多之,孰与骋能而化之?思物而物之,孰与理物而勿失之也?愿于物之所以生,孰与有物之所以成?故错人而思天,则失万物之情。

(二) 人性与教化

孔子哲学注重人的心理方面,但孔子对人性善恶未曾言明。孟子认为"人皆有不忍人之心",人性中本有善端,人性皆善。

荀子坚持人性恶,用大量的言论予以揭示:

"人之性恶,其善者伪也。"[①]

"今人之性,生而有好利焉,顺是,故争夺生而辞让亡焉;生而有疾恶焉,顺是,故残贼生而忠信亡焉;生而有耳目之欲,有好声色焉,顺是,故淫乱生而礼义文理亡焉。"[②]

"今人之性,饥而欲饱,寒而欲暖,劳而欲休,此人之情性也。今人饥,见长而不敢先食者,将有所让也;劳而不敢求息者,将有所代也。夫子之让乎父,弟之让乎兄;子之代乎父,弟之代乎兄,此二行者,皆反于性而悖

---

① 《荀子·性恶》。

② 《荀子·性恶》。

于情也,然而孝子之道、礼义之文理也。"①

"凡人之性者,尧、舜之与桀、跖,其性一也;君子之与小人,其性一也。"②

荀子驳斥孟子的性善论:"今诚以人之性固正理平治邪,则有恶用圣王、恶用礼义矣哉?"③

为什么人性恶?荀子最终归结为"人生而有欲"。

孟子认为,通过教化、通过后天的"学",可以扩大人性的善,而荀子认为礼义、教化的作用是改造人性的恶,"顺人之情,必出于争夺,合于犯分乱理,而归于暴。故必将有师法之化、礼义之道,然后出于辞让,合于文理,而归于治"④。

(三)礼的起源

关于礼的起源,荀子有其独到深刻的认识,说:"(人)力不若牛,走不若马,而牛马为用,何也?曰:人能群,彼不能群也。人何以能群?曰:分。分何以能行?曰:义。"⑤

> 礼起于何也?曰:人生而有欲;欲而不得,则不能无求;求而无度量分界,则不能不争;争则乱,乱则穷。先王恶其乱也,故制礼义以分之,以养人之欲、给人之求,使欲必不穷乎物,物必不屈于欲,两者相持而长。是礼之所起也。⑥

荀子在此所说的"礼",不仅是指礼仪习俗,而且包括政治法律制度在内,所以,他讲礼的起源,实际上也是在讲法的起源问题。

荀子认识到礼、法的出现来自社会内部需要,是社会物质生活发展的产物,同殷商以来的天命神权观划清了界限。

---

① 《荀子·性恶》。
② 《荀子·性恶》。
③ 《荀子·性恶》。
④ 《荀子·性恶》。
⑤ 《荀子·王制》。
⑥ 《荀子·礼论》。

（四）隆礼重法

荀子最早将礼与法结合起来，以"法治"充实"礼治"。他引法入礼，将体现贵族利益的旧礼改造成为维护封建官僚等级制的新礼，将过去"国""家"合一的一元化的礼变成了紧密结合的"国""家"相分的二元化的礼。

关于礼的作用，荀子主要谈了两点：一、"养"，即"养人之欲、给人之求"，通过礼来合理分配社会财富，满足人的基本生活需求。二、"别"，"礼者，贵贱有等，长幼有等，贫富轻重皆有称者也"①，并认为"少事长，贱事贵，不肖事贤，是天下之通义也"②。

荀子的重礼思想：

"礼者，人道之极也。"③

"故人之命在天，国之命在礼。"④

"礼岂不至矣哉！立隆以为极，而天下莫之能损益也。"⑤

"人无礼则不生，事无礼则不成，国家无礼则不宁。"⑥

"国无礼则不正。礼之所以正国也，譬之，犹衡之于轻重也，犹绳墨之于曲直也，犹规矩之于方圆也，既错之而人莫之能诬也。"⑦

在重法及礼法关系上，荀子提出：

"法者，治之端也"⑧，认为法律是治理国家的首要条件。

"治之经，礼与刑"⑨，认为法律不是万能的，必须礼法结合。

"礼者，法之大分，类之纲纪也"⑩，认为礼是法律的指导原则，以礼统法。

教化与刑罚相结合，荀子继承了孔子"不教而杀谓之虐"观点，主张先

---

① 《荀子·富国》。
② 《荀子·仲尼》。
③ 《荀子·礼论》。
④ 《荀子·强国》。
⑤ 《荀子·礼论》。
⑥ 《荀子·修身》。
⑦ 《荀子·王霸》。
⑧ 《荀子·君道》。
⑨ 《荀子·成相》。
⑩ 《荀子·劝学》。

教后诛:"故不教而诛,则刑繁而邪不胜;教而不诛,则奸民不惩"①,对于"奸人之雄"主张"先诛"。

荀子主张加强法制:

第一,公布成文法,使天下人知晓。

"天下晓然皆知夫盗窃之不可以为富也,皆知夫贼害之不可以为寿也,皆知夫犯上之禁不可以为安也;由其道,则人得其所好焉;不由其道,则必遇其所恶焉。"②

第二,严格执法,信赏必罚。

荀子强调"庆赏刑罚,欲必以信"③,要求做到"无功不赏,无罪不罚"④,"赏功罚过",必须"外不避仇,内不阿亲"⑤。赏功、罚过必须对等,否则会有不祥之乱:"夫德不称位,能不称官,赏不当功,罚不当罪,不祥莫大焉","刑称罪则治,不称罪则乱"⑥。

第三,主张废除族刑,认为族刑"一人有罪而三族皆夷",是暴政的表现,必须废除。

与孔孟有所不同,荀子思想中有重刑倾向:"故治则刑重,乱则刑轻;犯治之罪固重,犯乱之罪固轻也。《书》曰:'刑罚世轻世重。'此之谓也。"⑦

(五) 有治人,无治法

在治国上,相对于法而言,荀子更强调人的因素、人的素养。

> 有乱君,无乱国;有治人,无治法。羿之法非亡也,而羿不世中;禹之法犹存,而夏不世王。故法不能独立,类不能自行;得其人则存,失其人则亡。法者,治之端也;君子者,法之原也。故有君子,则法虽省,足以遍矣;无君子,则法虽具,失先后之施,不能

---

① 《荀子·富国》。
② 《荀子·君子》。
③ 《荀子·议兵》。
④ 《荀子·王制》。
⑤ 《荀子·成相》。
⑥ 《荀子·正论》。
⑦ 《荀子·正论》。

应事之变,足以乱矣。不知法之义而正法之数者,虽博,临事必乱。故明主急得其人,而暗主急得其势。急得其人,则身佚而国治,功大而名美,上可以王,下可以霸;不急得其人,而急得其势,则身劳而国乱,功废而名辱,社稷必危。①

"有良法而乱者,有之矣;有君子而乱者,自古及今,未尝闻也。"②

荀子认为,君主必须是贤者"非圣人莫之能王"③,强调官员的能力"无德不贵,无能不官"④。

君臣关系上,荀子主张"从道不从君"⑤;君民关系上,荀子有独到的认识:"天之生民,非为君也;天之立君,以为民也"⑥,将儒家的"民本"思想推上了新的高度。

四、董仲舒新儒学

汉代大儒董仲舒吸收各家思想,改造先秦儒学,提出了"新儒学"理论体系,建言汉武帝罢黜百家、独尊儒术,因符合当时社会发展趋势,得到汉武帝的认可,新儒学逐渐成为封建正统法律思想。

(一) 天人观和人性论

天人观和人性论是董仲舒政治法律思想的基础,较之先秦儒学董仲舒在这两个方面都有显著的发展。

1. 天人观

董仲舒抬出"天"来作为宇宙人间最高主宰,"天者,万物之祖,万物非天不生"⑦,"天者,百神之大君也"⑧。

---

① 《荀子·君道》。
② 《荀子·王制》。
③ 《荀子·正论》。
④ 《荀子·王制》。
⑤ 《荀子·子道》。
⑥ 《荀子·大略》。
⑦ 《春秋繁露·顺命》。
⑧ 《春秋繁露·郊语》。

董仲舒所言之天到底指什么？冯友兰认为，董仲舒所谓之天，有时系指物质之天，即与地相对之天；有时系指有智力有意志之自然。[1] 李泽厚认为，在董仲舒的体系中，"天"未停留在单一的人格神意义上，它更多是一种与其他许多因素相联系相配合的结构体。[2]

"天、地、阴、阳、木、火、土、金、水、九，与人而十者，天之数毕也。"[3] 此处前者之天指与地相对之天，后者之天指自然之统称，即天的因素包括了天、地、人、阴、阳、五行共十项。

在论述天人关系上，董仲舒所言之天往往是一种主宰人间事务的有意志的至上神，"命者，天之令也；性者，生之质也；情者，人之欲也"[4]。董仲舒还把人看作是天的副本，从形体到精神都"上应于天"。

> 人之形体，化天数而成，人之血气，化天志而仁。人之德行，化天理而义。人之好恶，化天之暖清。人之喜怒，化天之寒暑。……天之副在乎人。人之情性，有由天者矣。[5]

> 人有三百六十节，偶天之数也。形体骨肉，偶地之厚也。上有耳目聪明，日月之象也。体有空窍理脉，川谷之象也。心又哀乐喜怒，神气之类也。……小节三百六十六，副日数也。大节十二分，副月数也。内在五脏，副五行数也。外有四肢，副四时数也，乍视乍瞑，副昼夜也。乍刚乍柔，副冬夏也。乍哀乍乐，副阴阳也。[6]

此外，还有天人感应："国家将有失道之败，而天乃先出灾害以告之；不知自省，又出怪异以警惧之；尚不知变，而伤败乃至"[7]。

2. 人性论

董仲舒否定了孟荀的性善、性恶论，提出了"性三品"理论：圣人之性、中民之性、斗筲之性。他认为："圣人之性，不可以名性；斗筲之性，又

---

① 冯友兰：《中国哲学史》（下册），华东师范大学出版社 2000 年版，第 11 页。

② 李泽厚：《中国思想史论》（上），安徽文艺出版社 1999 年版，第 150 页。

③《春秋繁露·天地阴阳》。

④《汉书·董仲舒传》。

⑤《春秋繁露·为人者天》。

⑥《春秋繁露·人副天数》。

⑦《汉书·董仲舒传》。

不可名性；名性者，中民之性。"①不可以名就是用不着去研究探讨，或者用不着给它以性的概念。因为圣人之性是通天明理之性，是已经升华到知天命的境界之性；而斗筲之性则是已经滑入"斗筲之徒"的不可救药的罪恶分子。董仲舒认为，这两种性在社会上占极少数且是定型的，所以不必去"名性"。对于社会治理有决定性意义的是占人类绝大多数的中民之性。这些中民之性是尚处在加工造就的过程中，它还没有从质朴的素材中把人性加工雕琢出来。

董仲舒将性与善的关系比作禾与米，"善如米，性如禾。禾虽出米，而禾未可谓米也。性虽出善，而性未可谓善也。米与善，人之继天而成于外也，非在天所为之内也"②，"性待渐于教训，而后能为善。善，教训之所然也，非质朴之所能至也"③。相反，不实施德教，中民之性就会为恶。

（二）"王者法天"的神权观

对于君主统治的合法性，董仲舒以"王"字为例进行了说明："三画而连其中，谓之王。三画者，天地与人也，而连其中者，通其道也，取天地与人之中以为贯而参通之，非王者孰能当是！"④君主至高无上的权力是上天赋予的，"天子受命于天，天下受命于天子"⑤，天下臣民要顺从天意，毫无条件地接受君主统治。

法律秩序也是依照天意建立起来的，天体运行的秩序是社会法律秩序的根据。

"王者配天，谓其道。天有四时，王有四政，四政若四时，通类也。天人所同有也。庆为春，赏为夏，罚为秋，刑为冬。庆赏罚刑之不可不具也，如春夏秋冬之不可不备也。"⑥为封建法制找到了自然的天意的存在根据，也树立了法律凌驾于社会之上的权威性。君主应当"以庆副暖而当

---

① 《春秋繁露·实性》。
② 《春秋繁露·实性》。
③ 《春秋繁露·实性》。
④ 《春秋繁露·王道通三》。
⑤ 《春秋繁露·为人者天》。
⑥ 《春秋繁露·四时之副》。

春，以赏副暑而当夏，以罚副清而当秋，以刑副寒而当冬"①。

天不仅是仁慈的，而且是刚正的。"天执其道为万物主，君执其常为一国主。天不可以不刚，主不可以不坚。天不刚，则列星乱其行；主不坚，则邪臣乱其官。星乱，则亡其天；臣乱，则亡其君。"②

天无时无刻地都在监视着人世治道，天又通过各种方式表示自己的意愿以昭示统治者。董仲舒言天威："彼岂无伤害于人，如孔子徒畏之哉！从此见天之不可不畏敬，犹主上之不可不谨事。不谨事主，其祸来至显；不畏敬天，其殃来至暗，暗者不见其端，若自然也"③，"国家将有失道之败，而天乃先出灾害以告之；不知自省，又出怪异以警惧之；尚不知变，而伤败乃至"④。通过天人感应思想来限制君权，实现"屈君以申天"。

（三）"三纲五常"的伦理观

董仲舒言："王道之三纲，可求于天"⑤，"君臣、父子、夫妇之义，皆取诸阴阳之道。君为阳，臣为阴；父为阳，子为阴；夫为阳，妻为阴"⑥。董仲舒认为，上天贵阳贱阴，天之道就是"阳尊阴卑"。属于阳的君、父、夫永远是属于阴的臣、子、妻的统治者。"仁、义、礼、智、信，五常之道，王者所当修饰也。五者修饰，故受天之佑而享鬼神之灵，德施于方外，延及群生也。"⑦

三纲五常思想不是董仲舒最先提出的，韩非曾说过："臣事君，子事父，妻事夫，三者顺则天下治，三者逆则天下乱。此天下之常道也⑧"。董仲舒用天人关系和阴阳理论进一步论证和完善了三纲五常理论。董仲舒"三纲五常"思想上升为封建专制主义核心思想，成为汉代立法、司法的根本指导原则。从本质上讲，它是统治者用来控制人们思想，以防止人民"犯上作乱"的思想武器。

---

① 《春秋繁露·四时之副》。
② 《春秋繁露·天地之行》。
③ 《春秋繁露·郊语》。
④ 《汉书·董仲舒传》。
⑤ 《春秋繁露·基义》。
⑥ 《春秋繁露·基义》。
⑦ 《汉书·董仲舒传》。
⑧ 《韩非子·忠孝》。

（四）"阳德阴刑"的德刑观

董仲舒从天道、人性以及社会现实来思考这一问题。

> 天道之大者在阴阳,阳为德,阴为刑,刑主杀而德主生。是故阳常居大夏而以生育养长为事,阴常居大冬而积于空虚不用之处,以此见天之任德不任刑也。……王者承天意以从事,故任德教而不任刑。①

在君民关系以及德治问题上,董仲舒指出:

> 天之生民,非为王也,而天立王以为民也。故其德足以安乐民者,天予之;其恶足以贼害民者,天夺之。……故夏无道而殷伐之,殷无道而周伐之,周无道而秦伐之,秦无道而汉伐之。有道伐无道,此天理也,所从来久矣。②

实行德治必须选拔廉吏,董仲舒建议设立太学,培养德才兼备之人,"臣愿陛下兴太学,置明师,以养天下之士,数考问以尽其材,则英俊宜可得矣"③。

董仲舒认为,"斗筲之性"性恶且顽固不化,只能以刑罚威慑,故刑不可废。"中民之性"是"性有善质而未能善",通过教育可以达到性善,这决定了德教的可行性,而这一部分人是社会的主体,这又决定了德教的必要性,否则他们会成为社会秩序的危害者。

西汉刑法的残酷也是董仲舒呼吁德治的重要原因。汉文帝废肉刑,外有轻刑之名,内实杀人。汉武帝时期,"律令凡三百五十九章,大辟四百九条,千八百八十二事,死罪决事比,万三千四百七十二事。文书盈于几阁,典者不能遍睹。是以郡国承用者驳:或罪同而论异,奸吏因缘为市;所欲活则傅生议,所欲陷则予死比。议者咸冤伤之"④。

此外,董仲舒吸收了先秦儒家"仁者爱人"思想,提出:"仁之法,在爱人,不在爱我;义之法,在正我,不在正人。我不自正,虽能正人,弗予为

---

① 《汉书·董仲舒传》。
② 《春秋繁露·尧舜不擅移汤武不专杀》。
③ 《汉书·董仲舒传》。
④ 邱汉平编:《历代刑法志》,商务印书馆 2017 年版,第 15—16 页。

义。人不被其爱,虽厚自爱,不予为仁。"①

五、朱熹的法律观

(一) 存天理,灭人欲

朱熹哲学思想的核心是"理",在他看来,"理"是创造并主宰宇宙与人类社会的最高精神本体:"宇宙之间,一理而已。天得之而为天,地得之而为地。而凡生于天地之间者又各得之以为性。"②他说:"理也者,形而上之道也,生物之本也。"③由于理的不断变化,才产生天地万物。除了"理"之外,还有"气"。他说:"气也者,形而下之器也,生物之具也。"④理和气的关系,即精神和物质的关系。理在先,气在后。宇宙中的万物均由"理"与"气"相结合而产生的。人也如此,"人之所以生,理与气合而已"⑤。圣人以外的普通人均有两种属性,即源于"天理"的"天命之性"和源于"气禀"(人的生理素质)的"气质之性",即人的情感和欲望,其中含有为恶的可能性,称之为"人欲"。朱熹认为,"人欲"横流是社会不安、世风日下和一切罪恶的渊薮,因此,必须"存天理、灭人欲"。

为什么会有"人欲",朱熹认为这是由于在禀气时受到了"物欲"的影响,因而产生了恶念。"灭人欲"并非消灭人的一切欲望,这里的"人欲"指过度的欲望,非正常地维持生存的欲望。朱熹说:"若是饥而欲食,渴而欲饮,则此欲亦岂能无?"

朱熹的理除了一般哲学意义上内涵外,同时还具有以下含义:一是客观规律,是事物的当然之则与所以然之则,"天下之物,则必各有所以然之故与其所当然之则,所谓理也"⑥。二是具有道德原则的规范要求,是人们有目的行为所应当遵循的基本准则,他指出"君尊于上,臣恭于下,尊

---

① 《春秋繁露·仁义法》。
② 《朱子全书·卷六十》。
③ 《朱子大全·卷五十八》。
④ 《朱子大全·卷五十八》。
⑤ 《朱子语类·卷四》。
⑥ 《四书大全·大学或问》。

卑大小,截然不可犯"①,如果违犯必然导致"上下相攘相夺,便是不义不
和"②。三是朱熹的理是上层建筑意义上的法律,强调了政治上以义理治
天下,将法视为国家政治。

李泽厚认为,朱熹庞大的理学体系的根本核心在于建立这样一个观
念公式:

"应当"(人世伦常)＝必然(宇宙规律)。③

1. 三纲五常

朱熹继承和发展了董仲舒、二程"三纲五常"思想,并且把它纳入其义
理思想体系当中,将三纲五常提升到超时空性、绝对性和不可侵犯性,并
且更加系统化、理论化。

"宇宙之间,一理而已。天得之而为天,地得之而为地。而凡生于天
地之间者又各得之以为性。其张之为三纲,其纪之为五常。盖皆此理之
流行,无所适而不在。"④

在论证三纲五常伦理等级制度时朱熹引入了"理一分殊"的理论,以
阐发封建等级制度的合理性。他指出:"理皆同出一原,但所居之位不同,
则其理之用不一,如为君须仁,为臣须敬,为子须孝,为父须慈。物物各其
此理,而物物各异其用,然莫非一理之流行也。"⑤正是由于理一分殊才会
形成人们具有的名分的不同,"君君臣臣,父父子子,兄兄弟弟,夫妇朋友,
各得其位"⑥,各得其分,才能各得其利,自然可以和。

朱熹继承了董仲舒春秋决狱传统,并将三纲五常视为天理,作为听讼
断狱原则。"凡听五刑之讼,必原父子之亲,立君臣之义,以权之。盖必如
此,然后轻重之序可得而论,浅深之量可得而测。"⑦对于违背封建尊卑等
级秩序,应处以重刑,"凡有狱讼,必先论其尊卑、上下、长幼、亲疏之分,而
后听其曲直之辞。凡以下犯上,以卑凌尊者,虽直不右;其不直者,罪加凡

① 《朱子语类·卷六十八》。
② 《朱子语类·卷二十二》。
③ 李泽厚:《中国思想史论》(上),安徽文艺出版社1999年版,第236页,。
④ 《朱子全书·卷六十》。
⑤ 《朱子语类·卷十八》。
⑥ 《朱子语类·卷二十二》。
⑦ 《朱子大全·卷十四》。

人之坐。其有不幸至于杀伤者,虽有疑虑可悯而至于奏裁,亦不准辄用拟贷之例"①。

2. 限制君权

"存天理、灭人欲"不能自行完成,它需要社会中的现实力量来实现。谁有资格来实现这一目标呢?只有"圣人"和"君师"以及国家的法律才可以充当"天理"的代表来完成这一使命。不过,朱熹认为,当国家法律制度不符合"天理"时,就应当对其进行改革。

在朱熹看来,改革时弊的根本方法是改变人心,要尽除人们私欲。朱熹认为,君王自身的善恶决定着国家立法的质量和好坏,君王的"心术"决定着国家的治乱。他说:"人主之心一正,则天下之事无有不正;人主之心一邪,则天下之事无有不邪。"②为了改变君主的"心术",他主张限制君权独断专横。他说:"古之君臣所以事事做得成,缘是亲爱一体"③,现在正相反:"人主极尊严,真如神明;人臣极卑屈,望拜庭下,不交一语而退。"④朱熹并不反对"尊君",他所强调的是,君主的"心术"必须符合"天理",才取得"尊"的资格。

要是封建帝王"正心诚意",必须"亲贤臣,远小人",他说:

> 天下之务莫大于恤民,而恤民之本,在人君正心术以立纪纲。盖天下之纪纲不能以自立,必人主之心术公平大正,无偏党反侧之私,然后有所系而立。君心不能以自证,必亲贤臣,远小人,讲明义理之归,闭塞私邪之路,然后乃可得而正。⑤

为限制君主专断之权,朱熹提出改革主张:(1)加强宰相和谏官职权。宰相与谏官要"共正君心,同断国论"⑥。(2)君主立法要和大臣商议,使大臣"得以极意尽言而无惮"。君主任免宰相、台谏也要同大臣

---

① 《朱子大全·卷十四》。
② 《朱子大全·卷十二》。
③ 《朱子全书·卷六十二》。
④ 《朱子全书·卷六十三》。
⑤ 《宋史·朱熹传》。
⑥ 《朱子大全·卷三十七》。

商议，不能"皆出于陛下之独断而大臣不与谋、给舍不及议"①。(3)将"封建"之国"杂建于郡县之间"，以加强地方权力的方式来限制君主权力。

(二) 德刑观

1. 德礼政刑"相为终始"

朱熹继承和发展了孔子"道之以政，齐之以刑，民免而无耻。道之以德，齐之以理，有耻且格"②思想。朱熹将其中的"道"解释为"引导，谓先之也"；"齐"解释为"所以一也"。

> 政者，为治之具；刑者，辅治之法。德礼则所以出治之本，而德又礼之本也。此其相为始终，虽不可以偏废，然政刑能使民远罪而已，德礼之效，则有以使民日迁善而不自知。故治民者不可徒恃其末，又当深探其本也。③

这段话反映出德、礼、政、刑都是治国方略，德礼、政刑的本末关系，德和礼、政和刑之间关系，以及四者在治国过程中相为终始、不可偏废。

具体讲，朱熹认为："政，谓法制禁令也"，它告诉人们应当做什么，不应当做什么；"刑"即刑罚措施。关于"政"与"刑"的关系，朱熹认为首先应立制，然后再以刑罚作相应的保障；"先立个法制如此，若不尽从，便以刑罚齐之"④，刑罚的目的就是迫使人们服从"法制禁令"。如果没有"政"，"刑"也就失去了标准；没有"刑"，"政"也无法实现。

关于德与礼的关系，朱熹认为"德"是一种心理上的道德品质或善心，"礼"是"制度品节"。在朱熹看来，"德"是"礼"的依据，"礼"是"德"的保障："德者，义理也，义理非礼不行，故欲以德道民者，必以礼齐民"。

朱熹认为，由"德"经"礼""政"及"刑"，又由"刑"至"德"的"相为终始"的循环运动，由浅入深地清扫着各类人的"人心"。这样就使"德、礼、政、刑"在时间和空间上获得了和谐的统一。

---

① 《朱子大全·卷十四》。
② 《论语·为政》。
③ 《四书大全·为政》。
④ 《朱子语类·卷二十三》。

朱熹从统一的角度,提高了刑的地位,提出了"明刑弼教"思想:"盖三纲五常,天理民彝之大节而治道之本根也,故圣人之治,为之教以明之,为之刑以弼之。"①

2. 重刑思想

对于当时人们主张执法以"宽"和"轻刑"的理由,朱熹作了批判,指出了其存在的问题:

(1) 认识上的片面性。"今人说轻刑者,只见所犯之人为可悯,而不知被伤之人尤可念也。如劫盗杀人者,人多为之求生,殊不念死者之为无辜,是知为盗贼计,而不为良民地也。"②他说:"杀其人之所当杀,岂不是天理?"

(2) 执法之吏受佛教"因果报应"说的迷惑。"今之法家惑于罪福报应之说,多喜出人罪以求福报。"他斥责道:"夫使无罪者不得直,而有罪者得幸免,是乃所以为恶尔,何福报之有?"③

(3) 执法之吏对"恤刑"本意的曲解。"所谓钦恤者,欲其详审曲直,令有罪者不得免,而无罪者不得滥刑也"④,其目的在于避免冤枉无辜者,含有"罪疑惟轻"的意思。但是,执法之吏却"以为当宽人之罪而出其死。故凡罪之当杀者,必多为可出之途以俟奏裁,则率多减等"⑤。

(4) "俗吏便文自营之计",主狱官和当权者徇私枉法,以轻刑为事。

朱熹力主重刑,反对当时流行一时的轻刑主张,谈到南宋社会现实时他说:"近年以来,或以妻杀夫,或以族子杀族父,或以地客杀地主,而有司议刑卒从流宥之法。夫杀人者不死,伤人者不刑,虽二帝二王不能以此为治于天下。"⑥指出针对这种丧乱现象,轻刑不起作用,"刑愈轻而愈不足以厚民之俗,往往反以长其悖逆作乱之心,而使狱讼之愈繁"⑦。

朱熹的重刑主张:

① 《朱子大全·卷十四》。
② 《朱子语类·卷一百一十》。
③ 《朱子语类·卷一百一十》。
④ 《朱子语类·卷一百一十》。
⑤ 《朱子全书·卷六十四》。
⑥ 《朱子大全·卷十四》。
⑦ 《朱子大全·卷十四》。

（1）恢复肉刑。"今徒、流之法，既不足以止穿窬淫放之奸，而其过于重者则又有不当死而死，如强暴赃满之类者，苟采陈群之议，一以宫刑之辟当之，则虽残其支体，而实全其躯命，且绝其为乱之本，而使后无以肆焉。"①这是"仰和先王之意而下适当世之宜"的好办法。

（2）限制赎刑。赎刑按其本义只适用于轻罪，"罪之极轻，虽入于鞭扑之刑而情法犹有可议者"。朱熹认为，"后世始有赎五刑法，非圣人意也"②，因为如果对重罪适用赎刑制度，必将导致富人均可以杀人、伤人而免受刑罚处罚，无辜者将是何其不幸。

（3）慎刑原则。提出"明谨用刑"，反对滥刑。尤其是适用死刑，"系人性命处，须吃紧思量，犹恐有误也"③。

"罪之轻重未明，而可以杀可以无杀者，欲杀之则恐其实无可杀之罪，而陷于无辜；不杀之则恐其实有不常之罪而失于不杀，二者皆非圣人至公至平之意，而杀不辜者尤圣人之心所不忍也。"④他肯定古人"罪疑惟轻"原则，"与其杀不辜，宁失不经"，使"刑不滥而人心悦"⑤，并指出："人君不嗜杀人，则天下悦而归之"⑥。

（三）人治思想

朱熹认为人治优于法治，原因在于法律不会尽善尽美，"大抵立法必有弊，未有无弊之法，其要只在得人"⑦，认为"法也待人而行"⑧。

朱熹认为执法者的道德品质很重要，在治理国家中，人的作用是居于首位的，其重要性优先于法律，"人主之心一正，则天下之事无有不正；人主之心一邪，则天下之事无有不邪"⑨，"只消用一个好人作相，自然推排

---

① 《朱子大全·卷三十七》。
② 《朱子大全·卷三十七》。
③ 《朱子语类·卷一百一十》。
④ 《朱子大全·卷六十五》。
⑤ 《四书大全·子路》。
⑥ 《四书大全·梁惠王上》。
⑦ 《朱子语类·卷一百零八》。
⑧ 《朱子全书·卷六十四》。
⑨ 《朱子大全·卷十二》。

出来"①,"择一户部尚书,则钱谷何患不治? 而刑部得人,则狱事亦清平矣"②。

由此,朱熹主张"任贤使能"和完善官吏选拔制度。

"天下之事必得刚明公正之人而后可任"③,对于贤人"用之唯恐其不速,聚之唯恐其不多"④,对于小人则应"退之唯恐其不早,去之唯恐其不尽"⑤。朱熹对那些没有学识、凭资历升迁的官员提出了尖刻的批评:"今日学官,只是计资考迁用,又学识短浅,学者亦不尊尚。"⑥他建议改进科举制度,调整考试科目,主张科举考试内容应"罢去诗赋",认为"今之诗赋,实为无用"⑦。

由于法律有弊端,会束缚官员手脚,"法弊,虽有良有司,亦无如之何"⑧。因而朱熹主张立法疏略,以便让官员根据情况自行处理:"古人立法,只是大纲,下之人得自为。后世法皆详密,下之人只是守法。法之所在,上之人亦进退下之人不得。"⑨赋予官员更大的执法灵活性,以便更好发挥人的作用,以弥补法律的不足。

① 《朱子全书·卷六十三》。
② 《朱子全书·卷六十一》。
③ 《朱子大全·卷十一》。
④ 《朱子语类·卷一百零七》。
⑤ 《朱子语类·卷一百零七》。
⑥ 《朱子语类·卷一百零九》。
⑦ 《朱子语类·卷一百零九》。
⑧ 《朱子全书·卷六十四》。
⑨ 《朱子全书·卷六十三》。

第三讲

墨家法律思想

墨家是战国初期墨子创立的一个学派，是一个有着严密组织和严格纪律的团体，最高的领袖被称为"钜子"，其成员大都是手工业者和平民，称为"墨者"，必须服从钜子的领导，听从指挥，可以"赴汤蹈刃，死不旋踵"。

墨子（约公元前 490 年—公元前 403 年）名翟，鲁国人平民出身，是小工业者。手工技艺可与当时的巧匠鲁班相比。他自称是"鄙人"，被人称为"布衣之士"和"贱人"。墨子曾做宋国大夫，自诩说"上无君上之事，下无耕农之难"①，是一个同情"农与工肆之人"的士人。学术上他最初师从儒家，"墨子学儒者之业，受孔子之术，以为其礼烦扰而不说，厚葬靡财而贫民，（久）服伤生而害事，故背周道而用夏政。"②墨子自立门户，自成学派之后，对儒学进行了猛烈抨击。因儒家以法周相号召，墨子学说故意法夏相抵制，在传说中禹有节俭之名，故墨子以法夏相号召。③

在战国时代，墨家名声极为显赫，故孟子总结说当时"圣王不作，诸侯放恣，处士横议，杨朱、墨翟之言盈天下。天下之言不归杨，则归墨"④。韩非子说："世之显学，儒墨也。儒之所至，孔丘也；墨之所至，墨翟也。"⑤汉以后，墨家学说开始衰落了，但它"兼爱务实"的精神仍然激励着

---

① 《墨子·贵义》。
② 《淮南子·要略训》。
③ 冯友兰：《中国哲学史》（上册），华东师范大学出版社 2000 年版，第 67 页。
④ 《孟子·滕文公下》。
⑤ 《韩非子·显学》。

后人,近人梁启超认为救国必以墨学,"欲救今日之中国,舍墨学之忍痛苦则何以哉? 舍墨学之轻生死则何以哉?"①

一、墨家法律观的核心——兼相爱、交相利

"兼相爱、交相利"是墨子一切政治法律观的出发点和归宿。

墨子生活的战国时期,顾炎武认为战国是个乱世:"春秋时犹尊礼重信,而七国则绝不言礼与信矣。春秋时犹宗周王,而七国则绝不言王矣。春秋时犹严祭祀、重聘享,而七国则无其事矣。春秋时犹论宗姓氏族,而七国则无一言及之矣。……"②

墨家认为,他们所处的时代是一个"强执弱、众劫寡、富侮贫、贵傲贱"的"大乱之世"。墨家描述了当时的天下之害:

> 若大国之攻小国也,大家之乱小家也,强之劫弱,众之暴寡,诈之谋愚,贵之傲贱,此天下之害也。又与为人君者之不惠也,臣者之不忠也,父者之不慈也,子者之不孝也,此又天下之害也。又与今人之贱人,执其兵刃、毒药、水、火,以交相亏贼,此又天下之害也。③

这种社会秩序混乱,人们之间关系紧张是如何产生的? 墨子认为,根源就在于人们的"不相爱":

> 察乱何自起? 起不相爱。臣子之不孝君父,所谓乱也。子自爱不爱父,故亏父而自利;弟自爱不爱兄,故亏兄而自利;臣自爱不爱君,故亏君而自利,此所谓乱也。虽父之不慈子,兄之不慈弟,君之不慈臣,此亦天下之所谓乱也。父自爱也不爱子,故亏子而自利;兄自爱也不爱弟,故亏弟而自利;君自爱也不爱臣,故亏臣而自利。是何也? 皆起不相爱。虽至天下之为盗贼者亦然,盗爱其室不爱其异室,故窃异室以利其室;贼爱其身不爱人,故贼人以利其身。此何也? 皆起不相爱。虽至大夫之相乱家,

---

① 吴松:《饮冰室文集点校》,云南教育出版社 2001 年版,第 325 页。
② 《日知录·周末风俗》。
③ 《墨子·兼爱下》。

诸侯之相攻国者亦然。大夫各爱其家,不爱异家,故乱异家以利其家;诸侯各爱其国,不爱异国,故攻异国以利其国,天下之乱物具此而已矣。察此何自起?皆起不相爱。①

今诸侯独知爱其国,不爱人之国,是以不惮举其国以攻人之国。今家主独知爱其家,而不爱人之家,是以不惮举其家以篡人之家。今人独知爱其身,不爱人之身,是以不惮举其身以贼人之身。是故诸侯不相爱则必野战。家主不相爱则必相篡,人与人不相爱则必相贼,君臣不相爱则不惠忠,父子不相爱则不慈孝,兄弟不相爱则不和调。天下之人皆不相爱,强必执弱,富必侮贫,贵必敖贱,诈必欺愚。②

墨子提出"仁人之事者,必务求兴天下之利,除天下之害"③,鉴于天下之害的根源在于人们不相爱,那要改变这种局面,必须"以兼相爱、交相利之法易之"④。

首先要"兼相爱":"视人之国若视其国,视人之家若视其家,视人之身若视其身。是故诸侯相爱则不野战,家主相爱则不相篡,人与人相爱则不相贼,君臣相爱则惠忠,父子相爱则慈孝,兄弟相爱则和调。天下之人皆相爱,强不执弱,众不劫寡,富不侮贫,贵不敖贱,诈不欺愚。"⑤墨家强调的"兼"字,有普遍(天下之人皆相爱)和平等(爱人若爱吾身)两种意义。在墨家思想中,"爱己"与"爱人"是统一的,"爱人不外己,己在所爱之中。己在所爱,爱加于己。伦列之爱己,爱人也"⑥。

其次,要"交相利",要求人们互相帮助,共谋福利,反对互相争夺,"亏人自利",这是"兼相爱"的基础。儒家反对言利,孔子云:"君子喻于义,小人喻于利。"⑦墨家大谈其利,认为"爱人"就是"利人","兼相爱"就是"交

① 《墨子·兼爱上》。
② 《墨子·兼爱中》。
③ 《墨子·兼爱下》。
④ 《墨子·兼爱中》。
⑤ 《墨子·兼爱中》。
⑥ 《墨子·大取》。
⑦ 《论语·里仁》。

相利"。墨子指出："夫爱人者,人必从而爱之;利人者,人必从而利之"①,"必吾先从事乎爱利人之亲,然后人报我以爱利吾亲也。……投我以桃,报之以李"②。人们彼此相爱互利,天下自然也就太平了。"兼相爱,交相利,此圣王之法,天下之治道也,不可不务为也。"③

"诸侯不相爱,则必野战"④,战争严重违背兼爱原则,墨子反对以兼并邻国土地人口为目的的战争,提出了著名的"非攻"论。"非攻"并非一概反对战争,而是反对不义的战争。当他国打到门前进行积极的防御是正义的战争,征讨不仁不义也是正义的战争。如有人诘问他:"以攻伐之为不义,非利物与? 昔者禹征有苗,汤伐桀,武王伐纣,此皆立为圣王,是何故也?"墨子回答说:"子未察吾言之类,未明其故者也。彼非所谓攻,是谓诛也。"⑤墨子所非之战争是属于"攻"这一"类"的,"攻"是非正义的;"诛"一"类"的战争是正义的战争,是应予支持的。

墨子还从"以天为法"角度论述了兼相爱、交相利思想,"然则奚以为治法而可? 故曰莫若法天。天之行广而无私,其施厚而不德,其明久而不衰,故圣王法之。既以天为法,动作有为必度于天,天之所欲则为之,天所不欲则止。然而天何欲何恶者也? 天必欲人之相爱相利,而不欲人之相恶相贼也。"⑥墨家"天志"的内容就是"兼相爱,交相利"。"以天为法"的目的,是想使"兼相爱,交相利"成为衡量一切是非、曲直、功过、善恶统一的客观标准。

当然,墨家主张打破宗法制和等级制的"兼爱"思想显然是不现实的,就连孟子都说:"杨氏为我,是无君也;墨氏兼爱,是无父也。无父无君,是禽兽也。"⑦

---

① 《墨子·兼爱中》。
② 《墨子·兼爱下》。
③ 《墨子·兼爱中》。
④ 《墨子·兼爱中》。
⑤ 《墨子·非攻下》。
⑥ 《墨子·法仪》。
⑦ 《孟子·滕文公下》。

二、墨家贤人政治观

墨家认为在国家和法律产生之前,每个人都有自己的是非标准,人们各持其义,相互争夺。

> 古者民始生,未有刑政之时,盖其语"人异义"。是以一人则一义,二人则二义,十人则十义,其人兹众,其所谓义者亦兹众。是以人是其义,以非人之义,故文相非也。是以内者父子兄弟作怨恶,离散不能相和合。天下之百姓,皆以水火毒药相亏害,至有余力不能以相劳,腐臭余财不以相分,隐匿良道不以相教,天下之乱,若禽兽然。[①]

要解决这些冲突和纷乱,就必须建立起统一的行为标准,"一同天下之义",具体怎么做呢?

> 夫明虖天下之所以乱者,生于无政长。是故选天下之贤可者,立以为天子。天子立,以其力为未足,又选择天下之贤可者,置立之以为三公。天子三公既以立,以天下为博大,远国异土之民,是非利害之辩,不可一二而明知,故画分万国,立诸侯国君,诸侯国君既已立,以其力为未足,又选择其国之贤可者,置立之以为正长。正长既已具,天子发政于天下之百姓,言曰:"闻善而不善,皆以告其上。上之所是,必皆是之,所非必皆非之,上有过则规谏之,下有善则傍荐之。上同而不下比者,此上之所赏,而下之所誉也。意若闻善而不善,不以告其上,上之所是,弗能是,上之所非,弗能非,上有过弗规谏,下有善弗傍荐,下比不能上同者,此上之所罚,而百姓所毁也。"上以此为赏罚,甚明察以审信。是故里长者,里之仁人也。里长发政里之百姓,言曰:"闻善而不善,必以告其乡长。乡长之所是,必皆是之;乡长之所非,必皆非之。去若不善言,学乡长之善言;去若不善行,学乡长之善行,则乡何说以乱哉。"察乡之所治,何也?乡长唯能一同乡之义,是以

---

① 《墨子·尚同上》。

乡治也。乡长者,乡之仁人也。乡长发政乡之百姓,言曰:"闻善而不善者,必以告国君。国君之所是,必皆是之;国君之所非,必皆非之。去若不善言,学国君之善言;去若不善行,学国君之善行,则国何说以乱哉。"察国之所以治者,何也?国君唯能一同国之义,是以国治也。国君者,国之仁人也。国君发政国之百姓,言曰:"闻善而不善。必以告天子。天子之所是,皆是之;天子之所非,皆非之。去若不善言,学天子之善言;去若不善行,学天子之善行,则天下何说以乱哉。"察天下之所以治者,何也?天子唯能一同天下之义,是以天下治也。①

即按天的意志"选择天下之贤可者,立以为天子",天子之下又立各级"政长",然后由天子"发宪布令于天下之众",自上而下地确立并统一是非的标准,这样,在国家产生的同时,法律也随之产生。所以,"一同天下之义"包含着墨子对法律起源的认识。

墨子的"尚同"包括三方面的含义:其一是自上而下的。里长率其一里之万民,尚同乎乡长,乡长率其万民,尚同乎国君,而国君则率全国的万民,尚同乎天子。从而构成了墨子集权主义政治的基本框架。其二是下情上达。"古者圣王唯而审以尚同,以为正长,是故上下情请为通。上有隐事遗利,下得而利之;下有蓄怨积害,上得而除之。"②这就要求信息畅通,使政长能及时了解下情,掌握实情,便于根据国家、百姓的利害加以正确处理,并且还"能使人之耳目助己视听,使人之吻助己言谈,使人之股肱助己动作"③。墨子认为这是古者圣王之所以济事成功、垂名后世的主要原因。其三是墨子所言的"尚同"不是到天子为止,天子还要"尚同"于天。天子位置的更替和确立,都决定于天。他说:"昔之圣王禹汤文武,兼爱天下之百姓,率以尊天事鬼,其利人多,故天福之,使立为天子,天下诸候,皆宾事之。"④

对于天子是天选立的还是民选的,《墨子》中未有明确的语句。对此,

---

① 《墨子·尚同上》。
② 《墨子·尚同中》。
③ 《墨子·尚同中》。
④ 《墨子·法仪》。

梁启超说:"什么人'选择'? 自然是人民'选择'。什么人'立'? 什么人'使'? 自然是人民'立'、人民'使'。……他说,国家是由人民同意所造成,和'民约论'同一立脚点。《经上》说:'君臣萌通约也。'正是这个原理。"①梁启超认为墨家国家起源思想类似于西方的"民约论"。

为实现"尚同"的主张,墨家要求天下人都共有的"义"应由贤者制定,因为贤者地位高贵,智能超群,才可能产生"善政",而天子是天下最"贤能"的人,无疑由天子制定。天下百姓都必须绝对服从统一于君主之"义","天子之所是,必亦是之;天子之所非,必亦非之"②,否则就要受到刑罚的严厉制裁,所以"尚同"思想演绎出了"法自君出"的君主专制观。这也表明墨子"兼相爱"中蕴涵的原始平等观仅仅停留在道德精神的层面,爱的形式平等掩盖和肯定了不平等的实质,反映了墨子思想内在矛盾的一面。

墨家的"尚同"以"尚贤"为基础。

墨子认为,不用贤人是政治矛盾和政治冲突的原因,"是在王公大人为政于国家者,不能以尚贤事能为政也"③。因而,要尚用贤才。"自贵且智者为政乎,愚且贱者则治;自愚贱者为政乎,贵且智者则乱。是以知尚贤之为政本也"④,"则王公大人明乎以尚贤使能为政,是以民无饥而不得食,寒而不得衣,劳而不得息,乱而不得治者"⑤。唯有以贤人为政,才能使百姓衣食无忧,平息和消解政治冲突。

那么贤人政治,要遵循一个什么样的用人原则?墨子有言:

> 故古者圣王甚尊尚贤而任使能,不党父兄,不偏贵富,不嬖颜色,贤者举而上之,富而贵之,以为官长;不肖者抑而废之,贫而贱之以为徒役,是以民皆劝其赏,畏其罚,相率而为贤者。以贤者众,而不肖者寡,此谓进贤。然后圣人听其言,迹其行,察其所能,而慎予官,此谓事能。故可使治国者,使治国,可使长官

---

① 梁启超:《墨子学案》,山东文艺出版社2018年版,第42页。
② 《墨子·尚同中》。
③ 《墨子·尚贤上》。
④ 《墨子·尚贤中》。
⑤ 《墨子·尚贤中》。

者,使长官,可使治邑者,使治邑。凡所使治国家,官府,邑里,此皆国之贤者也。①

> 虽在农与工肆之人,有能则举之。高予之爵,重予之禄,任之以事,断予之令……故官无常贵,而民无终贱,有能则举之,无能则下之,举公义,辟私怨,此若言之谓也。②

墨子心目中的"贤士"当然是指符合墨家道德标准的人,往往就是那些"农与工肆之人"。只有让他们获取政治上的独立地位,有权利参政,墨家的政治理想才有可能实现,小私有者的地位和利益才有可靠的保障。所以,墨子破天荒地喊出了"官无常贵,而民无终贱"的口号,表达了平民分享国家权力、参与政治活动这一强烈愿望,向贵族世袭制发起了强有力的挑战。张国华说,墨家"尚贤"主张,正是后来法家要求变世卿世禄制为非世袭官僚制的前奏,但墨子尚贤不同于法家。区别在于标准不同,墨家的"为贤之道"是"有力者疾以助人,有财者勉以分人,有道者劝以教人",而法家则从是否有功于耕战出发。

尚贤说是墨子代表平民阶层发出的要求参政的呼声,如果将之视为民主制的理论,显然是一种拔高,与墨子思想不符。

三、墨家法律观

(一) 法的本质与作用

墨子认为,法律是国家制定和发布的统一规矩,是制裁违法犯罪行为的工具。"先王之书,所以出国家,布施百姓者,宪也。……所以听狱制罪者,刑也。"③

> 天下从事者不可以无法仪,无法仪而其事能成者无有也。虽至士之为将相者,皆有法,虽至百工从事者,亦皆有法,百工为方以矩,为圆以规,直以绳,正以县。无巧工不巧工,皆以此五者

---

① 《墨子·尚贤中》。
② 《墨子·尚贤上》。
③ 《墨子·非命上》。

为法。巧者能中之，不巧者虽不能中，放依以从事，犹逾己。故
百工从事，皆有法所度。今大者治天下，其次治大国，而无法所
度，此不若百工，辨也。①

墨家的这一认识与法家很接近。关于法律作用，墨子还提出："古之
圣王发宪出令，设以为赏罚以劝贤，是以入则孝慈于亲戚，出则弟长于乡
里，坐处有度，出入有节，男女有辨。是故使治官府，则不盗窃，守城则不
崩叛，君有难则死，出亡则送。此上之所赏，而百姓之所誉也。"②

(二) 赏罚观

墨家"尚同"过程是和赏罚连在一起的。

1. 赏必当贤、罚必当暴

墨家认为治国依靠两手，即"赏"和"罚"。"赏，上报下之功也。……
罚，上报下之罪也。"③赏的对象为"善"，罚的对象为"恶"，而"善""恶"是
以"义"为划分的标准。"义，利也"，"利，所得而喜也"④。从"尚同"目标
出发，墨子很重视赏罚的作用，为了保证思想与行为统一于天子之"义"，
就要采用两手抓办法，"富贵以道其前，明罚以率其后"⑤。"数千万里之
外，有为善者，其室人未遍知，乡里未遍闻，天子得而赏之。数千万里之
外，有为不善者，其室人未遍知，乡里未遍闻，天子得而罚之。"⑥无论赏，
还是罚，都是为了"尚同"这一目的。墨子认为法律是由君王制定的，"是
故古之圣王发宪出令，设以为赏罚以劝贤"⑦。"善人赏而暴人罚，则国必
治。"⑧但墨子同时也意识到，刑罚虽好，但若使用不当，也会贻害无穷，他
说："譬之若有苗之以五刑然。昔者圣王制为五刑，以治天下，逮至有苗之
制五刑，以乱天下。则此岂刑不善哉？用刑则不善也。"⑨

---

① 《墨子·法仪》。
② 《墨子·非命上》。
③ 《墨子·经上》。
④ 《墨子·经上》。
⑤ 《墨子·尚同下》。
⑥ 《墨子·尚同中》。
⑦ 《墨子·非命上》。
⑧ 《墨子·尚同下》。
⑨ 《墨子·尚同中》。

怎样才算"善用刑"？那就是不枉不纵、不偏不阿、赏罚得当，即墨子所说的"赏当贤，罚当暴，不杀不辜，不失有罪"①，以及"均分赏贤罚暴，勿有亲戚弟兄之所阿"②。这就要求司法者执法严明，公正听狱，如果"有司见有罪而不诛，同罚"③。可见，墨子的司法主张与儒家有着明显的差别。

2. 杀人者死、伤人者刑

《吕氏春秋·去私》记载"腹䥈杀子"一事：

> 墨者有钜子腹䥈，居秦，其子杀人，秦惠王曰："先生之年长矣，非有它子也，寡人已令吏弗诛矣，先生之以此听寡人也。"腹䥈对曰："墨者之法曰：杀人者死，伤人者刑。此所以禁杀伤人也。夫禁杀伤人者，天下之大义也。王虽为之赐，而令吏弗诛，腹䥈不可不行墨者之法。"不许惠王，而遂杀之。

独子杀人，秦惠王念墨家首领腹䥈年老子单，予以赦免，而腹䥈大义灭亲，坚持"杀人者死，伤人者刑"墨家之法，诛杀逆子，以禁杀伤人行为。

从社会底层人民利益出发，墨家极端痛恨抢夺别人财产、残害无辜的犯罪，提出"杀盗人，非杀人"④的辩证思想。

3. 天赏天罚

在墨家看来，天是可以赏善罚恶的神，提出"天子为善，天能赏之；天子为暴，天能罚之"⑤，该理论客观上有利于限制君主的残暴行为；同时对于人们相爱相利与相恶相贼之不同行为，必有相应的天之福、祸相随，所谓"爱人利人者，天必福之；恶人贼人者，天必祸之"⑥。

（三）利民经济立法主张

1. 强本

墨家认为要解决人民的饥寒、困苦，不仅要"兼相爱，交相利"，而且必须使整个社会的财富充裕起来，必须重视物质生产，特别是农业生产，"凡

---

① 《墨子·尚同中》。
② 《墨子·兼爱下》。
③ 《墨子·号令》。
④ 《墨子·小取》。
⑤ 《墨子·天志中》。
⑥ 《墨子·法仪》。

五谷者,民之所仰也,君之所以为养也,故民无仰则君无养,民无食则不可事,故食不可不务也,地不可不力也,用不可不节也"①。

2. 节用

墨家提倡节俭,认为生产生活资料以够用为度,不应生产奢侈品和贪求享受,反对浪费。

> 圣人为政一国,一国可倍也;大之为政天下,天下可倍也。其倍之非外取地也,因其国家,去其无用之费,足以倍之。圣王为政,其发令兴事,使民用财也,无不加用而为者,是故用财不费,民德不劳,其兴利多矣。②

墨子曰:"凡足以奉给民用,则止。诸加费不加于民利者,圣王弗为。"③

3. 节葬

墨家反对儒家倡导的"厚葬久服",认为这样会导致人民的贫困、国家的衰乱,"今唯无以厚葬久丧者为政,国家必贫,人民必寡,刑政必乱"④。指出厚葬亡者对生人没有任何利益,"衣食者,人之生利也,然且犹尚有节;葬埋者,人之死利也,夫何独无节于此乎"⑤。

藉此认识,墨子制定葬埋之法:"棺三寸,足以朽骨;衣三领,足以朽肉;掘地之深,下无菹漏,气无发泄于上,垄足以期其所,则止矣。哭往哭来,反从事乎衣食之财,俾乎祭祀,以致孝于亲。故曰子墨子之法,不失死生之利者,此也。"⑥

4. 非乐

墨子认为君主应杜绝不必要的开支,"夫仁者之为天下度也,非为其目之所美,耳之所乐,口之所甘,身体之所安,以此亏夺民衣食之财,仁者弗为也"⑦。墨子提出"为乐非也",认为造大钟、鸣鼓、竽笙之类的乐器,

---

① 《墨子·七患》。
② 《墨子·节用上》。
③ 《墨子·节用中》。
④ 《墨子·节葬下》。
⑤ 《墨子·节葬下》。
⑥ 《墨子·节葬下》。
⑦ 《墨子·非乐上》。

要耗费物资钱财,"将必厚措敛乎万民"①。

有了乐器,还必须有人撞击演奏,"使丈夫为之,废丈夫耕稼树艺之时,使妇人为之,废妇人纺绩织纴之事"②,从而影响国家财富的增加和民众的收入。

音乐既成,"大人"决不可能一个人"独听之",必有人陪伴。"与君子听之,废君子听治;与贱人听之,废贱人之从事。"③

有了音乐,必然会有人"说乐而听之",如此会导致朝政荒废,百姓耕织不兴。

> 今惟毋在乎王公大人说乐而听之,即必不能蚤朝晏退,听狱治政,是故国家乱而社稷危矣。今惟毋在乎士君子说乐而听之,即必不能竭股肱之力,亶其思虑之智,内治官府,外收敛关市、山林、泽梁之利,以实仓廪府库,是故仓廪府库不实。今惟毋在乎农夫说乐而听之,即必不能蚤出暮入,耕稼树艺,多聚升粟,不足。今惟毋在乎妇人说乐而听之,即不必能夙兴夜寐,纺绩织纴,多治麻丝葛绪捆布缲,是故布缲不兴。④

在墨子看来,音乐歌舞乃劳民、伤财、害政之事,应当禁止。

---

① 《墨子·非乐上》。
② 《墨子·非乐上》。
③ 《墨子·非乐上》。
④ 《墨子·非乐上》。

第四讲

道家法律思想

"道家者流，盖出于史官，历记成败存亡祸福古今之道，然后知秉要执本，清虚以自守，卑弱以自持。"①道家是以老子、庄子为代表的一个学派，反映的是隐士阶层的思想。

《史记·老庄申韩列传》曰："老子修道德，其学以自隐无名为务。居周久之，见周之衰，乃遂去。至关，关令尹喜曰：'子将隐矣，强为我著书。'于是老子乃著书上下篇，言道德之意五千余言而去，莫知其所终。"对于《老子》成书年代，不少学者认为是战国时期。钱穆说："《老子》是战国一部晚出书，不仅在《论语》后，还应在《庄子》后。"②冯友兰也认为《老子》为战国时作品，理由有三：（1）孔子以前，无私人著述之事，故《老子》不能早于《论语》。（2）《老子》之文体，非问答体，故应在《论语》《孟子》之后。（3）《老子》之文为简明之"经"体，可见其为战国时作品。③

《史记》载孔子曾问礼于老子：

> 孔子适周，将问礼于老子。老子曰："子所言者，其人与骨皆已朽矣，独其言在耳。且君子得其时则驾，不得其时则蓬累而行。吾闻之，良贾深藏若虚，君子盛德容貌若愚。去子之骄气与多欲，态色与淫志，是皆无益于子之身。吾所以告子，若是而已。"孔子去，谓弟子曰："鸟，吾知其能飞；鱼，吾知其能游；兽，吾知其能走。走者可以为罔，游者可以为纶，飞者可以为矰。至于

---

① 《汉书·艺文志》。
② 钱穆：《中国思想史》，九州出版社 2012 年版，第 67 页。
③ 冯友兰：《中国哲学史》（上册），华东师范大学出版社 2000 年版，第 130 页。

龙,吾不能知其乘风云而上天。吾今日见老子,其犹龙邪!"①

庄子也是一位隐士,主张顺从天道,追求逍遥自在的生活。《史记》载:

> 楚威王闻庄周贤,使使厚币迎之,许以为相。庄周笑谓楚使者曰:"千金,重利;卿相,尊位也。子独不见郊祭之牺牛乎?养食之数岁,衣以文绣,以入大庙。当是之时,虽欲为孤豚,岂可得乎?子亟去,无污我。我宁游戏污渎之中自快,无为有国者所羁,终身不仕,以快吾志焉。"②

一、道法自然

"道"是老子思想的最高范畴,也是其哲学基石,是老子对中国哲学的巨大贡献。老子提出的"道"是对世间万物本源的追溯和思考,是一种形而上学的宇宙观。

甲骨文中没有"道",金文之"道"从首从行。"首"以头代"人";"行",本义为路。此字表示,"人行路上",一般用为"道路"之意。"道"在《老子》一书中,有三种含义。第一,是指宇宙万物产生和发展的总根源,这也是老子哲学的核心;第二,指自然规律;第三,指人类社会的一种准则、法则。后两种含义,不独用于《老子》,在先秦其他典籍中也经常被使用,是先秦思想界广泛使用的一种术语或概念。而第一种用法,则是老子哲学的中心概念和专有名词,他的整个哲学系统都是由这个"道"所展开的。

老子认为,"道"是天地万物产生的根源,"可以为天下母"。

"道生一,一生二,二生三,三生万物。万物负阴而抱阳,冲气以为和。"③

"道可道,非常道;名可名,非常名。"④

> 有物混成,先天地生。寂兮寥兮,独立而不改,周行而不殆,

---

① 《史记·老庄申韩列传》。
② 《史记·老庄申韩列传》。
③ 《道德经·第四十二章》。
④ 《道德经·第一章》。

可以为天地母。吾不知其名,强字之曰"道",强为之名曰"大"。

大曰逝,逝曰远,远曰反。故道大,天大,地大,人亦大。域中有

四大,而人居其一焉。人法地,地法天,天法道,道法自然。[①]

"道法自然"是指"道"依它本来的样子而存在。这里的自然不是指大自然,而指自己本来的样子、自然而然的意思。即天地万物都是以自然的状态而运行、存在着。牟宗三先生说:"法自然者,即道以自然为性,非道之上,复有一层曰自然也。"[②]王邦雄先生说:"道之所以是道,就在于它是它自己存在的理由,也是天地万物存在的理由。自然,是对他然而言,意谓非依他而立,或有待于外的。故道法自然,就是道不违其自身之作为一切存在根源的法则。"[③]

在《道德经》五千言中,有 5 次提到"自然"。

悠兮,其贵言。功成事遂,百姓皆谓我自然。

道之尊,德之贵,夫莫之命而常自然。

人法地,地法天,天法道,道法自然。

希言自然。

是以圣人欲不欲,不贵难得之货;学不学,复众人之所过,以

辅万物之自然而不敢为。

这五个"自然",在老子文章中所表达的意思都是一样的。"自"就是自己,"然"就是本来的样子,"自然"就是"自己本来的样子"。自然是道的最佳状态和最高境界。

老子关于"道"的思想,在先秦哲学思想领域,具有革命性的意义。在先秦,人们普遍认为自然界存在着一个主宰和决定人们命运的神或上帝,就连孔子,虽然并没有确定过有无上帝或神,但他经常感叹"天命""天",也说明他对宇宙法则的一种无奈,从而认为有一个人格神存在。而老子,以其大胆的想象和气魄,对天命、鬼神的观念进行了否定,他将"道"作为天地万物的本始,认为天、地,只不过就是天空和大地,并不是什么神物;而"道",也不是神、不是上帝,只是一种形而上的实体,孕育和推动宇宙万

---

① 《道德经·第二十五章》。

② 牟宗三:《才性与玄理》,学生书局 1981 年版,第 153 页。

③ 王邦雄:《老子的哲学》,东大图书公司 1983 年版,第 84 页。

物的物质本源,用之不竭、取之不尽。老子"道"思想的提出,是对有神论的巨大冲击。

庄子和老子一样,也把"道"作为世界本原的。在《庄子》中多处讲到"道":

《大宗师》:"夫道,有情有信,无为无形,可传而不可授,可得而不可见;自本自根,自古以固存;神鬼神帝,生天生地;在太极之上而不为高,在太极之下而不为深,先天地生而不为久,长于上古而不为老。"

《知北游》:"道不可闻,闻而非也;道不可见,见而非也;道不可言,言而非也。"

《天地》:"夫道,覆载万物者也,洋洋乎大哉!"

《天地》:"德兼于道,道兼于天。"天就是自然。

都是说"道"是"无为无形""自本自根""生天生地""道法自然"。

而且,庄子试图为天地万物的产生寻找出一个根源,其结果止于"气化"。

> 生也死之徒,死也生之始,孰知其纪?人之生,气之聚也。聚则为生,散则为死。若死生为徒,吾又何患?故万物为一也。是其所美者为神奇,其所恶者为臭腐。臭腐复化为神奇,神奇复化为臭腐。故曰通天下一气耳。[①]

由于万物及其生灭变化都是气化流行中的具体呈现,所以,生与死、腐朽与神奇看似相对应的两个极端,实际上都不过是气化流行中的不同阶段而已,本质上是没有分别的。既然"通天下一气耳",那么在现实生活中,我们就应该以坦诚之心面对天地万物的生灭变化,不以物喜、不以己悲,一切随性自然,由此便可通达绝对自由的逍遥境界。

所以,庄子对老子的"道法自然"思想进行了重要发展,他不仅使道家思想达到了一个新境界,而且也使其得以真正完备起来。老子认为天地万物皆应"道法自然",由此方能实现"天长地久"。人也同样应当因循自然之道,为无为,行无事,如此方能化行天下、成就己德和保全自身。于是,老子强调人们要时时保持一颗素朴、清净、不争和谦卑之心,只有这

[①]《庄子·知北游》。

样,人心才能复其作为"本来面目"的"自然"存在。庄子则不仅限于此,他进而由"自然"而论"自由",将"自然"和"自由"内在地统一起来,由此使道家思想得以进一步地充实和完善。

在庄子看来,"道"是主观认识的标准,"道"就是"我","我"等同于"道"。"道""我"合而为一。《齐物论》中的"天地与我并生,而万物与我为一",完成了从客观唯心主义向主观唯心主义的过渡。

二、无为而治

(一)"无为而治"的原因

老子认为,最理想的治国方法,就是"无为而治",这是"道法自然"的必然结果,也是《老子》政治理论的核心。

道即是无。

"道可道,非常道;名可名,非常名。无,名天地之始,有,名万物之母。故常无,欲以观其妙;常有,欲以观其徼。此两者,同出而异名,同谓之玄。玄之又玄,众妙之门。"①

"天地万物生于有,有生于无。"②

冯友兰认为,此"无"是对于具体事物之"有"而言,并非零。道为天地万物之所以生之总原理,非具体的事物,故难以指具体的事物,或形容具体的事物之名,指之或形容。盖凡名皆有限制及决定之力;谓此物为此,则即决定其是此而非彼。而道则"周行而不殆",在此亦在彼,是此亦是彼也。故曰"道常无名"。③

《管子·心术上》:"德者道之舍,物得以生,生得以职道之精。故德者,得也,其谓所得以然也。以无为之谓道,舍之之谓德。故道之与德无间,故言之者无别也。"

老子说:

---

① 《道德经·第一章》。
② 《道德经·第四十章》。
③ 冯友兰:《中国哲学史》(上册),华东师范大学出版社 2000 年版,第 136—137 页。

"道常无为而无不为。侯王若能守之,万物将自化。"①

"我无为而民自化,我好静而民自正,我无事而民自富,我无欲而民自朴。"②

"不出户,知天下;不窥牖,见天道。其出弥远,其知弥少。是以圣人不行而知,不见而名,不为而成。"③

相反,实行有为,则必然会失败,"将欲取天下而为之,吾见其不得已。天下神器,不可为也,不可执也。为者败之,执者失之"④,"是以圣人无为故无败,无执故无失"⑤。

(二) 老子"无为而治"思想的要求

老子要求统治者自我约束、自我垂范,"处无为之事,行不言之教",认为"曲则全,枉则直,洼则盈,敝则新,少则得,多则惑。是以圣人抱一为天下式。不自见,故明;不自是,故彰;不自伐,故有功;不自矜,故长"⑥。

老子告诫统治者对待百姓要温和,要有耐心,而不要粗暴蛮横。老子说:"反者道之动,弱者道之用。"⑦老子认为,柔弱意味着有发展潜力、有生命力,而外表的强硬、强大、粗暴蛮横都意味着没有发展潜力,没有生命力,意味着死亡和失败。所以,他说:"人之生也柔弱,其死也坚强。草木之生也柔脆,其死也枯槁。故坚强者死之徒,柔弱者生之徒。是以兵强则灭,木强则折。强大处下,柔弱处上。"⑧老子以水为例说明柔弱的强大作用:"天下莫柔弱于水,而攻坚强者莫之能胜,以其无以易之。弱之胜强,柔之胜刚,天下莫不知,莫能行。"⑨老子告诫统治者说:"圣人常无心,以百姓心为心。善者,吾善之;不善者,吾亦善之;善德。信者,吾信之;不信

---

① 《道德经·第三十七章》。
② 《道德经·第五十七章》。
③ 《道德经·第四十七章》。
④ 《道德经·第二十九章》。
⑤ 《道德经·第六十四章》。
⑥ 《道德经·第二十二章》。
⑦ 《道德经·第四十章》。
⑧ 《道德经·第七十六章》。
⑨ 《道德经·第七十八章》。

者，吾亦信之；德信。圣人在天下，歙歙焉，为天下浑其心，百姓皆注其耳目，圣人皆孩之。"①

老子认识到，统治者的重税盘剥和社会财富占有不平等是造成犯罪的重要根源，"民之饥，以其上食税之多，是以饥。民之难治，以其上之有为，是以难治。民之轻死，以其上求生之厚，是以轻死"②。要求统治者"见素抱朴，少私寡欲"，"去甚，去奢，去泰"。由此老子反对：（1）统治者对人民进行重税剥削。一再告诫统治者"祸莫大于不知足"，"多藏必厚亡"，"知足不辱，知止不殆，可以长久"③。（2）暴政苛刑，主张减少刑罚。"法令滋彰，盗贼多有"④，因为法令破坏了自然的和谐。（3）利用刑杀手段威胁百姓。"民不畏死，奈何以死惧之？"⑤老子并不一律反对刑杀，只是认为应慎重使用，并由专门机构去使用。（4）反对轻易发动战争，"天下有道，却走马以粪；天下无道，戎马生于郊"⑥。

老子无为而治的另一个重要内容就是愚民政策。老子说："古之善为道者，非以明民，将以愚之。民之难治，以其智多。故以智治国，国之贼；不以智治国，国之福。"⑦这些智慧、能力对于治国者来说是非常有害的，要想方设法消除他们的智慧、能力以及获得智慧与能力的机会。"绝圣弃智，民利百倍；绝仁弃义，民复孝慈；绝巧弃利，盗贼无有。"⑧要想实现愚民政策，还需要消除人民的各种欲望，消除一切可能产生欲望的途径。"五色令人目盲；五音令人耳聋；五味令人口爽；驰骋畋猎，令人心发狂；难得之货，令人行妨。是以圣人为腹不为目，故去彼取此"⑨，"不尚贤，使民不争；不贵难得之货，使民不为盗；不见可欲，使民心不乱。是以圣人之治，虚其心，实其腹，弱其志，强其骨。常使民无知无欲，使夫智者不敢为

① 《道德经·第四十九章》。
② 《道德经·第七十五章》。
③ 《道德经·第四十四章》。
④ 《道德经·第五十七章》。
⑤ 《道德经·第七十四章》。
⑥ 《道德经·第四十六章》。
⑦ 《道德经·第六十五章》。
⑧ 《道德经·第十九章》。
⑨ 《道德经·第十二章》。

也。为无为,则无不治"①。

老子设想的理想社会:"小国寡民,使有什伯人之器而不用;使民重死而不远徙。虽有舟舆,无所乘之;虽有甲兵,无所陈之。使民复结绳而用之。甘其食,美其服,安其居,乐其俗。邻国相望,鸡狗之声相闻,民至老死,不相往来。"②

(三) 庄子的"无为"主张

庄子将"无为"绝对化,反对一切"有为"政治。他说:"治,乱之率也,北面之祸也,南面之贼也。"③有为政治是导致祸乱的根源,搅乱了自然无为的常道,违背了万物的真情,破坏了自然状态。在庄子看来,不论是仁政还是暴政,都是"有为"政治,统统要不得。"昔尧之治天下也,使天下欣欣焉人乐其性,是不恬也;桀之治大下也,使天下瘁瘁焉人苦其性,是不愉也。夫不恬不愉,非德也。非德而可长久者,天下无之。"④尧与桀在伤害人的自然本性方面,并没有两样。与其赞美尧而非议桀,倒不如把两者都忘掉而顺从天道。

> 夫帝王之德,以天地为宗,以道德为主,以无为为常。无为也,则用天下而有余;有为也,则为天下用而不足,故古之人贵夫无为也。上无为也,下亦无为也,是下与上同德,下与上同德则不臣。下有为也,上亦有为也,是上与下同道,上与下同道则不主。上必无为而用天下,下必有为为天下用,此不易之道也。⑤

庄子认为帝王"游心于淡,合气于漠,顺物自然而无容私焉,而天下治矣"⑥。

庄子继承了老子小国寡民的社会理想。在他看来,战国之世并非"至德之世",而最为理想的"至德之世"是回到那种没有剥削、没有压迫、没有

---

① 《道德经·第三章》。
② 《道德经·第十八章》。
③ 《庄子·天地》。
④ 《庄子·在宥》。
⑤ 《庄子·天道》。
⑥ 《庄子·应帝王》。

战争的原始社会，"民结绳而用之，甘其食，美其服，乐其俗，安其居，邻国相望，鸡狗之音相闻，民至老死而不相往来。若此之时，则至治已。"①

道家的"无为"并不是什么都不干，《淮南子》说得很透彻："自天子以下至于庶人，四肢不动，思虑不用，思治求赡者，未之闻也。""无为"是善于诱导居于下属的人去"无不为"，去做具体、实际的事情。如庄子所说，上无为则"任事者责"。

(四) 学界对道家"无为而治"的认识

李泽厚认为，老子的"无为"是一种"君道"，君主必须"无为"才能"无不为"，否则统治者不是"无为"而是"有为"的话，占"有"就被局限，不可能总揽全局了，因为任何有都是限定的、暂时的、局部的。只有"无""道"能超过任何"有"，才是全体、根源、真理和存在。②

钱穆认为，老子"无为而无不为""后其身而身先""夫惟弗居，是以不去"之说，"完全在人事利害得失上着眼，完全在应付权谋上打算也"③。他以老子为阴谋家之祖，所以首揭其"无为"为权术。

对于老子的"小农社会"，嵇文甫说："老子的理想社会，是自然的，不是文明的；是自由的，不是强权的；是自给的，不是交易的；是静止的，不是活跃的；是小规模的，不是大规模的。他不像儒、法诸家主张大一统，他所谓'小国寡民'，实在还算不得国，算不得民，而正是一种原始的村落社会。"④

吕思勉认为，《老子》的大部分是黄帝民族里相传的古训，而老子把它写出来。无为就是主张任人民自化，而不想去变化他，即使统治阶级尚能实行老子之说，亦不过自己不去领导人民变化，而社会的变化是遏制不住的，最终镇压不住的。尽管有清心寡欲的君主，对于社会还是丝毫无补。由此他认为老子的思想落伍了。⑤

---

① 《庄子·胠箧》。
② 李泽厚：《中国思想史论》，安徽文艺出版社 1999 年版，第 94 页。
③ 钱穆：《庄老通辨》，生活·读书·新知三联书店 2005 年版，第 137 页。
④ 嵇文甫：《嵇文甫文集》(上册)，河南人民出版社 1985 年版，第 169 页。
⑤ 吕思敏：《中国政治思想史》，中华书局 2014 年版，第 22—23 页。

三、道家对儒、法、墨的批判

《老子》中"无为而治"的法律观,是针对儒家的"礼治"、法家的"法治",以及墨家的"尚贤"等主张提出来的。

(一) 对儒家的批判

《老子》中认为儒家"礼治"的仁义忠孝等道德规范的出现,都是"大道"废弃的产物,"大道废,有仁义;智慧出,有大伪;六亲不和,有孝慈;国家昏乱,有忠臣"[①]。认为礼是忠信不足的表现,礼是社会致乱之源,"失道而后德,失德而后仁,失仁而后义,失义而后礼。夫礼者,忠信之薄,而乱之首"[②]。

庄子对儒家心目中的圣贤持鄙夷态度,"昔尧之治天下也,使天下欣欣焉人乐其性,是不恬也;桀之治大下也,使天下瘁瘁焉人苦其性,是不愉也。夫不恬不愉,非德也。非德而可长久者,天下无之"[③]。

"神农之世,卧则居居,起则于于,民知其母,不知其父,与麋鹿共处,耕而食,织而衣,无有相害之心,此至德之隆也。然而黄帝不能致德,与蚩尤战于涿鹿之野,流血百里。尧、舜作,立群臣,汤放其主,武王杀纣,自是之后,以强陵弱,以众暴寡。汤、武以来,皆乱人之徒也。"[④]

庄子极力反对儒家的有为政治,揭露孔子"作言造语,妄称文武,冠枝木之冠,带死牛之胁,多辞缪说,不耕而食,不织而衣,摇唇鼓舌,擅生是非,以迷天下之主,使天下学士不反其本,妄作孝弟,而侥幸于封侯富贵者也。子之罪大极重"[⑤]。

庄子认为,仁、义、礼、法,都是对人的自然本性的破坏,所谓"圣人",不过是大盗们身上所披着的窃国外衣。"圣人不死,大盗不止。虽重圣人

---

① 《道德经·第十八章》。
② 《道德经·第三十八章》。
③ 《庄子·在宥》。
④ 《庄子·盗跖》。
⑤ 《庄子·盗跖》。

而治天下,则是重利盗跖也。为之斗斛以量之,则并与斗斛而窃之;为之权衡以称之,则并与权衡而窃之;为之符玺以信之,则并与符玺而窃之;为之仁义以矫之,则并与仁义而窃之。何以知其然邪? 彼窃钩者诛,窃国者为诸侯,诸侯之门而仁义存焉,则是非窃仁义圣知邪?"①

(二) 对法家的批判

《老子》反对"法治",认为"以法治国"违背了自然之道,欲治反乱,是倒行逆施。

"法令滋彰,盗贼多有。"②

"民之饥,以其上食税之多,是以饥。民之难治,以其上之有为,是以难治。民之轻死,以其上求生之厚,是以轻死。"③

"民不畏死,奈何以死惧之? 若使民常畏死,而为奇者,吾得执而杀之,孰敢? 常有司杀者杀。夫代司杀者杀,是谓代大匠斫,夫代大匠斫者,希有不伤其手矣。"④

"民不畏威,则大威至。"⑤

老子崇尚自然法,但不一概反对人定法,而庄子对人定法则持否定的态度。庄子认为法并不像法家所说的那样神圣,刑罚也并非治国之良策。《庄子·天道》说:"赏罚利害,五刑之辟,教之末也;礼法度数,刑名比详,治之末也。"刑罚与奖赏、礼法度数,都是治国的下策,制刑立禁不仅无益于治国,反而成了产生祸乱的根源。为什么这样? 庄子认为,根本原因在于法律与刑罚破坏了自然,扰乱了人心,违反了人性。在庄子眼里,只有自然法才是公正无私的,而一切人定法都是对自然的破坏,也是最不公正和自私的。

庄子认为,"治天下",就好比"穿牛鼻"那样,会破坏自然的"道"。坚决反对任何对自然之道的干扰和破坏,要求回到"同与群兽居""族与万物

---

① 《庄子·胠箧》。
② 《道德经·第五十七章》。
③ 《道德经·第七十五章》。
④ 《道德经·第七十四章》。
⑤ 《道德经·第七十二章》。

并""无知无欲""无人之情"的人物无别的"混沌"时代。为此,庄子主张取消一切制度、规范和文化,包括道德和法律,这是一种极端的法律虚无主义。

(三) 对墨家的批判

老子反对先秦尚贤主张,认为尚贤和尚贵重难得之物是酿成社会动乱的原因。尊重才智贤人,会促使人民去追求知识,依靠才智去争权夺利;看重贵重难得之物,则会使人去抢夺,去偷盗,"不尚贤,使民不争;不贵难得之货,使民不为盗;不见可欲,使民心不乱"[①]。

庄子对儒、墨的尚贤思想也给予了批判,"举贤则民相轧,任知则民相盗。之数物者,不足以厚民。民之于利甚勤,子有杀父,臣有杀君,正昼为盗,日中穴阫。吾语女,大乱之本,必生于尧、舜之间,其末存乎千世之后。千世之后,其必有人与人相食者也!"[②]

对于"兼爱"思想,《庄子·天道》中指出:"夫兼爱,不亦迂乎?无私焉,乃私也。""兼相爱"总是与"交相利"并提,"相爱"是以"相利"为目的,当然是为"私"的。

---

① 《道德经·第三章》。
② 《庄子·庚桑楚》。

第五讲

法家法律思想

法家是中国古代先秦诸子百家中主张"以法治国"的一个学派。冯友兰说:"儒墨及《老》庄皆有其政治思想。此数家之政治思想,虽不相同,然皆从人民之观点,以论政治。其专从君主或国家之观点,以论政治者,当时称为法术之士,汉人谓之为法家。"[①]

"法家",作为学术派别意义上的概念,最早由西汉初期史学家司马谈在其《论六家要旨》一文中提出来的:"法家不别亲疏,不殊贵贱,一断于法","法家严而少恩,然其正君臣上下之分,不可改矣。"

法家是春秋战国时期成文法运动的产物。法家先驱为管仲、子产、邓析,鼻祖为李悝,法家的代表人物主要有:战国初期的李悝、吴起,中期的商鞅、慎到、申不害,末期的韩非、李斯。冯友兰将法家分为重势、重术、重法三派。认为,能集三派之大成,又以《老》学荀学为根据,而能自成一家之言的就是韩非。[②]

一、法的本质

法家对于法的涵义和本质作了大量的论述。

---

① 冯友兰:《中国哲学史》(上册),华东师范大学出版社 2000 年版,第 234 页。
② 冯友兰:《中国哲学史》(上册),华东师范大学出版社 2000 年版,第 237—239 页。

（一）行为的客观准则

"尺寸也、绳墨也、规矩也、衡石也、斗斛也、角量也，谓之法。"①

"法者，天下之程式也，万事之仪表也。"②

"法者，国之权衡也。"③

（二）公正无私

"法者，所以齐天下之动，至公大定之制也。"④

"法制礼籍，所以立公义也，凡立公所以弃私也。"⑤

"夫立法令者，以废私也，法令行而私道废矣。私者，所以乱法也。"⑥

（三）强制规范

"法者，宪令著于官府，刑罚必于民心，赏存乎慎法，而罚加乎奸令者也。"⑦韩非认为，法律是政府发布的强制性规范，应赏罚明慎，体现民心。

二、法治的必然性

"法治"思想是法家法律思想的核心，是和儒家"礼治"相对立的一种治国主张。

"以法治国"概念最早由管仲提出："威不两措，政不二门，以法治国，则举措而已。"⑧管仲的"以法治国"理想为："夫生法者，君也；守法者，臣也；法于法者，民也。君臣上下贵贱皆从法，此谓为大治。"⑨

---

① 《管子·七法》。
② 《管子·明法解》。
③ 《商君书·修权》。
④ 《守山阁丛书》引《慎子》佚文。
⑤ 《慎子·威德》。
⑥ 《韩非子·诡使》。
⑦ 《韩非子·定法》。
⑧ 《管子·明法》。
⑨ 《管子·任法》。

韩非的描述更为完美："故明主之国,无书简之文,以法为教;无先王之语,以吏为师;无私剑之捍,以斩首为勇。是境内之民,其言谈者必轨于法,动作者归之于功,为勇者尽之于军。是故无事则国富,有事则兵强,此之谓王资。既畜王资而承敌国之衅,超五帝侔三王者,必此法也。"①

必须明确的是,我们在论述法家思想时所使用的"法治"概念与西方的"法治"是两个不同的概念。

最先将法家思想贴上法治标签的是梁启超。梁氏写道:"(法家)思想以'唯物观'为出发点,常注意当时此地之环境,又深信政府万能,而不承认人类个性之神圣。其政治论主张严格的干涉,但干涉须以客观的'物准'为工具,而不容主治者以心为高下。人民惟于法律容许之范围内,得有自由与平等。吾名之曰'物治主义',或'法治主义'。"②梁启超此说被以后的法律思想史研究者们引以为宗,瞿同祖也声称"所谓儒法之争主体上是礼治、法治之争"③,也有学者认为这是出于与西方法治相比之下心理自慰的故意误读,认为所谓的法治中国早已有之。

法家从多方面论述了法治的必然性。

(一) 进化史观

法家认为,人类社会是运动变化发展的,法律制度必须随着历史的发展而发展。

管仲要求齐桓公"修旧法,择其善者而业用之"④,打破井田制,对大量发展起来的"私田",实行"相地而衰征"⑤。

子产"铸刑书于鼎",公布成文法,目的在于"救世"。

商鞅认为社会的发展经历了"上世亲亲而爱私、中世尚贤而说人、下世贵贵而尊官"⑥的三个阶段,而他所处的"下世"阶段,社会情况完全不同了,是一个"以强胜弱,以众暴寡""力多则人朝,力寡则朝于人"的弱肉

---

① 《韩非子·五蠹》。
② 梁启超:《先秦政治思想史》,岳麓书社 2010 年版,第 77 页。
③ 瞿同祖:《瞿同祖法学论著集》,中国政法大学出版社 1998 年版,第 362 页。
④ 《国语·齐语》。
⑤ 《国语·齐语》。
⑥ 《商君书·开塞》。

强食的社会。商鞅对守旧派"法古无过,循礼无邪"观点进行了批驳,提出了"不法古,不循今"的变法思想,"前世不同教,何古之法?帝王不相复,何礼之循?伏羲、神农教而不诛;黄帝、尧、舜诛而不怒;及至文、武,各当时而立法,因事而制礼。礼法以时而定;制令各顺其宜"[1]。针对战国时期诸侯征战,商鞅认为儒家那套"以德服人"的"王道"行不通,只能实行"以力服人"的"霸道",致力于富国强兵、实行"法治"是历史的必然。

韩非继承了商鞅的历史观:

> 上古之世,人民少而禽兽众,人民不胜禽兽虫蛇。有圣人作,构木为巢以避群害,而民悦之,使王天下,号曰有巢氏。民食果蓏蚌蛤,腥臊恶臭而伤害腹胃,民多疾病。有圣人作,钻燧取火以化腥臊,而民说之,使王天下,号之曰燧人氏。中古之世,天下大水,而鲧、禹决渎。近古之世,桀、纣暴乱,而汤、武征伐。今有构木钻燧于夏后氏之世者,必为鲧、禹笑矣;有决渎于殷、周之世者,必为汤、武笑矣。然则今有美尧、舜、汤、武、禹之道于当今之世者,必为新圣笑矣。是以圣人不期修古,不法常可,论世之事,因为之备。宋人有耕田者,田中有株,兔走触株,折颈而死,因释其耒而守株,冀复得兔,兔不可复得,而身为宋国笑。今欲以先王之政,治当世之民,皆守株之类也[2]

韩非得出结论:"故治民无常,唯治为法。法与时转则治,治与世宜则有功。……时移而治不易者乱。"[3]

(二)"好利恶害"的人性论

法家认为"趋利避害"是人的本性。

商鞅认为:"民之性:饥而求食,劳而求佚,苦则索乐,辱则求荣,此民之情也"[4],"民生则计利,死则虑名。名利之所出,不可不审也。"[5]

---

[1]《商君书·更法》。
[2]《韩非子·五蠹》。
[3]《韩非子·心度》。
[4]《商君书·算地》。
[5]《商君书·算地》。

韩非更是将人性刻画得淋漓尽致：

"故舆人成舆则欲人之富贵，匠人成棺则欲人之夭死，非舆人仁而匠人贼也，人不贵则舆不售，人不死则棺不买，情非憎人也，利在人之死也。"①

"父母之于子也，产男则相贺，产女则杀之。此俱出父母之怀衽，然男子受贺，女子杀之者，虑其后便，计之长利也。故父母之于子也，犹用计算之心以相待也，而况无父子之泽乎？"②

"夫卖庸而播耕者，主人费家而美食，调布而求易钱者，非爱庸客也，曰：如是，耕者且深，耨者熟耘也。庸客致力而疾耘耕者，尽巧而正畦陌畦畤者，非爱主人也，曰：如是，羹且美，钱布且易云也。"③

"臣尽死力以与君市，君垂爵禄以与臣市。君臣之际，非父子之亲也，计数之所出也。"④

在韩非看来人与人之间都是没有感情的、冰冷的利益关系。他的这种自私自利人性论继承了前期法家和荀子的观点，但与荀子又有显著的不同：首先，人性的"皆挟自为心"无所谓恶不恶的问题。其次，否定这种自私自利的人性可以改造，即"化性起伪"。

建立在这种"利"的基础上，通过法治的赏罚两种手段，君主可以实现天下有治。

（三）人口论

为了更好论证法治的必然性，韩非还提出了他的"人民众而货财寡"的"人口论"。

> 古者丈夫不耕，草木之实足食也；妇人不织，禽兽之皮足衣也。不事力而养足，人民少而财有余，故民不争。是以厚赏不行，重罚不用，而民自治。今人有五子不为多，子又有五子，大父未死而有二十五孙。是以人民众而货财寡，事力劳而供养薄，故

---

① 《韩非子·备内》。
② 《韩非子·六反》。
③ 《韩非子·外储说左上》。
④ 《韩非子·难一》。

民争,虽倍赏累罚而不免于乱。[①]

这是韩非从物质生活资料方面寻找实行"法治"的根据。

(四) 功利主义

庶族地主希望打破维护贵族等级特权的礼,而代之以体现平等精神的法,迫切要求用法治来取代传统的礼治。

战国时期社会动荡、残酷的战争现实决定了在治国上只能采取以力服人、急功近利的"霸道",通过统一的法律、通过严明的赏罚来实现"富国强兵",强调"外王"的法家法治思想适合"攻",能很好适应当时形势的需要。

宗法关系的打破和传统礼治的动摇,赤裸裸的利益关系决定了君主只能用利害原则即君利为中心来控制臣民,而实现"君利中心"最有效的手段是"法治"。

三、法治的必要性

儒法两家法律思想上的对立主要表现在法治与礼治、德治、人治的对立。这三种对立分别为不同质的法律和制度的对立、统治方法上的对立、治国上"人""法"哪个起决定作用的对立。法家认为"法治"优于"礼治""德治""人治"。

(一) 法治优于礼治

首先,法律具有公开性:
"法者,编著之图籍,设之于官府,而布之于百姓者也。"[②]
其次,法律具有公正性:
"法者,所以齐天下之动,至公大定之制也。故智者不得越法而肆谋,辩者不得越法而肆议,士不得背法而有名,臣不得背法而有功。我喜可

---

① 《韩非子·五蠹》。
② 《韩非子·难三》。

抑,我忿可窒,我法不可离也。骨肉可刑,亲戚可灭,至法不可阙也。"①

"立法令者,以废私也。"②

最后,法律具有平等性:

"天下之吏民,虽有贤良辩慧,不能开一言以枉法;虽有千金,不能以用一铢。"③

"人主使人臣:虽有智能,不得背法而专制;虽有贤行,不得逾功而先劳;虽有忠信,不得释法而不禁;此之谓明法。"④

"法不阿贵,绳不挠曲,法之所加,智者弗能辞,勇者弗敢争,刑过不避大臣,赏善不遗匹夫。"⑤

基于这些特点,法治明显优于礼治,礼治着眼于维护特权者的利益,礼在社会各个阶层之间是不平等的,所谓"礼者为异",即便谈平等最多也只是同一阶层内的平等。这种不平等的礼,显然也不具有社会公正性。

(二)法治优于德治

商鞅认为仁义不足以治天下:"仁者能仁于人,而不能使人仁;义者能爱于人,而不能使人爱。是以知仁义之不足以治天下也。圣人有必信之性,又有使天下不得不信之法。所谓义者,为人臣忠,为人子孝,少长有礼,男女有别;非其义也,饿不苟食,死不苟生。此乃有法之常也。圣王者不贵义而贵法,法必明,令必行,则已矣。"⑥

韩非有言:"先王之仁义,无益于治;明吾法度,必吾赏罚者,亦国之脂泽粉黛也。故明主急其助而缓其颂,故不道仁义。"⑦

"力多则人朝,力寡则朝于人,故明君务力。夫严家无悍虏,而慈母有败子。吾以此知威势之可以禁暴,而德厚之不足以止乱也。"⑧

---

① 《慎子·逸文》。
② 《韩非子·诡使》。
③ 《商君书·定分》。
④ 《韩非子·南面》。
⑤ 《韩非子·有度》。
⑥ 《商君书·画策》。
⑦ 《韩非子·显学》。
⑧ 《韩非子·显学》。

"夫圣人之治国,不恃人之为吾善也,而用其不得为非也。恃人之为吾善也,境内不什数;用人不得为非,一国可使齐。为治者用众而舍寡,故不务德而务法。"[1]

"仁人在位,下肆而轻犯禁法,偷幸而望于上;暴人在位,则法令妄而臣主乖,民怨而乱心生。故曰:仁暴者,皆亡国者也。"[2]

(三) 法治优于人治

法家抨击儒家的"人治",认为"人治"就是统治者随心所欲的"心治"或"身治"。认为臣民计多智广,君主一个人智力有限,用一人之身去对付万人之众是力不从心,只有通过"法""术"去制驭官吏,再通过官吏来统治人民。

慎到提出了一个著名的论断:"君人者舍法而以身治,则诛赏予夺与从君心出矣,然则受赏者虽当,望多无穷;受罚者虽当,望轻无已。君舍法而以心裁轻重,则是同功而殊赏,同罪而殊罚矣。怨之所由生也。"[3]

韩非极力否定人治,提出"释法术而任心治,尧不能正一国"[4]。

(四) 法律的作用

1. 定分止争

定分就是确定事物的名分与相应的权利。法家认为名分不确定是天下混乱的原因。

商鞅认为只有通过法律,才能实现定分:

法令者,民之命也,为治之本也,所以备民也。为治而去法令,犹欲无饥而去食也,欲无寒而去衣也,欲东而西行也,其不几亦明矣。一兔走,百人逐之,非以兔为可分以为百,由名之未定也。夫卖兔者满市,而盗不敢取,由名分已定也。故名分未定,尧、舜、禹、汤且皆如鹜焉而逐之;名分已定,贪盗不取。今法令不明,其名不定,天下之人得议之。其议,人异而无定。人主为

---

① 《韩非子·显学》。
② 《韩非子·八说》。
③ 《慎子·君人》。
④ 《韩非子·用人》。

法于上,下民议之于下,是法令不定,以下为上也。此所谓名分
之不定也。夫名分不定,尧、舜犹将皆折而奸之,而况众人乎?①

"圣人必为法令置官也,置吏也,为天下师,所以定名分也,名分定,则
大诈贞信,巨盗愿悫,而各自治也。故夫名分定,势治之道也;名分不定,
势乱之道也。"②

儒法两家都讲名分,都强调名分的重要性,在确定的依据上,儒家主
张用礼,法家主张用法令。

2. 兴功惧暴

通过规定人们必须做什么、禁止做什么,并运用赏罚手段来促进功
利,防止暴乱。

"兴功"即指"富国强兵","惧暴"是指禁止私斗和违法之举。

管子提出:"法者,所以兴功惧暴也;律者,所以定分止争也;令者,所
以令人知事也。法律政令者,吏民规矩绳墨也。"③

3. 一民而使下

统一人们的言行并役使臣民。

"夫生法者,君也;守法者,臣也;法于法者,民也。君臣上下贵贱皆从
法,此谓为大治。"④

"故有道之国,法立而私议不行,君立而贤者不尊。民一于君,事断于
法,是国之大道也。"⑤

"昔之能制天下者,必先制其民者也;能胜强敌者,必先胜其民者也。
故胜民之本在制民……民本,法也,故善治者,塞民以法。"⑥

"故圣人为法,必使之明白易知。名正,愚知遍能知之。为置法官,置
主法之吏,以为天下师,令万民无陷于险危。故圣人立天下而无刑死者,
非不刑杀也,法令明白易知,为置法官吏为之师,以道之知。万民皆知所

①《商君书·定分》。
②《商君书·定分》。
③《管子·七臣七主》。
④《管子·法法》。
⑤《慎子·逸文》。
⑥《商君书·画策》。

避就,避祸就福,而皆以自治也。"①

君主对待臣下"循名责实",注重监督考核,防止臣下篡权谋反。

四、法治的内容

(一) 以法为本

"以法为本,本治者名尊,本乱者名绝。"②

1. 立法上

令顺民心:管仲认为,要使人民遵守法律,必须使人民感到有利可图,以期"令顺民心","人主之所以令则行、禁则止者,必令于民之所好,而禁于民之所恶也"③,因此要做到"民之所欲,因而予之;民之所否,因而去之"④。

当时而立法:"当时而立法,因事而制礼。礼、法以时而定;制、令各顺其宜"⑤;"故治民无常,唯治为法。法与时转则治,治与世宜则有功。……时移而治不易者乱。"⑥

量可能:"明主度量人力之所能为,而后使焉。故令于人所能为,则令行,使于人之所能为,则事成。乱主不量人力,令于人之所不能为,故其令废;使于人之所不能为,故其事败。"⑦

公开:"法者,编著之图籍,设之于官府,而布之于百姓也。"⑧

相对稳定:"凡法令更则利害易,利害易则民务变,……治大国而数变法则民苦之,是以有道之君贵静,不重变法。"⑨

---

① 《商君书·定分》。
② 《韩非子·饰邪》。
③ 《管子·形势解》。
④ 《史记·管晏列传》。
⑤ 《商君书·更法》。
⑥ 《韩非子·心度》。
⑦ 《管子·形势解》。
⑧ 《韩非子·难三》。
⑨ 《韩非子·解老》。

2. 执法上

韩非强调树立法令的绝对权威,"法者所以为国也,而轻之,则功不立、名不成"①,"明主之国,令者言最贵者也;法者事最适者也。言无二贵,法不两适。故言行而不轨于法令者必禁"②。

法家认为,阻碍法令贯彻的祸害,莫过于执法者行私,"凡私之所起,必生于主",要求君主任法去私,慎到提出:"为人君者不多听,据法倚数,以观得失。无法之言,不听于耳;无法之劳,不图于功;无劳之亲,不任于官。官不私亲,法不遗爱,上下无事,惟法所在。"③商鞅认为:"夫废法度而好私议,则奸臣鬻权以约禄,秩官之吏隐下而渔民。"④

法律面前人人平等:"法不阿贵,绳不挠曲,法之所加,智者弗能辞,勇者弗敢争,刑过不避大臣,赏善不遗匹夫。"⑤

法不溯及既往:"令未布而民或为之,而赏从之,则是上妄予也","令未布而罚及之,则是上妄诛也。"⑥

3. 君权与法

法自君出,"夫生法者,君也;守法者,臣也;法于法者,民也。"⑦

法令维护了君主尊严,"令重则君尊,君尊则国安;令轻则君卑,君卑则国危"⑧。

法令不但高于一切臣民,而且高于君主本人,"不为君欲变其令,令尊于君"⑨。

在君与法关系上,慎到始终坚持君主必须"事断于法"的原则,天子、国君和各级官吏不但必须"任法""守法",而且都是为了服务于天下。

商鞅认为,"法之不行,自上犯之"⑩,不但要求各级大臣守法,君主本

---

① 《韩非子·安危》。
② 《韩非子·问辩》。
③ 《慎子·君臣》。
④ 《商君书·修权》。
⑤ 《韩非子·有度》。
⑥ 《管子·法法》。
⑦ 《管子·法法》。
⑧ 《管子·重令》。
⑨ 《管子·法法》。
⑩ 《史记·商君列传》。

人也要带头遵守，做到"言不中法者，不听也；行不中法者，不高也；事不中法者，不为也"①。

（二）治国二柄：刑赏

韩非指出："凡治天下，必因人情。人情者，有好恶，故赏罚可用。赏罚可用，则禁令可立，而治道具矣。"②

韩非："二柄者，刑德也。何谓刑德？曰：杀戮之谓刑，庆赏之谓德。"③

1. 信赏必罚

按商鞅的逻辑，应该赏的行为都是合法行为，而合法行为本来就是人们应当做的行为，就好像不偷东西不能称为"善"一样，"赏善之不可也，犹赏不盗"④。

"善治者，刑不善而不赏善，故不刑而民善。不刑而民善，刑重也。刑重者，民不敢犯，故无刑也；而民莫敢为非，是一国皆善也，故不赏善而民善。"⑤

"治国刑多而赏少，故王者刑九而赏一，削国赏九而刑一。"⑥

"先刑而后赏。"⑦

"赏厚，则所欲之得也疾；罚重，则所恶之禁也急。"⑧

"民信其赏，则事功成；信其刑，则奸无端。"⑨

商鞅还提出了壹赏、壹教、壹刑，强调任何人犯罪都要严格依法惩治，"壹刑者，刑无等级。自卿相将军以至大夫庶人，有不从王令，犯国禁，乱上制者，罪死不赦。有功于前，有败于后，不为损刑；有善于前，有过于后，

---

① 《商君书·君臣》。
② 《韩非子·八经》。
③ 《韩非子·二柄》。
④ 《商君书·画策》。
⑤ 《商君书·画策》。
⑥ 《商君书·开塞》。
⑦ 《商君书·壹言》。
⑧ 《韩非子·六反》。
⑨ 《商君书·修权》。

不为亏法"①。

2. 轻罪重刑

法家是功利主义者,在犯罪和刑罚关系上,只看效果不看动机。

在中国法律思想史上,商鞅是第一个系统提出"禁奸止过,莫若重刑"的重刑论思想家。

商鞅极力讴歌重刑,"刑生力,力生强,强生威,威生德,德生于刑"②。

"重刑连其罪,则民不敢试。民不敢试,故无刑也。夫先王之禁,刺杀,断人之足,黥人之面,非求伤民也,以禁奸止过也。故禁奸止过,莫若重刑。刑重而必得,则民不敢试,故国无刑民。"③

韩非对此作了解释:"公孙鞅之法也重轻罪。重罪者,人之所难犯也;而小过者,人之所易去也。使人去其所易,无离其所难,此治之道。夫小过不生,大罪不至,是人无罪而乱不生也。"④

韩非否认了重刑伤民:

> 夫以重止者,未必以轻止也;以轻止者,必以重止矣。是以上设重刑者而奸尽止,奸尽止,则此奚伤于民也?所谓重刑者,奸之所利者细,而上之所加焉者大也。民不以小利蒙大罪,故奸必止者也。所谓轻刑者,奸之所利者大,上之所加焉者小也。民慕其利而傲其罪,故奸不止也。故先圣有谚曰:"不蹶于山,而蹶于垤。"山者大,故人顺之;垤微小,故人易之也。今轻刑罚,民必易之。犯而不诛,是驱国而弃之也;犯而诛之,是为民设陷也。是故轻罪者,民之垤也。是以轻罪之为民道也,非乱国也,则设民陷也,此则可谓伤民矣!⑤

3. 以刑去刑

商鞅否定了儒家"以德去刑"的"轻刑"说,认为儒家的做法不但不能奏效,反而会助长奸邪,"以刑致刑"。只有重刑,才能"以刑去刑"。

---

① 《商君书·赏刑》。
② 《商君书·说民》。
③ 《商君书·赏刑》。
④ 《韩非子·内储说上》。
⑤ 《韩非子·六反》。

"行罚,重其轻者,轻者不至,重者不来,此谓以刑去刑,刑去事成。罪重刑轻,刑至事生,此谓以刑致刑,其国必削。"①

"以刑去刑,国治;以刑致刑,国乱。"②

"以战去战,虽战可也;以杀去杀,虽杀可也;以刑去刑,虽重刑可也。"③

当然,法家提倡的"厚赏""重罚"并非滥赏滥罚,他们讲的厚赏重罚是指立法而言,在执法过程中则强调信赏必罚。

(三) 法、术、势相结合

商鞅重法,申不害重术,慎到重势。

商鞅提出了法、信、权相结合,"任法""重信"而"爱权"。

> 国之所以治者三:一曰法,二曰信,三曰权。法者,君臣之所共操也;信者,君臣之所共立也;权者,君之所独制也。人主失守则危,君臣释法任私必乱。故立法明分,而不以私害法,则治。权制独断于君则威。民信其赏,则事功成;信其刑,则奸无端。惟明主爱权重信,而不以私害法。故上多惠言而不克其赏,则下不用;数加严令而不致其刑,则民傲死。凡赏者,文也;刑者,武也。文武者,法之约也。故明主任法。明主不蔽之谓明,不欺之谓察。故赏厚而信,刑重而必;不失疏远,不违亲近,故臣不蔽主,而下不欺上。④

申不害从道家那里吸收了"君人南面之术",以维护法家主张的君主专制,由"任法"转入重"术"。他认为,要实行法治,国君必须集权于一身,让群臣围绕着自家转,"明君如身,臣如手;君若号,臣如响;君设其本,臣操其末;君治其要,臣行其详;君操其柄,臣事其常"⑤。他提出了"为人君者操契以赏其名",这就是后来韩非指出的"因能授官""循名责实"。申不

---

① 《商君书·靳令》。
② 《商君书·去强》。
③ 《商君书·画策》。
④ 《商君书·修权》。
⑤ 《申子·大体》。

害要求极严,既不许失职,更不许越权,提出"治不逾官,虽知弗言"。韩非肯定了他的"治不逾官",否定了它的"虽知弗言",认为这是"申子未尽于术"的表现。

申不害主张"无为而治","藏于无事,窜端匿疏,示天下无为"①。但不同于慎到的是,慎到主要从有利于调动臣下的积极性出发,申不害则主要是从防止臣下察觉到国君的意图和虚实出发。他甚至要求君主"去听、去视、去智"②,以免暴露自己,使臣下莫测高深,无从投其所好,也无从隐藏他们的错误和缺点,"惟无为可以规(窥)之"。

慎到认为,重"势"正是为了尚"法",而尚"法"又必须重"势"。他将君主的权势比拟为飞龙和云雾。君主有了权势,即使像桀那样昏庸,也能"令则行,禁则止";如无权势,即使像尧那样的贤智,百姓也不会听从。"尧为匹夫不能治三人,而桀为天子能乱天下。善以此知势位之足恃,而贤智之不足慕也"③。他反对儒家的德治,理由是"贤者未足以服众,而势位足以屈贤者也"。可见慎到这种重"势"思想正是他"人莫不自为也"人性论的必然逻辑。既然人性"莫不自为",就不可能用"德"去感化,只能用"势"使之不得不服从。

慎到说:"古者立天子而贵之者,非以立一人也。曰:天下无一贵,则理无由通,通理以为天下。故立天子以为天下,非立天下以为天子也;立国君以为国,非立国以为君也;立官长以为官,非立官以为长。"④可见他已从公私观上将天下、国家与天子、国君区别开来。所以他主张臣下"以死守法"和"守职",而反对忠君。君主也只能为国、为"公"而不能行"私"。慎到也主张"无为而治","君臣之道,臣事事而君无事"⑤。君主不要去做具体事情,具体工作在"事断于法"前提下,尽可能让臣下去做,以便充分发挥他们的积极性和才智。

韩非在分析法、术、势三派得失的基础上,提出了更完整的"法""术"

---

① 《申子·大体》。
② 《吕氏春秋·任数》。
③ 《韩非子·难势》中引慎到语。
④ 《慎子·威德》。
⑤ 《慎子·民杂》。

"势"相结合的"法治"方案：

（1）法与势的结合

慎到的重"势"思想原来是作为儒、墨"尊贤""尚贤"对立面提出来的。

韩非同意慎到"贤人而诎（屈）于不肖者，则权轻位卑也；不肖而能服贤者，则权重位尊也""尧为匹夫不能治三人，而桀为天子能乱天下"的观点，并有所补充和发展。

韩非非常强调势，"鲁哀公，下主也，南面君国，境内之民莫敢不臣。民者固服于势，诚易以服人，故仲尼反为臣而哀公顾为君。仲尼非怀其义，服其势也。故以义则仲尼不服于哀公，乘势则哀公臣仲尼"①。

韩非认为，人主必须集权于一身，"势重者，人主之渊也"②；"势重者，人主之爪牙也"③；"主之所以尊者，权也"④。人主的"势"是绝对的、无条件的，"人主虽不肖，臣不敢侵也"⑤。

韩非提出了"抱法处势则治，背法去势则乱"⑥的"法""势"结合思想。一方面认为人君要想实行"法治"，就得以"势"为后盾，所以他说："君执柄以处势，故令行禁止。柄者，杀生之制也；势者，胜众之资也。"⑦另一方面，他在强调"法"不能离开"势"的同时，也强调"势"不能离"法"。他认为慎到只看到"势"可以治天下，但没想到"势"也可以乱天下。尧舜在天子之位，即使是十个桀纣也无法乱天下，这是势治。相反，桀纣在天子之位，即使十个尧舜也不能治天下，这是势乱。如果有"势"而无"法"便是"人治"。"人治"的好坏取决与人君之贤否，远不如"法治"有保证，因为贤者总是"千百世才一出"。

（2）法与术的结合

韩非认为商鞅"徒法而无术"，申不害"徒术而无法"。

韩非认为，君臣关系也是赤裸裸的利益关系，"上下一日而百战"，他

---

① 《韩非子·五蠹》。
② 《韩非子·内储说下》。
③ 《韩非子·人主》。
④ 《韩非子·心度》。
⑤ 《韩非子·忠孝》。
⑥ 《韩非子·难势》。
⑦ 《韩非子·八经》。

把"法""术"对君主的重要性比作衣、食，"人不食，十日则死；大寒之隆，不衣亦死"①。因而在法、术、势的结合中，韩非谈得最多的还是"法""术"的结合。这并不意味着"势"不重要。恰恰相反，正因为"势"重要，所以他才特别讲究用"术"。

韩非"术"的含义是指君主怎样才能牢牢掌握政权、贯彻法令，防止臣下阴谋篡夺和阳奉阴违，从而实现法治的方法、策略和手段。"术者，因任而授官，徇名而责实，操杀生之柄，课群臣之能者也。"②这是他给"术"下的定义，主要是指任免和考核臣下的办法，"群臣陈其言，君以其言授其事，事以责其功。功当其事，事当其言，则赏。功不当其事，事不当其言，则诛。明君之道，臣不得陈言而不当"③。

"术者，藏之于胸中，以偶众端，而潜御群臣者也"④，这是韩非给"术"下的另一定义。认为君主可以使用疑诏诡使、挟知而问、倒言反事等各种不可告人的阴谋权术，以便更好地驾驭臣下。

<hr />

① 《韩非子·定法》。
② 《韩非子·定法》。
③ 《韩非子·主道》。
④ 《韩非子·难三》。

第六讲

传 统 立 法

　　一部法律史首要体现是立法史,传统法律肇始于夏,历经奴隶制时期和封建制时期四千多年的发展,陈陈相因,生生不息,直到清末变法才开始近代化转型。以儒家化法律为主体的传统法律形式上成文法与判例法并存、内容上礼法合一和以刑为主的特点以及建立在传统律学之上的精湛立法技术,无不展现出中华法系特有的魅力。

一、夏、商、西周时期

　　由于史料的缺乏,加之早期法律相对简单,对夏商的法律今人所知甚少。早期的法律主要是刑事法,民事活动主要由礼来调整。

(一) 刑法

　　《汉书》有言:"禹承尧舜之后,自以德衰,始制肉刑"[1],肉刑是早期刑罚的主体,肉刑的产生意味着刑法的出现。古人认为法律服务于治理乱政、维护统治秩序的需要,"夏有乱政而作禹刑,商有乱政而作汤刑,周有乱政而作九刑"[2]。《禹刑》《汤刑》和《九刑》分别指称夏、商、西周三个时期的法律,对于其中的内容,现在只有一些零星的记载。

　　《晋书·刑法志》有"夏刑三千条"一说:"夏后氏之王天下也,则五刑

---

[1]《汉书·刑法志》。
[2]《左传·昭公六年》。

之属三千",这三千条为:"大辟二百、膑辟三百、宫辟五百、劓墨各千。"①其中大辟为死刑,其他四种为肉刑。早在皋陶时期对危害社会行为就有严厉的惩罚措施:"昏、墨、贼,杀,皋陶之刑也"②,这些规定延续到夏代,成为夏刑的一部分。对于恶而掠美、贪以败官、杀人无忌这三种犯罪行为,都处以死刑。此外,夏代还任命了不少官员,所谓"夏后氏官百",其中有基层司法官员"士""理"和中央司法官员"大理",还建立了中国最早的监狱"圜土":"(夏帝芬)三十六年作圜土"③,"圜土之制"为商周所沿用。

商代有不吉不迪、颠越不恭、暂遇奸宄、弃灰于公道等罪名,对于前三种行为处罚为"劓殄灭之,无遗育"④,弃灰于公道则断手,处刑非常重。在商纣王时期还有"醢""脯""炮烙"等极端的酷刑。此外,《尚书·伊训》还记载了商代有专门针对官员的官刑:"敢有恒舞于宫,酣歌于室,时谓巫风,敢有殉于货色,恒于游畋,时谓淫风。敢有侮圣言,逆忠直,远耆德,比顽童,时谓乱风。惟兹三风十愆,卿士有一于身,家必丧;邦君有一于身,国必亡。臣下不匡,其刑墨,具训于蒙士"⑤,对犯此"三风十愆"行为者处以墨刑。商代还重视对孝道的维护,"吕氏春秋引商书曰:刑三百,罪莫重于不孝"⑥。

西周承袭了夏商的立法,制定了《九刑》,"文十八年,先君周公作《誓誓》曰:'毁则为贼,掩贼为藏,窃贿为盗,盗器为奸。主藏之名,赖奸之用,为大凶德,有常无赦,在九刑不忘。'"⑦至于为何叫"九刑",沈家本认为是因西周刑书有九篇构成而得名。⑧ 除了《九刑》之外,西周穆王时期还制定了《吕刑》。《吕刑》中规定了很多重要的原则和制度,如:"两造具备,师听五辞。五辞简孚,正于五刑。五刑不简,正于五罚;五罚不服,正于五

① 《周礼·秋官·司刑》郑玄注。
② 《左传注疏·卷四十七》。
③ 《竹书纪年·卷上》。
④ 《尚书·盘庚》。
⑤ 《尚书·伊训》。
⑥ 《古史纪年·卷六》。
⑦ 沈家本:《历代刑法考》,邓经元、骈宇骞点校,中华书局1985年版,第832—833页。
⑧ 沈家本:《历代刑法考》,邓经元、骈宇骞点校,中华书局1985年版,第833页。

过。五过之疵：惟官、惟反、惟内、惟货、惟来。其罪惟均，其审克之"①，此外还规定了"刑罚世轻世重"的刑事政策和轻重诸罚有权、疑罪从轻等定罪量刑原则。

(二) 军法

战争需要严明的作战纪律，是为军法，《尚书》中记载了夏、商、西周的一些军法。

> 有扈氏威侮五行，怠弃三正，天用剿绝其命，今予惟恭行天之罚。左不攻于左，汝不恭命；右不攻于右，汝不恭命；御非其马之正，汝不恭命。用命，赏于祖；弗用命，戮于社，予则孥戮汝。②

这是夏启攻打有扈氏时发布的军法，指出有扈氏的罪刑、以替天行罚形式鼓舞士气，并明令对不努力作战者严惩不贷。

> 格尔众庶，悉听朕言，非台小子，敢行称乱！有夏多罪，天命殛之。今尔有众，汝曰："我后不恤我众，舍我穑事而割正夏？"予惟闻汝众言，夏氏有罪，予畏上帝，不敢不正。今汝其曰："夏罪其如台？"夏王率遏众力，率割夏邑。有众率怠弗协，曰："时日曷丧？予及汝皆亡。"夏德若兹，今朕必往。

> 尔尚辅予一人，致天之罚，予其大赉汝！尔无不信，朕不食言。尔不从誓言，予则孥戮汝，罔有攸赦。③

这是商汤攻打夏桀之前发布的军法，类似的还有武王伐纣前发布的军法。

> 古人有言曰："牝鸡无晨；牝鸡之晨，惟家之索。"今商王受惟妇言是用，昏弃厥肆祀弗答，昏弃厥遗王父母弟不迪，乃惟四方之多罪逋逃，是崇是长，是信是使，是以为大夫卿士。俾暴虐于百姓，以奸宄于商邑。今予发惟恭行天之罚。

> 今日之事，不愆于六步、七步，乃止齐焉。勖哉夫子！不愆

---

① 《尚书·吕刑》。
② 《尚书·甘誓》。
③ 《尚书·汤誓》。

于四伐、五伐、六伐、七伐，乃止齐焉。勖哉夫子！尚桓桓如虎、如貔、如熊、如罴，于商郊弗迓克奔，以役西土，勖哉夫子！尔所弗勖，其于尔躬有戮！①

（三）礼法

刑只是对破坏统治秩序、严重危害社会行为的惩罚，不是法律的全部。由于礼也是一种行为规范，在社会生活中广泛存在，并为人们普遍遵守，在调整社会关系、维护社会秩序上扮演着重要的角色，故三代时期的礼一定程度上起着法律的作用。"上事天，下事地，尊先祖而隆君师"②，君主通过借助于鬼神建立和维护统治秩序。西周时期周公对夏商流传下来的礼进行损益修订，形成了内容极为丰富的周礼，并依次实行礼治，赋予了周礼完全的法律效力。

周礼调整的范围几乎涉及到社会生活方方面面，在治国上起了非常重要的作用，《礼记》说礼"定亲疏，决嫌疑，别同异，明是非"③，礼是行为准则，是判断是非善恶的处事标准。关于礼的作用，古人还有更高的评价："经国家，定社稷，序民人，利后嗣"④，大到治国安邦、小到个人生活并关涉子孙后代利益，礼的作用无所不在。周礼内容上既有行为规范之规则层面，也有治国思想及社会伦理观念之精神层面，确立了"亲亲、尊尊、长长、男女有别"基本原则，为处理亲人之间、社会不同等级之间、同辈人之间、男女之间关系提供了重要指南。

带有道德说教性质温情脉脉的周礼，实质上把不同社会等级成员的高低贵贱设定好了，所谓"礼不下庶人，刑不上大夫"⑤，以维护奴隶制等级秩序。由于"礼之所去，刑之所取，出礼入刑"，刑的保障进一步增强了礼的强制力。从性质上讲，周礼调整的社会关系主要是民事和行政关系。

---

① 《尚书·牧誓》。
② 《荀子·礼论》。
③ 《礼记·曲礼上》。
④ 《左传·隐公十一年》。
⑤ 《礼记·曲礼上》。

二、春秋战国时期

春秋时期,铁质农具的出现和牛耕的使用,带来了农业生产力的显著提高和社会经济的活跃,伴随着诸侯经济实力的不断增强的是周天子逐渐大权旁落,传统的礼治难以为继,奴隶制渐趋瓦解。春秋时期各诸侯国相互征伐,为适应社会发展进行了一些变法改革,及至战国时期进一步发展为广泛深入的成文法运动,春秋战国时期是奴隶制法向封建制法转变时期。

(一)春秋末期铸刑鼎事件

春秋末期,郑国执政子产进行了自上而下的改革,在"作封恤""作丘赋"的基础上,于公元前536年"铸刑书于鼎,以为国之常法"①,将法律浇筑在鼎上让民众知晓,子产此举史称"铸刑书",是中国历史上第一次公布成文法事件。在郑国"铸刑书"23年之后,晋国卿赵鞅、荀寅步子产后尘,"铸刑鼎,著范宣子所为刑书"②,公布了成文法。

郑晋两国铸刑鼎事件引起了很大的社会反响,受到了时人的非议,尤以叔向和孔子的批评言辞激烈。叔向致信批评子产:

> 昔先王议事以制,不为刑辟,惧民之有争心也。犹不可禁御,是故闲之以义,纠之以政,行之以礼,守之以信,奉之以仁,制为禄位以劝其从,严断刑罚以威其淫。惧其未也,故诲之以忠,耸之以行,教之以务,使之以和,临之以敬,莅之以强,断之以刚。犹求圣哲之上,明察之官,忠信之长,慈惠之师,民于是乎可任使也,而不生祸乱。民知有辟,则不忌于上,并有争心,以征于书,而徼幸以成之,弗可为矣。夏有乱政而作《禹刑》,商有乱政而作《汤刑》,周有乱政而作《九刑》,三辟之兴,皆叔世也。今吾子相郑国,作封洫,立谤政,制参辟,铸刑书,将以靖民,不亦难乎?

---

① 《左传·昭公六年》。
② 《左传·昭公二十九年》。

《诗》曰："仪式刑文王之德，日靖四方。"又曰："仪刑文王，万邦作孚。"如是，何辟之有？民知争端矣，将弃礼而征于书。锥刀之末，将尽争之。乱狱滋丰，贿赂并行，终子之世，郑其败乎！肸闻之，国将亡，必多制，其此之谓乎！①

叔向"国将亡，必多制"一语，从亡国的高度来警醒子产法律不可恣意公布，孔子批评晋国"铸刑鼎"在这一点上与叔向语出一辙：

晋其亡乎，失其度矣。夫晋国将守唐叔之所受法度，以经纬其民，卿大夫以序守之。民是以能尊其贵，贵是以能守其业。贵贱不愆，所谓度也。文公是以作执秩之官，为被庐之法，以为盟主。今弃是度也，而为刑鼎，民在鼎矣，何以尊贵？贵何业之守？贵贱无序，何以为国？且夫宣子之刑，夷之蒐也，晋国之乱制也，若之何以为法？②

叔向和孔子为何极力反对公布成文法，原因主要有两方面：(1)从形式上看，铸刑鼎公布法律违背了先王"不为刑辟"的传统；(2)从内容上讲，此举打破了亲卑贵贱的宗法等级秩序，贵族特权无法维护。此外，孔子还指出了一点：范宣子之刑实质上是乱制，不可为常法。改革必然会损害一些人既得利益，任何改革创新难免都会有人指责，叔向和孔子的批评并非全无道理，但他们更多的是站在传统的角度，用保守的眼光来看待这一新生事物，而在这一点上子产更为开明，眼光长远。子产看到了社会正处于转型时期，明白公布成文法是大势所趋，他只是顺势而为，如其在复叔向信中所言："若吾子之言。侨不才，不能及子孙，吾以救世也。既不承命，敢忘大惠！"③

郑晋两国铸刑鼎公布成文法事件，具有划时代的历史意义。首先，法律的公开使百姓了解法律的内容，有利于法律的遵守，也在很大程度上避免了官员们的恣意裁判，改变了"刑不可知，威不可测"④之恐怖性，铸刑鼎可在褪去了法律神秘性的同时，增加了法律的神圣性，如黄东海先生和

① 《左传·昭公六年》。
② 《左传·昭公二十九年》。
③ 《左传·昭公六年》。
④ 《左传注疏·卷四十三》。

范忠信先生所言,鼎是礼器,象征国家权力,将刑铸在鼎上提高了刑的地位。① 其次,铸刑鼎事件标志着奴隶制统治方式和奴隶制法的逐渐瓦解,新兴地主阶级即将登上历史舞台并争夺权力,法律必然要体现他们的利益。由生产力发展带来的社会转型巨变这一发展趋势,任何人都无法阻止,不顺应历史潮流就会灭亡,如子产所说的"救世"。法律除了形式上从秘密走向公开外,实质上也在由奴隶制法逐渐向封建制法过渡。最后,春秋末期铸刑鼎事件拉开了战国时期轰轰烈烈成文法运动的序幕,各国变法改革,以更好地促进封建生产关系的发展,在成文法运动中法家学派应运而生。

(二)《法经》

战国初魏国魏文侯时期,李悝被任命为国相,主持变法改革。李悝在经济上推行了"尽地力之教"和"平籴法"改革措施,政治上坚持"为国之道,食有劳而禄有功,使有能而赏必行、罚必当"②的改革原则,在改革的基础上借鉴春秋以来各国颁布的成文法经验,编纂了一部比较系统的法律《法经》。

由于《法经》早已失传,其具体条文未知,《晋书》记载了《法经》的体例结构。

> (李)悝撰次诸国法,著《法经》。以为王者之政,莫急于盗贼,故其律始于《盗》《贼》。盗贼须劾捕,故著《网》《捕》二篇。其轻狡、越城、博戏、借假不廉、淫侈、逾制以为《杂律》一篇,又以《具法》具其加减,是故所著六篇而已,然皆罪名之制也。③

《法经》由六篇构成,篇名依次为:盗、贼、网、捕、杂、具。"盗法"规定的是抢劫、盗窃等侵犯公私财产犯罪的惩罚;"贼法"规定的是杀人、伤害等侵犯人身权利犯罪的惩罚;"网法"是关押犯罪嫌疑人和案件审判等方面的规则;"捕法"规定追捕犯罪嫌疑人相关规则;"杂法"规定的是前面各

---

① 黄东海、范忠信:《春秋铸刑书刑鼎究竟昭示了什么巨变》,载《法学》2008 年第 2 期,第 57 页。
② 《六典通考·卷十六》。
③ 《晋书·刑法志》。

篇之外其他犯罪行为的惩罚,其中有一项重要的"六禁"制度:淫禁、狡禁、城禁、嬉禁、徒禁、金禁,惩罚非法男女关系、盗窃玺符和议论国家法令、越城、赌博、群聚、官吏贪污受贿行为。最后一篇"具"意为"具其加减",规定的是定罪量刑原则,统领其他各篇,相当于当今法律中的"总则"。

《法经》六篇中既有实体法规则,又有程序法规则,盗、贼、杂三篇为实体法,网、捕两篇是程序法,虽实体法、程序法合编但二者相对独立,这是立法技术上的进步。总则性质的"具篇"出现及总分则的分立,深深影响了后世律典的立法体例。《法经》内容系统丰富,为案件裁判提供了统一的法律依据,有利于国家司法审判活动的开展。此外,《法经》六篇中前两篇为"盗""贼",体现了"王者之政,莫急于盗贼"这一重要的治国思想。盗和贼犯罪行为严重侵犯了人的财产权和人身权,威胁到每一个人利益,不解决好这两个问题,社会动荡不安,君主统治秩序无法维护,而且盗更多地损害了有产者的利益,作为有产者的上层统治者更是不能容忍。

三、秦汉时期

秦孝公求贤,商鞅携带李悝《法经》入秦,经人推荐几次见秦孝公,最后被委以重任,主持变法改革。《法经》直接影响了商鞅变法,商鞅变法促进了秦国的强大,最终于秦始皇时期统一了六国。商鞅虽被车裂,但他制定的法律仍然在秦国沿用,不断修改,影响到统一之后的秦代法律。秦代的中央集权制及相应的法律制度为汉代所承袭,所谓汉承秦制。

(一)秦代法律

秦始皇统一后,有两次重大的立法活动。第一次发生在秦始皇时期,为了解决各国"律令异法"现象,开展以秦律为基础的统一法律和刑名的立法活动,以满足政治统一的需要。第二次是胡亥时期,实行有罪者相连坐甚至族诛,使得秦律变得更为残暴。① 秦代运用法律思想治国,强调"凡事皆有法式",法律繁密严酷,在典藏文献和出土的秦代竹简中有丰富的反映。

1. 律

商鞅变法改法为律,被后世沿用。秦律广义上为秦代法律的统称,此处所言秦律为狭义,指秦代冠以律名(或性质为律)的基本法。秦律由众多单行律构成,涉及面非常广,分别调整不同的社会关系,要者如:

《田律》,农业生产和土地管理方面的法律;

《仓律》,粮草仓库方面的法律;

《工律》,官营手工业方面的法律;

《均工律》,手工业劳动者调度管理方面的法律;

《厩苑律》,管理畜牧业方面的法律;

《徭律》,征发民力徭役管理方面的法律;

《效律》,市场度量衡、账目管理及财产检验方面的法律;

《金布律》,货币、财物管理方面的法律;

《关市律》,关市和贸易管理方面的法律;

《置吏律》《除吏律》,官员任免方面的法律;

《行书律》,官府文书传递方面的法律;

《传食律》,驿传饭食供应方面的法律;

《军爵律》,军功和爵位管理方面的法律。

2. 其他形式的法律

(1) 令

指君主的命令,或者以君主名义发布的政府法令,作为律的补充形式,具有很强的法律效力。早在商鞅变法时,秦就颁布了《垦草令》《分户令》《军爵令》,秦代建立后,又发布《田令》《焚书令》等令。

(2) 法律答问

是以答问的形式对秦律所作出的法律解释,先假设一些案例,然后再

---

① 白寿彝、高敏、安作璋主编:《中国通史》(秦汉时期上册),上海人民出版社1995年版,第940页。

对这些案件如何裁判作出解答。《法律答问》是官方权威性解释,相当于当今的立法解释,如:"甲小未盈六尺,有马一匹自牧之,今马为人败,食人稼一石,问当论不当? 不当论及偿稼。""甲告乙盗牛若贼伤人,今乙不盗牛、不伤人,问甲何论? 端为,为诬人;不端,为告不审。"这两则规范,分别对秦代刑事责任年龄和区分犯罪故意与过失在实践中的使用做了例举说明。

(3)廷行事

廷为宫廷、郡廷或县廷,行事为已行已成之事,是经朝廷批准的判决先例。[①] 作为具有法律效力的判案陈例,在律无明文规定时具有一定的法律效力,可援用于类似案件的裁判。类似案件类似判决,这也是司法正义的体现。

(4)封诊式

是秦代关于案件的调查、勘验及审判等公文程式方面的法律规定,《封诊式》中载有诉讼程序、文书格式和一些案例。出土的云梦秦简中有大量的《封诊式》内容,如《治狱》:"治狱,能以书从迹其言,毋治(笞)谅(掠)而得人请(情)为上;治(笞)谅(掠)为下;有恐为败"[②],再如《自告》:"爰书:某里公士甲自告曰:'以五月晦与同里士五(伍)丙,盗某里士五(伍)丁千钱,毋(无)它坐,来自告,告丙。'即令令史某往执丙。"[③]

此外,秦代还有关于公营手工业生产定额管理的法律《工人程》和考核牛羊饲养官吏的法律《牛羊课》。

(二) 汉代法律

汉初由于社会经济萧条,人口锐减,为了缓和阶级矛盾、恢复社会经济和稳定社会秩序,在总结亡秦教训基础上,采用道家黄老思想治国,实行无为而治,减轻刑罚,减轻税赋,与民休息。几十年无为而治有利于社会经济的发展,但也带来了一些社会问题,及至武帝时期改变了治国思想,确立了儒家思想的主导地位,并相应地加强了立法工作,颁布了大量

---

① 黄源盛:《中国法史导论》,广西师范大学出版社 2014 年版,第 170 页。
② 《睡虎地秦墓竹简·封诊式》。
③ 《睡虎地秦墓竹简·封诊式》。

的法律。东汉沿用了西汉法律,一个显著变化是随着律学的繁荣,私家注律形成的律学章句弥补了法律的不足,加之东汉立法缺乏总体规划,因事而立法,使得东汉的法律较为庞杂。

1. 律

刘邦入咸阳,废秦苛法,与咸阳父老约法三章,是汉代立法的开端。由于三章之法不足以治国,后由萧何主持制定《九章律》,为汉代基本大法,后发展到武帝时期,形成汉律六十篇格局。《汉书》和《晋书》记载了这一过程。

> 汉兴,高祖初入关,约法《三章》曰:"杀人者死,伤人及盗抵罪。"蠲削烦苛,兆民大说。其后四夷未附,兵革未息,《三章》之法不足以御奸,于是相国萧何捃摭秦法,取其宜于时者,作律《九章》。①

> 汉承秦制。萧何定律,除参夷连坐之罪,增部主见知之条,益事律《兴》《厩》《户》三篇,合为九篇。叔孙通益律所不及,傍章十八篇。张汤《越宫律》二十七篇。赵禹《朝律》六篇,合六十篇。②

《九章律》沿袭了《法经》六篇篇名及其体例,并增加了户、兴、厩三篇,共由九篇构成,顾名思义《九章律》。由于废了秦代的礼仪,汉初上朝没有规范,于是高祖让叔孙通参照秦代及秦以前的古礼制定礼仪制度,是为《傍章律》,"今叔孙通所撰礼仪,与律令同录藏于礼官,法家又复不传"③。《越宫律》和《朝律》都是武帝时期颁行的,《越宫律》为张汤所制定,二十七篇,服务于宫廷警卫的需要,《朝律》由赵禹制定,六篇,是有关诸侯百官朝贺的制度。《九章律》《傍章律》《越宫律》和《朝律》合为"汉律六十篇"。

除此之外,汉律还有《左官律》《上计律》《酎金律》《田律》《尚方律》《钱律》以及《沈命法》等等。

---

① 邱汉平编:《历代刑法志》,商务印书馆 2017 年版,第 12 页。
② 邱汉平编:《历代刑法志》,商务印书馆 2017 年版,第 142 页。
③ 《汉书·礼乐志》。

2. 其他形式的法律

（1）令

令为皇帝的诏令，汉代法律形式之一。汉律相对稳定具有滞后性，内容也不可能面面俱到，而令很灵活，既能弥补律的不足，也能对律做出变更修改，因为令的效力高于律，"天子诏所增损，不在律上者为令"[1]。汉令涉及面非常广，见于史书的有《功令》《金布令》《宫卫令》《秩禄令》《品令》《祠令》《祀令》《斋令》《狱令》《养老令》《任子令》《缗钱令》等等。由于令太多，宣帝时将令编为《令甲》《令乙》《令丙》，以备查阅应用。[2] 皇帝根据自己喜好随意发布令，也会对律造成一定破坏，如汉吏杜周所言，"三尺安在哉？前主所是著为律，后主所是疏为令，当时为是，何古之法乎"。[3]

（2）科

何谓科？《说文解字》将"科"解释为："程也，从禾从斗。斗者，量也。"[4]何谓程？荀子解释为"物之准也"[5]。可见，科是一种准则，衡量事务的标准，引申义为法律。汉代的科，即科条，是律令之外的单行法规，由秦代的"课"发展而来，"科，课也，课其不如法者罪责之"[6]。汉代制定了很多科，如《宁告之科》《首匿之科》《逃亡之科》等等。

（3）比

汉代在律无正条时，比附以为罪。高祖七年（公元前 200 年）下的诏书"廷尉所不能决，谨具为奏，付所当比律令以闻"[7]中所比附的是类似的律令，但除了类似的律令之外，还可比附经朝廷认可的典型案例来裁判案件，这种可供比附援引的判案陈例称为比，又称决事比。董仲舒曾作春秋决事比二百三十二事，但多已失传。史载武帝时期法律繁密，决事比被滥用，官员判案轻重失衡。"律、令凡三百五十九章，大辟四百九条，千八百

---

① 《汉书·宣帝纪》颜师古注引文颖语。
② 白寿彝、高敏、安作璋主编：《中国通史》（秦汉时期上册），上海人民出版社 1995 年版，第 945 页。
③ 《史记·酷吏列传》。
④ 许慎：《说文解字》，徐铉校定，中华书局 2013 年版，第 142 页。
⑤ 《荀子·致士》。
⑥ 《释名·卷六》。
⑦ 《汉书·刑法志》。

八十二事,死罪决事比,万三千四百七十二事。文书盈于几阁,典者不能遍睹。是以郡国承用者驳,或罪同而论异。奸吏因缘为市,所欲活则傅生议,所欲陷则予死比,议者咸冤伤之。"①

四、魏晋南北朝时期

魏晋南北朝三百多年社会动荡不安,政权更替频繁,制定了大量的法律。该时期法律上承秦汉,下启隋唐,既有一脉相承之处,形式和内容上又在不断发展,时代特色鲜明,对整个后世封建制法带来了很大影响。

(一) 代表性的律典

曹魏的《魏律》、西晋的《晋律》和北齐的《北齐律》分别是三国、两晋和南北朝时期代表性律典。

1.《魏律》

鉴于东汉以来"法令滋章,犯者弥多,刑罚愈众,而奸不可止"②的现状,太和三年(229 年)魏明帝下诏,令陈群、刘劭等人参酌汉律,修订新律。对此《唐六典》有记载:

魏氏受命,参议复肉刑,属军国多故,竟寝之。乃命陈群等采《汉律》为《魏律》十八篇,增汉萧何律《劫掠》《诈伪》《毁亡》《告劾》《系讯》《断狱》《请赇》《惊事》《偿赃》等九篇也。③

相对于汉律而言,《魏律》的发展主要有三点:(1)将《九章律》中的"具律"改为"刑名",置于律首。在《九章律》中,具有总则性质的具律位于第六篇,不伦不类,《魏律》则将总则性质的"刑名"置于律首,开创了律典总则在前、分则在后这一更为科学的立法体例,影响了后世。(2)篇章结构上,在汉律九篇基础上又增加九篇,共十八篇,较《九章律》体量大,规范内容更为丰富。(3)首次规定了"八议"制度,给予高官显贵犯罪减免特权

---

① 邱汉平编:《历代刑法志》,商务印书馆 2017 年版,第 15 页。
② 《三国志·魏志卷三》。
③ 《唐六典》,陈仲夫点校,中华书局 2014 年版,第 181 页。

优待,这是自汉代以礼入法以来,礼法结合、法律儒家化进一步发展的体现。"八议"自此入律后,成为后世律典当然内容一直延续到了清代。

2.《晋律》

这是西晋武帝泰始四年(268年)颁行于全国的律典,又称《泰始律》。由于律学家张斐、杜预分别对《晋律》作了注释①,经朝廷批准具有法律效力,故《晋律》又称"张杜律"。《唐六典》中记载了《晋律》的篇目:

> 晋氏受命,议复肉刑,复寝之。命贾充等十四人增损汉、魏律,为二十篇:一、《刑名》,二、《法例》,三、《盗律》,四、《贼律》,五、《诈伪》,六、《请赇》,七、《告劾》,八、《捕律》,九、《系讯》,十、《断狱》,十一、《杂律》,十二、《户律》,十三、《擅兴律》,十四、《毁亡》,十五、《卫宫》,十六、《水火》,十七、《厩律》,十八、《关市》,十九、《违制》,二十、《诸侯》。②

《晋律》是以《魏律》为基础修订,其发展变化主要体现在:(1)将《魏律》中的刑名拆分为刑名、法例两篇,置于律首。《晋律》共二十篇,六百二十条。《晋律》始于《刑名》、终于《诸侯》之立法理念,张斐解释为"律始于刑名者,所以定罪之也;终于诸侯者,所以毕其政也。王政布于上,诸侯奉于下,礼乐抚于中,故有三才之义焉"③。(2)第一法把"五服"引入法典,"峻礼教之防,准五服以制罪"④。五服本是亲等的范围,即五服亲,《晋律》中的"五服制罪"制度为亲属之间犯罪的处理规定了不同于常人的处罚原则,以更好地维护亲属之间的尊卑伦常关系。"五服制罪"的出现,是《晋律》较《魏律》进一步儒家化的重要体现,该制度一直延续到清末。(3)《晋律》是律和律学的完美结合,充分体现了律学成就。著名律学家杜预参与了《晋律》的制定,杜预和张斐对《晋律》的注解具有法律效力,实现

---

① 张斐著有《律解》二十卷、《杂律解》二十一卷、《汉晋律序注》一卷、《注律表》一篇;杜预、贾充著有《刑法律本》二十一卷,专业解释晋律。参见何兹全主编:《中国通史》(三国两晋南北朝时期上),上海人民出版社1995年版,第765页。
② 《唐六典》,陈仲夫点校,中华书局2014年版,第181页。
③ 邱汉平编:《历代刑法志》,商务印书馆2017年版,第146—147页。
④ 《晋书·刑法志》。

了律学对律的指导和渗透,提高了晋律的立法技术也便于司法的统一适用。①

3.《北齐律》

《北齐律》是南北朝时期立法水平最高的一部律,于武成帝河清三年(564年)在《北魏律》基础上制定,《唐六典》中载有其篇目:

> 至武成时,赵郡王叡等造律成,奏上。凡十二篇:一、《名例》,二、《禁卫》,三、《婚户》,四、《擅兴》,五、《违制》,六、《诈伪》,七、《斗讼》,八、《盗贼》,九、《捕断》,十、《毁损》,十一、《厩牧》,十二、《杂律》,凡定罪九百四十九条,大抵采魏、晋故事。②

相对于《晋律》《北魏律》二十篇而言,北齐律篇幅大为削减,体现出"法令明审,科条简要"③的特点,如:贼、盗自战国以来一直为分开并立的二律,《北齐律》则合二为一律;对贼、盗犯罪行为要进行抓捕和断狱,《北齐律》将以前法律中的《捕律》《断狱》合篇称为《捕断》。④ 此外,《北齐律》将《北魏律》中的《刑名》《法例》两篇合为一篇,改名为《名例》,仍作为总则置于律首,这一变更被后世法律承袭,明清律典首篇仍为《名例》。

《北齐律》除继承了曹魏以来八议、官当、五服制罪等儒家化法制外,还发展出了"重罪十条"制度,将十种最重的罪统称为重罪十条:"一曰反逆,二曰大逆,三曰叛,四曰降,五曰恶逆,六曰不道,七曰不敬,八曰不孝,九曰不义,十曰内乱。其犯此十者,不在八议论赎之限。"⑤"重罪十条"打击的是侵犯君权、家长权和严重违反封建伦理的犯罪行为,维护极少数特权者的利益,维护封建礼教纲常,标志着引礼入法、法律儒家化的进一步

---

① 《晋书·刑法志》载张斐《注律表》中对二十个法律概念的注解:"知而犯之谓之故,意以为然谓之失,违忠欺上谓之谩,背信藏巧谓之诈,亏礼废节谓之不敬,两讼相趣谓之斗,两和相害谓之戏,无变斩击谓之贼,不意误犯谓之过失,逆节绝理谓之不道,陵上僭贵谓之恶逆,将害未发谓之戕,唱首先言谓之造意,二人对议谓之谋,制众建计谓之率,不和谓之强,攻恶谓之略,三人谓之群,取非其物谓之盗,货财之利谓之赃。"注解非常精炼,故"失""谩""诈"等大量单个字表达的概念之使用反映了晋律条文的简练风格,张斐登峰造极的高水准概念注解与晋律融为一体,实现了律学对律的提升。

② 《唐六典》,陈仲夫点校,中华书局2014年版,第182页。

③ 《隋书·刑法志》。

④ 何兹全主编:《中国通史》(三国两晋南北朝时期上),上海人民出版社1995年版,第733页。

⑤ 《隋书·刑法志》。

深入。《北齐律》中的"重罪十条"制度是隋代"十恶"制度的前身,影响持续到明清时期。

(二) 其他形式的法律

秦汉时期出现的令、科、式等法律形式,魏晋南北朝时期仍然存在,但在内容上、性质上或意义上与秦汉存在显著不同,处在不断的发展变化中,此外该时期出现了一种新的法律形式"格"。

1. 令

魏晋南北朝时期,颁布了很多令。魏国曹操时期颁布了设官令、军策令、求贤令等六十多篇令,晋代在修律的同时,将不适合入律的法条,制定为令,撰有《晋令》四十篇,"若军事田农酤酒,未得皆从人心,权设其法,太平当除,故不入律,悉以为令。施行制度,以此设教,违令有罪则入律"①。北魏"颁泰和新律时,宣示职员令二十一篇,篇名无考,见于史载的有职令、品令、狱官令等"②。修订《北齐律》的同时,北齐"上《新令》四十卷,大抵采魏、晋故事"③。秦汉时期律令的界限并不明显,杜周所言"前主所是著为律,后主所是疏为令"只是说明了二者出现的先后不同,二者在性质和功能上几乎没有区分。二者分野始于晋代,杜预"律以正罪名,令以存事制"一语,表明晋代已对律令作了区分:律为刑法,令为行政法。

2. 科

汉代出现了科,作为律令的补充形式,曹魏时期科的地位有所提高,建安五年(200年)曹魏第一次颁科,"所下新科,皆以明罚敕法,齐一大化也"④,建安十八年(213年)曹魏又制定了《甲子科》,同时期蜀、吴政权也颁布了科。为何这些政权新颁法律名称不用律而用科,有学者认为魏、蜀、吴初皆以汉为宗,不便明改汉制,故名之"科"以区别于汉的律令。晋代法律亦有"科"的存在,后张斐、杜预注晋律时,"将科释律,起详明律文

---

① 《晋书·刑法志》。
② 何兹全主编:《中国通史》(三国两晋南北朝时期上),上海人民出版社1995年版,第731页。
③ 《隋书·刑法志》。
④ 《三国志·何夔传》。

的作用,以防止一律二科"①。南北朝时期,仍有《梁科》《陈科》等科的存在。

3. 格

北魏初期,科作为一种法律形式仍然存在,后被格取代,孝武帝太昌元年(532年)诏书中明确提到"格":

> 理有一准,则民无觊觎;法启二门,则吏多威福。前主为律,后主为令,历世永久,实用滋章,非所以准的庶品,隄防万物。可令执事之官,四品以上,集于都省,取诸条格,议定一途。其不可施用者,当局停记。新定之格,勿与旧制相连,务在约通,无致冗滞。

格出现于北魏,与律令并行,但在地位上低于律令,只是为了补充律令的不足。东魏继续沿用了格的法律形式,孝静帝兴和三年(541年)召集群臣在麟趾殿议定新制,成文十五篇,颁行天下,史称麟趾格。② 此外,北齐也有格,武成帝年间修订过格。

4. 式

西魏时期还编纂了一部名为《大统式》的法典:"大统元年,命有司斟酌今古通变,可以益时者,为二十四条之制,奏之。七年,又下十二条制。十年,魏帝命尚书苏绰总三十六条,便损益为五卷,颁于天下。"③尽管秦代已有过《封诊式》这种"式"的法律形式,但《封诊式》只是特别法而已,而《大统式》则是综合性的法典,二者性质不同。《大统式》和《麟趾格》内容早已亡佚,但南北朝时期"式"与"格"这两种法律形式为隋唐所承袭。

五、隋唐时期

经历魏晋南北朝三百多年的动荡分裂,隋朝的建立再次实现了全国

---

① 何兹全主编:《中国通史》(三国两晋南北朝时期上),上海人民出版社1995年版,第725页。
② 何兹全主编:《中国通史》(三国两晋南北朝时期上),上海人民出版社1995年版,第731—732页。
③ 沈家本:《历代刑法考》,邓经元、骈宇骞点校,中华书局1985年版,第917页。

的统一。隋二世而亡,在立法上建树不多,其《开皇律》传承了《北齐律》的结构体例、立法经验和儒家化法的一些内容,并有一些开拓性的发展,为唐律的高度繁荣奠定了基础。历经武德和贞观年间的不断修律,到高宗永徽年间出台了一代盛典《永徽律疏》,无论立法理念、制度规范,还是结构体系、立法技术,都空前完美。《永徽律疏》成为后世封建政权的立法蓝本,并深刻影响了东南亚邻国的法律,被尊为中华法系的代表。唐代多种法律形式并存,界限较为清晰,功能互补。

(一) 律

从《北齐律》到《开皇律》,再到唐律,政权更迭中各代律典陈陈相因,在传承中缓慢发展,继承前代法律的精华,使其更好地为己所用。

1. 隋律

隋代的律就两部:文帝时期的《开皇律》和炀帝时期的《大业律》,从对后世影响来讲,《大业律》比不上《开皇律》。开皇元年(581 年),隋文帝下诏制律:

> 高祖既受周禅,开皇元年,乃诏尚书左仆射渤海公高颖、上柱国沛公郑译、上柱国清河郡公杨素、大理前少卿平源县公常明、刑部侍郎保城县公韩浚、比部侍郎李谔、兼考功侍郎柳雄亮等更定新律,奏上之。[1]

由于《北周律》法滋刑苛,刻意复古,有些脱离社会实际,而《北齐律》明晰简约,隋文帝修律时选择以《北齐律》为蓝本。[2]《开皇律》沿用十二篇体例:名例、卫禁、职制、户婚、厩库、擅兴、贼盗、斗讼、诈伪、杂律、捕亡、断狱,篇名与《北齐律》略有不同,条文更为简约,仅五百条,体现了"刑网简要,疏而不失"[3]特点。较之以前法律,《开皇律》主要有三方面的发展和创新:(1)删减了一些酷刑,刑罚有所减轻,"蠲除前代鞭刑及枭首轘裂之法,其徒流之罪皆减从轻"[4]。(2)首创"十恶"制度,将《北齐律》中的

---

[1]《隋书·刑法志》。
[2] 张晋藩:《中华法制文明的演进》,中国政法大学出版社 1999 年版,第 243 页。
[3]《隋书·裴政传》。
[4]《隋书·刑法志》。

"重罪十条"更名为"十恶",内容上作了少量修改,"十恶"制度一直沿用到清代,修订《大清新刑律》时才正式废除。(3)确立了较为完善的封建制五刑制度:死刑、流刑、徒刑、杖刑、笞刑,死刑只保留斩和绞两种,此五刑制度对唐律带来了直接影响。

隋炀帝即位后,为了笼络人心,修订出台了《大业律》,十八篇五百条,进一步减轻了刑罚,"炀帝即位,以高祖禁网深刻,又敕修律令,除十恶之条"[1],"其五刑之内,降从轻典者二百余条,其枷杖决罚训囚之制,并轻于旧"[2]。遗憾的是,这些轻刑规范未能得到很好实施,炀帝地位巩固后一改百姓"喜于宽刑"的局面,"更立严刑,敕天下窃盗已上,罪无轻重,不待闻奏皆斩"[3]。

2. 唐律

唐高祖李渊取得天下后,"武德元年六月一日,诏刘文静与当朝通识之士,因隋开皇律令而损益之"[4],拉来了唐代立法的序幕。以隋代《开皇律》为蓝本而修成的《武德律》,于武德七年(624年)颁行天下。太宗即位后,"贞观元年春正月,更定律令,命吏部尚书长孙无忌与法官更议定律令"[5],历十年修成《贞观律》。在太宗"以宽仁治天下"思想指导之下,《贞观律》中的刑罚减轻了很多,"比隋代旧律,减大辟者九十二条,减流入徒者七十一条。……凡削烦去蠹、变重为轻者,不可胜纪"[6]。《贞观律》为唐律较为成熟的定本,之后修改变动较小。永徽元年(650年),高宗命长孙无忌、李勣、于志宁等人继续修律,于永徽二年完成;次年高宗又诏原修律成员继续制定《义疏》,即律条解释,以解决明法科考试"遂无凭准"的问题,于永徽四年完成并诏颁天下,是为《永徽律疏》。与前两部律相比,《永徽律疏》有疏,这是其最大的不同,也是其最大的特色。《永徽律疏》的出现标志着唐律的定型,该律被后人称为《唐律疏议》。尽管开元时期也进行了修律活动,但主要是文字上的改动,律文和疏议"损益"不大。

---

① 邱汉平编:《历代刑法志》,商务印书馆2017年版,第322页。
② 邱汉平编:《历代刑法志》,商务印书馆2017年版,第323页。
③ 《隋书·刑法志》。
④ 《唐会要·定格令》。
⑤ 《祥刑典·律令部彚考五》。
⑥ 《旧唐书·刑法志》。

　　《永徽律疏》沿袭了《北齐律》以来的律典十二篇结构，律文 502 条。篇目依次为：名例、卫禁、职制、户婚、厩库、擅兴、贼盗、斗讼、诈伪、杂律、捕亡、断狱。《名例律》置于律首，相当于总则，这也是《北齐律》以来的传统，对于该篇名和立法理由，《永徽律疏》作了解释："名者，五刑之罪名；例者，五刑之体例。名训为命，例训为比，命诸篇之刑名，比诸篇之法例。但名因罪立，事由犯生，命名即刑应，比例即事表，故以名例为首篇"①。《名例律》规定了五刑、十恶、议请减赎当、定罪量刑基本原则等重要内容，随后的九篇为实体法规范，最后两篇捕亡和断狱为程序性规则，体现了总则在前、分则在后、实体在前、程序在后的结构特点。《唐律疏议》调整的范围涉及到社会生活方方面面，为禁止性规定，违者治罪，《唐六典》中"律以正刑定罪"一语指出了律的刑法性质，与晋代杜预"律以正罪名"之说如出一辙。

　　自汉代春秋决狱开始的引礼入法步伐，历经魏晋南北朝时期八议、官当、五服制罪、存留养亲、重罪十条在法律中的不断确立，到隋唐时期十恶、同居相隐不为罪等制度的出现，《永徽律疏》兼收并蓄地肯定了这些儒家化的法律制度，法律儒家化到唐代已基本完成了。这些儒家化法制实质都是同罪异罚，体现的是君臣、官民、父子、夫妻之间的不平等，维护社会等级特权，维护宗法伦理，从根本上维护封建的礼教纲常。《永徽律疏》是一部浸透了儒家礼的律典，如其《名例律》所言："德礼为政教之本，刑罚为政教之用。"后人"一准乎礼，以为出入，得古今之平"②之评价，既指出了唐律中礼法的完美融合，也饱含对唐律轻刑化之美誉，以轻代重、化死为生理念在《贞观律》修订中表现得尤为明显。《永徽律疏》科条简要，但疏而不漏，律文有限而犯者无穷，律典不可能穷尽一切犯罪行为，《永徽律疏》很好地解决了这一矛盾，"诸不应得为而为之者，笞四十事；事理重者，杖八十"③。这条兜底性的规范，解决了法律不周延的问题，将自由裁量权交给了审判案件的官员，这也体现了唐律精湛的立法技术。

---

① 《唐律疏议》，岳纯之点校，上海古籍出版社 2013 年版，第 3 页。
② 《皇朝经世文编·刑政二》。
③ 《唐律疏议》，岳纯之点校，上海古籍出版社 2013 年版，第 445 页。

（二）唐代其他形式的法律

除律之外，唐代各时期还修订了大量的令、格、式，还有《唐六典》，这些法律形式多在魏晋南北朝以及隋代就已存在，唐代在沿用的基础上又有明显的发展。

1. 令

唐高祖武德年间就开始修令工作，玄宗之后各朝再无修令之举。[①] 唐令代表性的有《武德令》《贞观令》《永徽令》《开元令》等，唐令涉及的范围非常广，《永徽令》中的篇目有官品令、祠令、户令、选举令、封爵令、禄令、官卫令、防令、衣服令、卤簿令、仪制令、公式令、田令、赋役令、厩牧令、关市令、狱官令、丧葬令、杂令、营缮令、捕亡令，等等。[②] 唐令是何种法律，《唐六典》解释为"令以设范立制"，《新唐书》："令者，尊卑贵贱之等数，国家之制度也"[③]，可见令是有关国家行政管理、规定等级制度的规范。

2. 格

唐初就开始了格的修订，武德元年（618年）唐高祖命相国长史裴寂等修律令，是年六月废隋《大业律令》，颁《新格》。[④] 后太宗、高宗、玄宗朝对格不断修订损益，《新唐书》载：

> 自房玄龄等更定律、令、格、式，讫太宗世，用之无所变改。高宗初即位，诏律学之士撰《律疏》。又诏长孙无忌等增损格敕，其曹司常务曰《留司格》，颁之天下曰《散颁格》。……玄宗开元三年，黄门监卢怀慎等又著《开元格》。至二十五年，中书令李林甫又著新格，凡所损益数千条，明年，吏部尚书宋璟又著后格，皆以开元名书。[⑤]

关于唐格的性质，《唐六典》解释为"格以禁违止邪"，该论断过于宽

---

① 史念海主编：《中国通史》（隋唐时期上），上海人民出版社1997年版，第1057页。
② 杨鸿烈：《中国法律发达史》，中国政法大学出版社2009年版，第233页。
③《新唐书·刑法志》。
④《旧唐书·高祖本纪》。
⑤《新唐书·刑法志》。

泛，并不明晰，《新唐书》说："格者，百官有司之所常行之事也。"①总体上讲，格是皇帝针对百官日常工作临时发布的各种单行敕令经汇编整理上升为"永格"而成为能经久使用的正式法律。唐律明确规定："诸制、敕断罪，临时处分，不为永格者，不得引为后比。若辄引，致罪有出入者，以故、失论。"②

3. 式

式是唐代重要法律形式，式的修订也较为频繁。在武德七年（624年），裴寂等人编撰了《武德式》十四卷。太宗时期，"取尚书省列曹及诸寺、监、十六卫计帐，以为式"，《贞观式》三十三卷，其后又有"永徽式十四卷、垂拱、神龙、开元式并二十卷"③。对于"式"的性质，《新唐书》解释为"式者，其所常守之法也"，为百官要遵守的规范，《唐六典》讲到了式的作用"轨物程事"。具体而言，式是政府机关办事的公文程式和活动细则，行政法性质。式有很强的法律效力，违者治罪，唐律中有明确规定："诸违令者，答五十；别式，减一等。"④

4. 唐六典

《唐六典》是中国最早的行政法典，⑤玄宗时期编纂，史载"开元十年，起居舍人陆坚被诏集贤院，修六典。玄宗手写六条曰：理典、教典、礼典、政典、刑典、事典。……二十六年书成"⑥。玄宗本想以《周礼》六典为模式编写，但陆坚等人历年措思，未知所从，后未如愿。编成的《唐六典》采取"以官统典"的体例，按照从中央到地方顺序，详细记载了各政府机关编制、职位、品级、职责，并载有各官职的历史沿革。《唐六典》修成后，未经版行，"所规定非必为当时实行之法"⑦。《唐六典》实现了行政法的法典化，在一定程度上影响到了明清时期会典的编纂。

---

① 《新唐书·刑法志》。
② 《唐律疏议》，岳纯之点校，上海古籍出版社2013年版，第477页。
③ 《旧唐书·刑法志》。
④ 《唐律疏议》，岳纯之点校，上海古籍出版社2013年版，第445页。
⑤ 杨鸿烈：《中国法律发达史》，中国政法大学出版社2009年版，第235页。
⑥ 《新唐书·艺文志》。
⑦ 杨鸿烈：《中国法律发达史》，中国政法大学出版社2009年版，第235页。

六、宋元时期

结束了五代十国混乱后,为了更好地加强中央集权,宋代非常重视立法工作。太祖认为"王者禁人为非,莫先于法令"①,强调"赏罚之典,断在必行"②。宋初在沿用唐律和五代法律的基础上,开始了法律修订工作,如《宋史》所言:"宋法制因唐律、令、格、式,而随时损益则有编敕。"③宋代制定了大量的法律,皇帝每改一年号必有一次乃至多次法律编修。④ 较之唐律,宋代法律在形式和内容上有明显的发展变化。元代在完成统一大业后,提出了祖述变通、附会汉法的立法思想,在保有蒙古族原有习惯法的基础上,不断吸收融合唐宋的法律,元代法律具有较强的民族色彩,民族间不平等有所体现。

(一) 宋代法律

1.《宋刑统》

又称《宋建隆详定刑统》,制定于太祖建隆四年(963 年),是我国第一部刊版印行的封建法典。

> 建隆四年二月五日,工部尚书判大理寺窦仪言:"《周刑统》科条繁浩,或有未明,请别加详定。"乃命仪与权大理少卿苏晓等同撰集,凡削出令式宣敕一百九条,增入制敕十五条,又录律内余条准此者凡四十四条,附于《名例》之次,并目录成三十卷。⑤

《宋刑统》为宋代的基本法,内容上大量抄袭了唐律,有些条文甚至只字未改地照搬,结构上分为十二篇三十卷,共 502 条,首篇仍为《名例律》。与唐律不同的是《宋刑统》中卷之下又分了二百一十三门,显得更为明晰醒目,且律文之后附有唐开元二年至建隆三年之间敕、令、格、式中宜继续使用的刑事规范。《宋刑统》这一编排方式及使用"刑统"之名,有其历史

---

① 《宋大诏令集·政事》。
② 《宋大诏令集·政事》。
③ 《宋史·刑法志》。
④ 杨鸿烈:《中国法律发达史》,中国政法大学出版社 2009 年版,第 330 页。
⑤ 《玉海·卷六十六》。

原因。唐宣宗时期为便于法律的查阅和使用,曾编有《大中刑律统类》,将律文按性质分门别类,再把同类别的令、格、式附于相应的律文之后,后唐和后周亦采用这种《刑律统类》法典编纂体例,《宋刑统》沿用了这一模式。

《宋刑统》在整个宋代虽有些小的修改,但一直沿用到了宋末,沈家本有言:"《刑统》为有宋一代之法制,其后虽用《编敕》之时多,而终以《刑统》为本。"①

2. 编敕

编敕是宋代立法的一大特色,始于太祖时期。终宋之代,编敕频繁,原因主要有二:其一,《宋刑统》是太祖时期制定的大法,不便随意更改,随着社会的不断发展《宋刑统》不可避免存在滞后性,需要其他形式的法律补充;其二,宋代君主针对特定的人和事发布了很多敕,长年累月下来数量庞杂,这些敕哪些事过境迁不再有效,哪些还能继续使用,甚至彼此间还存在矛盾,整理往敕、删去其矛盾和重复之处的编敕活动显得尤为重要。

> 建隆初,诏判大理寺窦仪等上《编敕》四卷,凡一百有六条,诏与新定《刑统》三十卷并颁天下,参酌轻重为详,世称平允。太平兴国中,增《敕》至十五卷,淳化中倍之。咸平中增至万八千五百五十有五条,诏给事中柴成务等芟其繁乱,定可为《敕》者二百八十有六条,准律分十二门,总十一卷。②

除了《建隆编敕》外,宋代的编敕还有《太平兴国编敕》《咸平编敕》《景德三司编敕》《大中祥符编敕》《天禧编敕》《天圣编敕》《景祐编敕》,等等。对敕、令、律的区别,宋人有清晰的认识,《宋史》载:"凡律所不载者,一断以敕,乃更其目曰敕、令、格、式,而律恒存乎敕之外"③,"禁于已然之谓敕,禁于未然之谓令。"④司法实践时,律有规定的依据律文断案,律无规定时依敕断案。敕只是补充律的不足,而不是对律的取代。

3. 编例

秦汉时期的廷行事、决事比之判例法传统,在宋代得到了延续,编例

---

① 沈家本:《历代刑法考》,邓经元、骈宇骞点校,中华书局 1985 年版,第 969 页。
② 《宋史·刑法志》。
③ 《宋史·刑法志》。
④ 《宋史·刑法志》。

也是宋代重要立法活动。宋例有"断例"与"事例"两种,"断例"为判案成例,这种个案判例经过国家编纂认可后,具有普遍的法律效力,可作为日后裁判依据。神宗时期开始编撰"断例",编成《熙宁法司断例》《元丰断例》,此后各期陆续编纂了《元符刑名断例》《崇宁断例》《绍兴刑名疑难断例》《乾道新编特旨断例》《开禧刑名断例》。"事例",又称"指挥",为中央机关对下级官署的指示,南宋时期编有《盐法续降指挥》《茶法续降指挥》。北宋时期明确了"断例"的补充法地位,强调"法所不载,然后用例"①,然而到了南宋时期,以例破律现象比较严重,"法令虽具,然吏一切以例从事,法当然而无例,则事皆泥而不行"②。

4. 条法事类

南宋孝宗时期,由于编修的《淳熙敕令格式》过于散漫,不便查阅,孝宗令官员将现行的敕、令、格、式、申明随事分门编纂,淳熙七年(1180 年)修成《淳熙条法事类》四百二十卷,《宋史》记载了此事:

> 淳熙初,诏除刑部许用乾道刑名断例,司勋许用获盗推赏例,并乾道经置条例事指挥,其余并不得引例。既而臣僚言:"乾道新书,尚多牴牾。"诏户部尚书蔡洸详定之,凡删改九百余条,号《淳熙敕令格式》。帝复以其书散漫,用法之际,官不暇编阅,吏因得以容奸,令敕令所分门编类为一书,名曰《淳熙条法事类》,前此法令之所未有也。③

此后宁宗时期编有《庆元条法事类》四百三十七卷,理宗时期编有《淳祐条法事类》四百三十卷。现存《庆元条法事类》残本涉及的事类包括职制、选举、榷禁、财用、赋役、农桑、刑狱等方面。条法事类的编纂便于法律检索,是宋代法律形式的一大创新。

(二) 元代法律

1.《大札撒》

早在成吉思汗统一蒙古各部落之前,蒙古族就存在一些世代相传的

---

① 《宋史·刑法志》。
② 《宋史·刑法志》。
③ 《宋史·刑法志》。

习惯和规矩,称为"约孙"。成吉思汗在 1206 年建立蒙古国之后,由于各地"约孙"不统一、不成文,难以操作,于是将各地"约孙"加以选择整理,加之成吉思汗的训言编撰为成文法律《札撒》。"札撒"一词为蒙古语的音译,是部落首领对众人发布的法令、命令,这是蒙古国初期的法律,以维护君主对贵族、平民和奴隶的统治。成吉思汗死后,继任者窝阔台汗根据太祖遗诏,将成吉思汗生前颁布的各期《扎撒》重新整理发布,名为《大札撒》。《大扎撒》是习惯法的成文化,规范内容涉及到国家制度、社会管理、役税、军事、行为法、诉讼等方面。《大札撒》展示了蒙古游牧民族的法律文化,是中华法律文明中一块瑰宝。

2.《至元新格》

由于具有游牧民族的《大札撒》无法适用于蒙古贵族征服的汉族农业社会,在统治汉人方面,一方面通过发布一些新的法令,另一方面沿用金《泰和律》。至元八年(1271 年),忽必烈建立大元国号后,下令禁行《泰和律》,"令老臣通法律者,参酌古今,从新定制"[1],至元二十八年(1291 年)修成《至元新格》并颁行。《元史》载:"元兴,其初未有法守,百司断理狱讼,循用金律,颇伤严刻。及世祖平宋,疆理混一,由是简除繁苛,始定新律,颁之有司,号曰《至元新格》。"[2]《至元新格》是元朝统一后颁布的第一部系统的法典,分公规、选格、治民、理财、赋役、课程、仓库、造作、防盗、察狱十事编成,[3]是元朝基本法,内容较为简单。

3.《大元通制》

《大元通制》为元代第一部系统完善的成文法典,英宗时期编纂,其体系内容在《元史》中有简要记载:

　　　至英宗时,复命宰执儒臣取前书而加损益焉,书成,号曰《大元通制》。其书之大纲有三:一曰诏制,二曰条格,三曰断例。凡诏制为条九十有四,条格为条一千一百五十有一,断例为条七百十有七,大概纂集世祖以来法制事例而已。其五刑之目:凡七下至五十七,谓之笞刑;凡六十七至一百七,谓之杖刑;其徒

① 《元史·武宗本纪》。
② 《元史·刑法志》。
③ 陈得芝主编:《中国通史》(元时期上),上海人民出版社 1997 年版,第 1003 页。

法,年数杖数,相附丽为加减,盐徒盗贼既决而又镣之;流则南人迁于辽阳迤北之地,北人迁于南方湖广之乡;死刑,则有斩而无绞,恶逆之极者,又有凌迟处死之法焉。①

《大元通制》承袭了唐宋律典中的五刑、十恶、八议等内容,又从元朝统治的实际出发增加了唐宋律所没有的新条文,体现出了明显的蒙古法色彩,是元代定型化了的法律。

4.《元典章》

全称《大元圣政国朝典章》,英宗时期编成。共六十卷,分为诏令、圣政、朝纲、台纲、吏部、户部、礼部、兵部、刑部、工部十类。《元典章》是自元世祖以来有关社会经济、政治、军事、法律各方面的诏令、条格和判例的汇编,由江西地方政府编辑,经中书省批准颁行全国。《元典章》中六部分篇的体例直接影响到了明清律典的结构与篇名,《元典章》中记载了一些《元史》未载或未详载的史料,是研究元史的重要文献资料。

5.《至正条格》

《大元通制》颁行后,由于朝廷不断发布诏令以及官员断案时对法律任意取舍,久之就出现了法律使用混乱现象,顺帝至元四年(1267年)中书省官员建议重新删定法律:"《大元通制》为书,缵集于延祐之乙卯,颁行于至治之癸亥,距今二十余年。朝廷续降条章,法司续议格例,岁月既久,简牍滋繁,因革靡常。前后衡决,有司无所质正。往复稽留,奸吏舞文,台臣屡以为言,请择老成耆旧文学法理之臣,重新删定为宜。"②顺帝同意并诏令遴选枢府、宪台、大宗正、翰林、集贤等官遍阅新旧条格,参酌增损。至正五年(1345年)修成,取名《至正条格》。《至正条格》体系宏大,"制诏百有五十,条格千有七百,断例千五十有九"③。

七、明清时期

鉴于元末吏治腐败导致元亡的教训,明初朱元璋强调重典治国,确立

---

① 《元史·刑法志》。
② 《圭斋文集·卷七》。
③ 《圭斋文集·卷七》。

了明刑弼教、以礼导民的治国思想。"礼乐者,治平之膏粱;刑政者,救弊之药石"①,强调二者不可偏废,并以唐律为基础修订律令,洪武三十年(1397 年)《大明律》定制。明代法律所传承的唐宋以降传统法律精华,在内容和形式上又深刻影响到清代法律,清代法律是中国封建法律的最后阶段,也是最完备阶段,直到清末变法,中华法系才逐渐退出历史舞台。

(一) 明代法律

1.《大明律》

吴元年(1367 年)十月,朱元璋命左丞相李善长、参知政事杨宪、御史中丞刘基等人讨论制定安邦国法,是年修成律 285 条,后又不断完善,几易其稿,直到洪武三十年才正式颁行天下。

> 盖太祖之于律令也,草创于吴元年,更定于洪武六年,整齐于二十二年,至三十年始颁示天下。日久而虑精,一代法始定。中外决狱,一准三十年所颁。②

《大明律》以唐律为蓝本,内容上大量借鉴了唐律,洪武六年(1373 年)的《大明律》依唐律十二篇体例,洪武二十二年的《大明律》则援用了《元典章》的体例,改为七篇:名例律、吏律、户律、礼律、兵律、刑律、工律,洪武三十年修订的《大明律》30 卷 460 条。《大明律》条目简于唐律,精神严于宋律,充分体现了朱元璋重典治国思想,对十恶的惩治明显重于唐律,对官吏贪腐及擅权失职行为惩罚严厉,增设了唐宋法律中没有的"奸党罪",并载有"五服图"。对于殚精竭虑制定出来的洪武三十年《大明律》,朱元璋极为重视,"令子孙守之,群臣有稍议更改,即坐以变乱祖制之罪"③。

2.《大明令》

吴元年太祖指示编纂律令,"十二月书成,帝与廷臣复阅视之,去烦就简,减重从轻,凡为令一百四十五条:吏令二十、户令二十四、礼令十七、兵令十一、刑令七十一、工令二"④。由于太祖对修律高度重视,修律工作

---

① 《明史·乐志》。
② 《明史·刑法志》。
③ 《明史·刑法志》。
④ 《续文献通考·卷一百三十六》。

艰巨,《大明律》短时间难以修订完善,而吴元年出台的《大明令》能够弥补律文的不足,"国初未制律之前,首著为令,以颁示天下"①。《明史》肯定了令的法律效力:"其洪武元年之令,有律不载而具于令者,法司得援以为证,请于上而后行焉"②,只是法司欲引令断案必须先奏准方可行。在《大明律》修订过程中,《大明令》的一些内容被吸收载入了《大明律》。《大明令》条文简单明了,充分体现了太祖的立法指示"今所定律令,芟繁就简,使之归一,直言其实,庶几人人易知而难犯"③。

3.《大诰》

明初,尽管有律令的存在,但太祖发现"民狃元习,徇私灭公,戾日滋"④,以至"弃市之尸未移,新犯大辟者即至"⑤,认为《大明律》惩罚力度还不够,以礼导民的教导也不足,于是另行制定一项特别立法《大诰》,取名于《尚书·大诰》,体现皇帝对广大臣民的告诫。《大诰》分为《御制大诰》《大诰续编》《大诰三编》《大诰武臣》四编共 236 条,在洪武十八年(1385 年)到洪武二十年之间陆续编成,《大诰》内容由法令、太祖的训诫和一些案例构成。《大诰》处刑之重,沈家本有言:"《大诰》所列诸峻令,族诛、凌迟、枭令以寻常过犯与叛逆、贼盗同科,刖足、斩趾、去膝、阉割既用久废之肉刑,而断手、剁指、挑筋更非古肉刑之所有。又或一身而兼数刑,或一事而株连数百人,皆出于常律之外。"⑥为了臣民切实知晓和认真遵守,《御制大诰》最后一条宣布:"朕出是诰,昭示祸福,一切官吏诸色人等,户户有此一本。若犯笞、杖、徒、流罪名,每减一等,无者每加一等。"

4.《问刑条例》

尽管太祖时期出台了《大明律》和《大诰》,但由于未再修改逐渐滞后了,为了补充律文不足,避免法外遗奸,明沿袭了宋代"以敕断案"传统,并由皇帝"斟酌损益,著为事例"。至孝宗时期,冗杂的条例对律文构成很大冲击,法律使用不统一,以例破律现象严重,修订条例成为君臣共识,势在

---

① 《大明律释义·卷二十六》。

② 《明史·刑法志》。

③ 沈家本:《历代刑法考》,邓经元、骈宇骞点校,中华书局 1985 年版,第 1132 页。

④ 沈家本:《历代刑法考》,邓经元、骈宇骞点校,中华书局 1985 年版,第 1131 页。

⑤ 《御制大诰·序》。

⑥ 沈家本:《历代刑法考》,邓经元、骈宇骞点校,中华书局 1985 年版,第 2281 页。

必行。弘治十三年(1500 年)修成《问刑条例》279 条,经孝宗批准颁行天下,"永为常法"。在世宗嘉靖和神宗万历年间,进一步修改了《问刑条例》,分别出台了《嘉靖重修问刑条例》和《万历续修问刑条例》。《问刑条例》是明代《大明律》之后最重要的立法,既弥补了律的不足,又实现了例的统一,同时也开创了律例合编的新的律典编排体例,"万历十三年《大明律》目录律后附例"[①],对清代立法产生直接影响。

5.《明会典》

又称《大明会典》,明代的行政法典,仿《唐六典》编纂,弘治十五年(1502 年)首次编成。孝宗对该会典的制定非常重视,他在会典序中谈到:

> 朕祗承天序,即位以来,蚤夜孜孜,欲仰绍先烈,而累朝典制散见迭出,未会于一。乃敕儒臣,发中祕所藏诸司职掌等诸书,参以有司之籍册,凡事关礼度者,悉分馆编辑之,百司庶府以序而列,官各领其属而事皆归于职,名曰《大明会典》,辑成来进,总一百八十卷。[②]

《明会典》参照《唐六典》的体例,按照宗人府、六部、都察院、通政使司、六科、各寺府监司的顺序,记载它们的执掌、沿革和事例。在武宗正德年间、神宗万历年间,又对《明会典》都进行过重修。

(二) 清代法律

1.《大清律例》

1644 年清入关后,由于落后的满族法律无法满足统治汉人的需要,也为了缓和民族矛盾,摄政王多尔衮宣布《大明律》继续使用。顺治二年(1645 年)开始以《大明律集解附例》为蓝本,修订清律,次年修成。《清史稿》载:"律例未定,有司无所禀承。爰敕法司官广集廷议,详译明律,参以国制,增损剂量,期于平允。书成奏进,朕再三覆阅,仍命内院诸臣校订妥确,乃允刊布,名曰《大清律集解附例》。"[③]这部《大清律集解附例》30 卷

---

① 沈家本:《历代刑法考》,邓经元、骈宇骞点校,中华书局 1985 年版,第 1140 页。
②《大明会典·序》。
③《清史稿·刑法志》。

459 条,篇目分卷都同于《大明律》,二者条文出入不大,几乎就是《大明律集解附例》的翻版。由于民族融合是一个漫长的过程,社会没有定型时无法制定出完善的律典,康熙朝立法工作主要是修订《刑部现行则例》和修改《大清律》(未发布),雍正朝继续修改《大清律集解附例》,修成《大清律集解》并颁行。乾隆元年(1736 年)继续修律,于乾隆五年正式修成《大清律例》,刊布天下。

《大清律例》沿袭了《大明律》七篇结构,继承了唐宋以来中华法系的重要内容,并将大量的例文载入了律,实行律例合编,律文 436 条,例文 1049 条,体量远大于《大明律》。其"隐合古义","矫正前失",是封建时代的良法美制,标志着中国传统法律发展的最高阶段。乾隆皇帝对该律的修订极为重视,他在《大清律例》序中曾言:"简命大臣,取律文及递年奏定成例,详悉参定,加编辑,揆诸天理,准诸人情,一本于至公,而归于至当。"①自乾隆五年出台后,《大清律例》律文在整个清代都没有修订,而例文纂修频繁,有增、删、改、并、分、合等多种形式,到同治九年(1870 年)例文增加到 1892 条。

2.《大清会典》

行政法在传统社会非常重要,作用仅次于刑律,为了保障国家机关有序运转,提高行政效能,更好地加强社会管理,清康熙时期总结行政管理经验,仿照《明会典》体例编纂行政法典,历时六年于康熙二十九年(1690 年)四月编成《康熙会典》,颁行天下。《康熙会典》确认行政领导中枢为内阁制,行政执行机构为六部制,监察机关为科院制(六科给事中、都察院),司法部门为部、寺并行制等行政管理体制,以机关为要目,以官统事,以事隶官。康熙朝实行会典和则例两类行政法分开编纂,会典为纲,则例为目。康熙之后,雍正、乾隆、嘉庆、光绪各朝都修订了会典,这五部会典统称为《大清会典》。

3. 则例

除了《大清会典》之外,清代行政法还有一种重要形式《则例》,《则例》由各部院修订经皇帝批准后公布实施,其出现早于《会典》。由于清初以

---

① 《大清律例》,田涛、郑秦点校,法律出版社 1999 年版,第 4 页。

来的律和条例在犯罪处罚上轻重失衡,有些新例处罚过重,有些因时事所定之例应废还是应留未予明确,康熙十八年(1679 年)圣祖诏令刑部修订条例。康熙十九年修成《刑部现行则例》,康熙二十八年又将该《刑部现行则例》编入了大清律内。此外,康熙朝还修订了顺治时期颁行的《兵部督捕则例》,制定了《理藩院则例》,编纂则例和《会典》是康熙朝主要的立法活动。随后各朝继续编修《则例》工作,制定了大量的《则例》,如雍正时期的《钦定吏部则例》、乾隆时期的《钦定户部则例》、嘉庆时期的《钦定礼部则例》、乾隆时期的《钦定工部则例》。清代《则例》与《会典》并行,呈现出有典有例的行政法体例,《则例》是对《会典》的细化和补充。

此外,由于大清国地域辽阔,民族众多,满清贵族统治占人口绝大比例的汉族和其他少数民族,由于少数民族多处于边疆地区,且各民族文化习俗存在一些差异,处理好民族之间关系非常重要,涉及政权的稳定和领土的完整。清政府非常重视民族问题,制定了一些适用于少数民族地区的法规,如顺治时期的《蒙古律例》、雍正时期的《青海善后事宜十三条》、乾隆时期的《钦定西藏善后章程》、道光时期的《回疆则例》,等等。专用于民族地区法律的发达,亦为清代立法的一大特色。

第七讲

土 地 制 度

中国传统社会是农业社会,广大农民靠种地为生,土地是生存的根本,同时也是国家税收的重要来源。土地问题涉及到国计民生,一旦没有解决好必将危害社会稳定。土地制度是经济制度,更是法律制度,在根本上要通过法律来调整和规范。

一、土地所有权

土地是重要的财富,土地所有权是一项财产权利。土地所有权是今人使用的从西方舶来的法律概念,见诸于传统社会的是公田、私田、官田、民田之类的称谓,形态丰富,在性质上亦不外公有或私有。

(一)土地所有权的历史演进

在中国不同历史时期,土地所有权有所不同,传统社会土地所有权的演进大致分为三个阶段。

1. 早期的土地王有

进入阶级社会之后,法律出现了,正式意义上的土地制度也就出现了。自夏代始中国进入了家天下时代,天下被誉为王的家,国家的土地和臣民都成为王的私产,商代、西周亦然,所谓"普天之下,莫非王土;率土之滨,莫非王臣"①。甲骨文中常见"我田"的卜辞,"我田"即商王的田。史

———————————
① 《诗经·小雅·北山》。

载,商代已开始实行了分封制,商王以册的形式进行分封,如商王武丁时期一卜辞载:"呼从臣'沚'有册三十邑",商王武丁命令一位叫"沚"的臣,将三十个邑书之于册,封赏给某贵族。[①] 西周时期建立了完备的宗法制和分封制,土地王有制下周王的土地所有权体现为:对贵族的土地分封和赏赐;对受土地的公卿大夫征收贡、税;受封的各级贵族只有土地占有权,而无买卖土地的处分权;周王有权收回原授予臣下的采邑,更易其主。[②] 受封的各级贵族代理周天子管理该土地,同时也是一级政权所在,土地的最终处分权掌握在周天子手里。

有论者称夏、商、西周土地为国有制,其实在该历史时期"国有"与"王有"是统一的,并不矛盾,因为"家天下"之下,国也是王的国。这种"王有"实质上是公有还是私有?尽管土地分封给了各级贵族并由广大庶人和奴隶来耕种,但形式上属于天子一人所有,受封领主须向天子缴纳贡赋,并由天子来行使土地最终处分权,王有显然是私有,私有主体只有天子一人。在王有土地的耕作上,西周时期"野"中的田继续沿用商代的"助法",并有所发展,即孟子所说的井田制:井田九百亩,中间一百亩为公田,周围八家各种一百亩为私田,八家共种公田,公田上的收入归领主所有。"国"中的"公田"为天子或诸侯所支配、由农民来耕种,又称"藉田",集中在一个地区,与"私田"分离。[③]

2. 土地私有制的普遍确立

春秋时期,由于铁制农具的出现和耕牛的使用,农业生产力迅猛发展,土地经济效益得到了很大的提高,在土地领域出现了一系列新的变化。由于生产力的提高,同样的人能种更多的地,且种地有利可图,于是各级贵族驱使奴隶垦荒,并将已垦之地据为己有。以前土地是周天子的,诸侯无权处分,随着土地使用价值的提高,诸侯、大夫这些贵族买卖、交换、赠送土地现象也出现了,甚至为了争夺土地,诸侯之间战争不断,大夫争田时有发生,史载:

---

① 周自强主编:《中国经济通史》(先秦),经济日报出版社 2007 年版,第 144 页。
② 周自强主编:《中国经济通史》(先秦),经济日报出版社 2007 年版,第 426 页。
③ 徐喜辰、斯维至、杨钊主编:《中国通史》(上古时代),上海人民出版社 1994 年版,第 806—809 页。

晋邢侯与雍子争鄐田，久而无成。士景伯如楚，叔鱼摄理。韩宣子命断旧狱，罪在雍子。雍子纳其女于叔鱼，叔鱼蔽罪邢侯。邢侯怒，杀叔鱼与雍子于朝。宣子问其罪于叔向。叔向曰："三人同罪，施生戮死可也。雍子自知其罪，而赂以买直，鲋也鬻狱，刑侯专杀，其罪一也。己恶而掠美为昏，贪以败官为墨，杀人不忌为贼。《夏书》曰：'昏、墨、贼，杀。'皋陶之刑也。请从之。"乃施邢侯而尸雍子与叔鱼于市。①

农业生产力的发展带来了诸侯的富裕和强大，诸侯强大了就不再听命于周天子，天子也奈何不得，"王臣公、公臣大夫、大夫臣士"的局面难以为继，以前"礼乐征伐自天子出"现也变成了自诸侯出，中央集权松动，周天子大权旁落。诸侯和大夫私占土地、兼并土地，周天子也管不住了，而且土地私田的大量出现、土地一人王有向众人私有的转变和井田制的瓦解，是春秋时期经济发展大势所趋，各诸侯国通过田制改革以法律形式确认了土地私有。

随着私田的大量出现和公田的逐步衰落，如何确立新的税赋制度，公元前685年齐相管仲提出了"相地而衰征"改革措施，实行"履亩而税"制度，根据土地好坏和粮食产量的高低来确定应征收的税赋。这一税赋改革也是以法律形式认可了土地私有，开了历史的先河。随后公元前645年晋国"作爰田"，将大量田土分于众人并为其永久占有，各家"自爰其处，不复易居"，实行固定长期使用耕地的田制。鲁国也于公元前594年实行"初税亩"，不区分公田、私田，一律按亩征税，"初税亩者，非公之去公田，而履亩十取一也，以公之与民为已悉矣"②。再者，公元前543年郑国子产作了"田有封洫"的改革，整顿了私有土地的边界，修建了一些排水灌溉设施。春秋时期诸侯国的这些改革，既有发展经济、征收税赋的目的，同时也肯定和明确了土地私有。

战国时期，封建地主阶级登上历史舞台，顺应这一历史潮流，从新兴地主阶级利益出发，各诸侯国先后发起了自上而下的变法改革。魏国魏

①《左传·昭公十四年》。
②《春秋集传大全·卷二十一》。

文侯时期的李悝变法,推行"尽地力之教"政策,重视农业发展,鼓励百姓垦荒,废除了传统的井田制,允许土地私有,允许土地买卖。出于富国强兵的需要,秦孝公任用商鞅,实行变法改革,"废井田,开阡陌",把土地授给人民,重新确定地界,实行土地私有制,允许土地自由买卖。对此,赵冈和陈钟毅认为:"公地私有化在战国时期已是普遍存在的事实,但是还不能算是法定的土地制度。到了秦孝公,商鞅变法,废井田,开阡陌,私有土地合法化,私人正式取得了政府认可的土地所有权。从此以后,私有土地是中国历史上最主要的土地所有权制度。"[①]秦国确定的土地私有制,随着秦代的统一而延续到后世。

3. 公有与私有的并存消长

秦汉时期全国土地分为公田和私田两类,公田归国家所有,包括已垦和未垦两类。已垦的土地来源于前代继承来的官田、士卒新垦辟的农田、官府没收的私人土地、绝户田等多种途径。[②] 秦代的公田一部分由官府直接经营,以力役形式强制农民耕种,另一部分则是使用奴隶劳动,汉代公田则通过屯田和假民公田等方式耕作。秦汉时期公田占土地绝大份额,汉代公田占全国土地94%,私有土地仅占6%。[③] 秦汉时期私有土地亦来源多途,吕思勉先生曾谈到土地私有制的缘起:"一曰先占,如垦辟荒地是也。古之分地,后遂变为私有者,当属此类。二曰劫夺。胜者以败者为奴,没收其财产为己有是也。大而灭国,小而亡家,皆属此类。三曰兼并。则私产既兴之后,恃其财力,以攘夺人者也。四曰由公产变为私产。私有制既兴,一部落之公产,散而为家族之私产。"[④]吕先生所言的主要是早期的土地私有制,这些途径有不少在秦汉乃至整个封建时期都存在,此外秦代私有土地来源还有军功赏田和政府授田。

秦汉以后的历代封建王朝,土地公有与私有都存在,此消彼长。北魏到唐代实行计口分田的均田制,国家将土地分给农户耕种,并建立相应的税赋制度。《唐六典》记载了唐代均田的基本方式:

① 赵冈、陈钟毅:《中国土地制度史》,联经出版事业公司1982年版,第19页。
② 林甘泉主编:《中国经济通史》(秦汉),经济日报出版社2007年版,第233页。
③ 转引自蒲坚主编:《中国历代土地资源法制研究》,北京大学出版社2011年版,第76页。
④ 吕思勉:《中国社会史》,上海古籍出版社2007年版,第57页。

丁男、中男以一顷,中男年十八已上者,亦依丁男给。老男、笃疾、废疾以四十亩;寡妻妾以三十亩,若为户者则减丁之半。凡田分为二等,一曰永业,一曰口分。丁之田二为永业,八为口分。凡道士给田三十亩,女冠二十亩,僧、尼亦如之。凡官户受田减百姓口分之半。①

丁男所授的二十亩永业田可由子孙继承,其土地性质由公田转变为私田,为民私有,而八十亩口分田该男子死后政府收回,公田性质没变。均田制既解决了农民获取私田的方式,也保障了公田的有效耕种,并使得国家赋税收入有了可靠的基础。随着唐代均田制的衰亡,均田制退出了历史舞台。宋太宗太平兴国时期规定"所垦田即为永业,官不取其租"②,宋代实行"不抑兼并"土地政策,允许私有土地自由交易。直到明清时期,国家土地仍然由官田和民田两类构成。《明史·食货志》详细记载了明代田土制度:

> 明土田之制,凡二等:曰官田,曰民田。初,官田皆宋、元时入官田地。厥后有还官田,没官田,断入官田,学田,皇庄,牧马草场,城墙苜蓿地,牲地,园陵坟地,公占隙地,诸王、公主、勋戚、大臣、内监、寺观赐乞庄田,百官职田,边臣养廉田,军、民、商屯田,通谓之官田。其余为民田。③

尽管历代都存在公田变私田、私田变公田这种土地公有与私有的相互转化,但明代中后期由于土地的大肆兼并,国有土地逐渐私有化,公田数量在减少。民田数量远超官田,也是清代一直存在的现象。清顺治十八年官田约占全国耕地总面积的 4.6%,到嘉庆十七年全国耕地总面积增加了不少,官田约占全国耕地总面积的 11%。④

(二)土地所有权的法律保护

无论公田还是私田,其所有权都受到传统法律的保护,以维护所有者

---

① 《唐六典》,陈仲夫点校,中华书局 2014 年版,第 74 页。
② 《宋史·食货志一》。
③ 《明史·食货志一》。
④ 梁祖灵、张星华、侯天兰、胡大伟编:《中国土地管理史》,天津人民出版社 1996 年版,第 318 页。

的利益,土地所有权的法律保护主要体现在两个方面。

1. 地契与地权登记

地契与地权登记主要是针对私有土地,通过地契或地权登记来明确土地产权,这是法律保护土地产权的首要方面。《周礼》载:"地讼,以图正之"[①],可见早在西周时期,就有关于土地的疆界图,当然在土地王有的时期,疆界图证明的只能是土地的管理和使用权。至秦代,全国性的私田登记制度建立起来了,公元前216年秦代颁布了"使黔首自实田"法令,令所有占有土地的人向政府自报占有土地的数额,政府据此征收田赋,这种登记也是对农民土地所有权的法律确认。汉承秦制,并有所发展,"汉代官方的明籍簿书,在登录各户的资产时,土地和房舍、奴婢、牛马一样,都注明所值价钱"[②]。田土户婚是国家管理的基础,政府必须掌握这些数据,这是历代政府的重要职责,登记清楚百姓的私田国家的田赋征收才有保障,同时官府的地权登记是私田所有者地权的有力证明。其中,土地登记较为详备的是明代的鱼鳞图册。元代官府的土地册籍毁于元末农民战争,明初为了田赋的征收必须重新登记,朱元璋下令重新丈量天下田亩,编绘土地图册。由于该图册详载土地性质、形状、数目、方位和户主姓名、所纳银两等信息,绘制的形状像鱼鳞一样一块一块的,故名鱼鳞图册。鱼鳞图册详细载明土地的产权及其界限,确认了各类土地所有权,同时也将唐宋以来大量隐瞒的土地登记出来,扩充了国家税赋之源。

除了官府地权登记之外,地契亦为土地所有权重要凭证。土地是重要的生产资料,也是百姓重要的财富,故土地交易古人格外慎重,必须写立书面文契,记载交易土地的位置、面积、边界、交易价款、买卖双方姓名及交易时间等重要信息。买受人持有的地契既是土地买卖债务关系的凭证,同时也是证明其对买受土地享有物权关系的重要证明。试看一汉代存世土地买卖契约:"建宁二年八月庚午朔廿五日甲午,河内怀男子王未卿,从河南河南街邮部男子袁叔威买皋门亭部什三陌西袁田三亩,亩贾钱

① 《周礼·地官·小司徒》。
② 林甘泉主编:《中国经济通史》(秦汉),经济日报出版社2007年版,第283页。

三千一百,并直九千三百,钱即日毕。时约者袁叔威,沽酒各半。"①寥寥几句,该契约内容较为简单,但不影响其证明力,至明清时期土地买卖契约内容较为成熟完备。一般而言,已登记土地的买卖完成后还需要到官府去登记过户,既是田赋义务转移的需要,经官登记也有利于更好地保护产权,但未经登记的一些逃税私田转让通常不存在过户问题,能证明其产权人身份的主要就是契约了。

2. 打击侵害土地所有权行为

侵害公田和私田行为,损害了国家和百姓合法权益,传统法律着力打击。秦代《法律答问》规定了对偷偷移动地界行为的惩罚:"盗徙封,赎耐",对行为人处以耐刑,但允许交纳钱财免刑。此外,《法律答问》中还见有部佐匿民田的犯罪行为:"部佐匿者(诸)民田,者(诸)民弗智(知),当论不当? 部佐为匿田,且可(何)为? 已租者(诸)民,弗言,为匿田;未租,不论□□为匿田。"

《唐律疏议》中有不少惩治侵害公私田的条文,对盗耕种公私田者"一亩以下笞三十,五亩加一等,过杖一百,十亩加一等,罪止徒一年半。荒田,减一等。强者,各加一等。苗、子归官、主"②;对盗耕他人墓田和盗葬行为,规定:"诸盗耕人墓田,杖一百;伤坟者,徒一年。即盗葬他人田者,笞五十;墓田,加一等,仍令移葬;"③对于诸妄认公私田行为者"一亩以下笞五十,五亩加一等,过杖一百,十亩加一等,罪止徒二年"④。盗耕种公私田侵犯的是他人土地利益,而妄认公私田则是妄认公私田为己有,否定了原田主的土地所有权,行为更恶劣故惩罚更重。此外,唐律也严厉打击在官侵夺私田行为,违者"一亩以下杖六十,三亩加一等,过杖一百,五亩加一等,罪止徒二年半。园圃,加一等"⑤。

唐律中的这些规定影响到后世,到《大清律例》中已有不少涉及土地所有权的犯罪行为。首先,严厉禁止隐瞒田产不予登记行为,"凡欺隐田

① 林甘泉主编:《中国经济通史》(秦汉),经济日报出版社 2007 年版,第 285 页。
② 《唐律疏议》,岳纯之点校,上海古籍出版社 2013 年版,第 204 页。
③ 《唐律疏议》,岳纯之点校,上海古籍出版社 2013 年版,第 206 页。
④ 《唐律疏议》,岳纯之点校,上海古籍出版社 2013 年版,第 205 页。
⑤ 《唐律疏议》,岳纯之点校,上海古籍出版社 2013 年版,第 206 页。

粮,脱漏版籍者,一亩至五亩,笞四十,每五亩加一等,罪止杖一百。其田入官,所隐税粮,依数征纳"①。虽然立法重心在于田赋,但登记亦为田产之可靠证明。其次,对于盗卖、换易、冒认和侵占他人田产行为,一亩以下笞五十。每五亩加一等,罪止杖八十。官员犯罪者,各加二等,此条包括多种侵害田产的犯罪行为。最后,规定了盗耕种他人田行为的处罚,"凡盗耕种他人田者,一亩以下,笞三十,每五亩加一等,罪止杖八十。荒田减一等。强者,各加一等,系官者,各又加二等。花利归官、主"②。

二、土地买卖

西周时期,土地是周天子的,受封的各级领主只有管理使用权,土地不得买卖,所谓"田里不鬻"③。但到了西周中后期,随着经济发展所带来的王权逐渐衰落,贵族之间的土地交易出现了。现存的西周青铜器铭文《卫盉铭》记载了一件买田事件,一个名为裘卫的人以价值八十朋的瑾璋换取了名为矩伯的田"十田",又以价值二十朋的玉器与皮革制品换取矩伯的田"三田"。④ 春秋战国时期,随着私田的出现和土地私有制的逐步确立,土地买卖现象蔚然成风。秦统一后,"用商鞅之法,改帝王之制,除井田,民得卖买,富者田连仟伯,贫者亡立锥之地"⑤。秦以后整个封建时代,土地买卖和兼并之风都非常盛行,贫者无以为生时只得出卖土地,富者买入土地积累家业并传给子孙。历代法律总体上允许土地买卖,但不同时期又有些限制,以避免土地两极分化过于严重影响社会稳定,如汉代武帝时期采取了一些"限民名田"措施、唐代打击卖口分田和占田过限行为、清代禁止官吏在见任处所买地,等等。从类型上讲,传统社会土地买卖主要有绝卖和典卖两种。

---

① 《大清律例》,田涛、郑秦点校,法律出版社1999年版,第190页。
② 《大清律例》,田涛、郑秦点校,法律出版社1999年版,第200页。
③ 《礼记·王制》。
④ 周自强主编:《中国经济通史》(先秦),经济日报出版社2007年版,第452页。
⑤ 《西汉年纪·卷十四》董仲舒语。

（一）绝卖

绝卖是指土地买卖活动一次性了结，即土地卖出后所有权转移给买方、卖方永远不得回赎。绝卖是土地买卖通常形态，在历朝历代土地买卖中都存在。在传统社会，土地是重要的财富，价值大，私有土地的买卖必须由家长作主，子孙卑幼不得擅自出卖田产。土地买卖有较为严格的程序，唐代规定土地绝卖必须"经所部官司申牒"，即必须向官府申请文牒，获得官府许可的文牒之后才能进行，否则"田无文牒辄卖买者，财没不追，苗、子及买地之财并入地主"①，并且要在官府进行所有权转让登记方为有效。

宋代实行"不抑兼并"土地政策，允许土地自由买卖，宋代商品经济发达催生了较为完善的土地绝卖制度。宋代的土地绝卖，既有私人之间的私田买卖，也有私人与官府之间的土地买卖，后者既有私田转化为公田（学田）的情况，也有公田转化为私田情况。②在土地绝卖程序上，宋代继承了唐代的"申牒"制度，获得了官府文牒之后，宋代土地绝卖还有五道基本程序：先问亲邻、看地议价、输钱印契、过割税赋、原主离业。先问亲邻意为在土地买卖上亲邻在同等条件下有优先受让权，《宋刑统》对此作了明确规定："应典卖、倚当物业，先问房亲，房亲不要，次问四邻，四邻不要，他人并得交易。"③依此规则找到了合适的买主后，接着就是查看土地和商议价格，现场察看了土地的大小、位置、四至、水源等情况后，如买方满意双方即可商议转让价格，价格能谈妥则可成交。接下来的程序是输钱印契，就土地买卖一事双方写立契约后，必须到官府缴纳契税，并由官府在土地买卖契约上加盖官印，以认可该项土地买卖之法律效力，此种盖有官印的契约成为"红契"，具有更强的法律效力。当然，为了逃避契税或者对于隐匿的田产，买卖双方不去官府输钱印契而是仅有作为私契的"白契"现象也是存在的，"白契"的证据效力低于"红契"。土地买卖在完成了支付价格和输钱印契之后，当事人还需要去官府过割税赋，办理该田产的所有权和税赋转移登记，该土地的地权和税赋义务都转移给买受人。最

---

① 《唐律疏议》，岳纯之点校，上海古籍出版社 2013 年版，第 205—206 页。
② 漆侠：《中国经济通史》（宋），经济日报出版社 2007 年版，第 335—336 页。
③ 《宋刑统校证》，岳纯之校证，北京大学出版社 2015 年版，第 175—176 页。

后,原主(卖主)离开该土地,由买主来接管,自己经营或出租他人。

较宋代而言,明代土地绝卖出现了两点显著变化:当事人不需要实现向官府申请文牒且"先问亲邻"之土地买卖优先权习俗也没有了。试看一份明代宣德五年(1430 年)的土地买卖契约:

> 十二都九保住人汪武玑,承故父户内原承阄书分得田壹号,系本都九保乙字九百七拾五号,田七分贰厘五毛(毫)。东至顿墣,西至汪汝名田,南至水渠,北至溪。土名上江丘。佃人朱计。今来缺谷做米纳粮,同母亲嘀(商)议,自情愿将前项田尽行立契出卖与同里人汪猷干名下,面议时值价籼谷陆拾叁秤,上田石租,前去用度。其田今从出卖之后,一听买人自行闻官受税、收租管业为定。如有内外人占拦、重复交易,一切不明等事,并是出产人祗(之)当,不干买人之事。其价当成契日一并收足,别不立领约。今恐人心无凭。立此卖契为用。
>
> 宣德五年十月十五日出卖　　　　立契人　汪武玑(押)契
> 　　　　　　　　　　　　　　　　弟　　武琳(押)
> 　　　　　　　　　　　　　　　　母亲　金氏(押)
> 　　　　　　　　　　　　　　　　见人　吴舟寿(押)
> 　　　　　　　　　　　　　　　　见人　朱月得(押)
> 今将前项契内价谷并收足讫。同日再批。(押)
> 　　　　　　　　　　　　　　　　弟　　武琳(押)[①]

该绝卖契约载明了买卖双方当事人姓名、该土地来源、名称、面积、四至、承种的佃户、卖地原因、交易价格、卖方承诺的相关义务、立约当事人及家人和见证人的签名画押、立约日期,内容相当完备,称得上是一份标准的土地绝卖契约。清代土地绝卖规则基本同于明代,有些地方政府还发布了土地绝卖契约的标准格式。

(二) 典卖

典卖又称活卖,出典人将土地卖于承典人,收取一定的典价,双方约

---

① 转引自王毓铨主编:《中国经济通史》(明),经济日报出版社 2007 年版,第 131 页。

定在一定年限内出典人可原价赎回土地的一种土地买卖制度。典卖兴盛于宋代，典卖在律典中的正式出现也始于《宋刑统》，至明清时期典卖制度更为完备，《大明律》和《大清律例》中有"典卖田宅"条文。

在土地出卖环节上，典卖与绝卖程序基本相同，也有看田、议价、立契、过割税赋等程序。其与绝卖的最大区别在于出典人可依约在一定年限内原价回赎典出的土地，最终消灭这种买卖关系，对此承典人不得拒绝。在土地出典后、回赎之前，该地的所有权仍属于出典人而非承典人，承典人享有的只是土地的使用收益之权，即典权。从法律性质上看，典权具有用益物权特点，而且典权还包括对典地一定的处分权，即出租典地或者转典他人，可见典权权能非常大，只是不能绝卖而已。此外，典权还具有担保物权特点，从某种意义上讲典权人手中承典的土地即为其所支付典价的担保，只要出典人不依约返还典价，典权人不会退还土地。无论是典卖，还是绝卖，从卖方角度讲多是为了获得一笔不菲的钱款以应付急需，但绝卖则永远失去了这一土地，在传统社会世人不愿轻易所为，毕竟土地是生存的根本，也是最重要的财富不能败掉。典卖则很好地解决了这一问题，既能换得一大笔钱应急所需，又能在有朝一日的未来赎回典地。而且典卖制度对承典人也有相当好的维护，他可以花一笔相对小的资金获得一块土地较长年限的耕种，相对于土地的绝卖价而言典价要低很多。在最长回赎期限上，宋代设定为三十年，当事人可在此范围内自由约定回赎期限。在出典人未回赎之前，承典人对于承典土地可种、可租、亦可转典。典卖制度最大程度上维护了双方的利益，也便于土地的充分利用。

关于土地的典卖，《大清律例》有较为详备的规定：

> 凡典卖田宅，不税契者，笞五十；契内田宅价钱一半入官，不过割者，一亩至五亩，笞四十，每五亩加一等，罪止杖一百。其田入官。若将已典卖于人田宅，朦胧重复典卖者，以所得价钱，计赃，准窃盗论，免刺，追价还主。田宅从原典买主为业。若重复典买之人及牙保知情者，与犯人同罪，追价入官；不知者，不坐。其所典田宅、园林、碾磨等物，年限已满，业主备价取赎。若典主托故不肯放赎者，笞四十。限外递年所得花利，追徵给主。依价

取赎。其年限虽满,业主无力取赎者,不拘此律。^①

由于土地典卖和绝卖在成交价格和能否回赎上存在质的不同,典卖通常要在契约内写上"回赎"或相同含义的字样以及回赎期限,以免日后引起纠纷,但事实上不少民间典卖契约只有表明"回赎"之类词句,未载回赎年限,而是银到回赎,即回赎时间没有限制,如清道光十六年(1836 年)的一份典卖田契:

> 立典田契人本都本图本房本户富登、美成兄第二人。为因粮务紧迫,自愿将土名杭椅下秧地二丘,该种二升。又矮岭秧地一丘,种七升三分,情愿将此田出典与人。自行问到本房周衍华入头承典,三面言定价银五两五钱。银不计利,田不计租。即日兄弟二人亲手接到周衍华银归家应用,日后银到数回,不得阻隔,粮务系耕田自理,恐口无凭,立此数为据。

> 代笔人　庆云
> 道光十六年十月二十日　立典数人周富登、美成笔^②

就出典人而言,不愿失去出典土地,总希望有朝一日在自己有经济能力时赎回土地,但传统社会农民一旦陷入需要典卖土地之极端贫困中,很难翻身,赎回土地对不少人而言可能是奢望,而当初典价又远低于绝卖价,因此在赎回无望时出典人往往会找承典人找价,将该地做绝卖,甚至多次反复要求承典人找贴,争议不断。对此,《大清律例》规定:

> 卖产立有绝卖文契,并未注有"找贴"字样者,概不准帖赎。如契未载"绝卖"字样,或注定年限回赎者,并听回赎。若卖主无力回赎,许凭中公估,找贴一次,另立绝卖契纸。若买主不愿找贴,听其别卖归还原价。倘已经卖绝,契载确凿,复行告找、告赎,及执产动归原先尽亲邻之说,借端措勒,希图短价者,俱照不应重律治罪。^③

---

① 《大清律例》,田涛、郑秦点校,法律出版社 1999 年版,第 198 页。
② 罗志欢、李龙潜主编:《清代广东土地契约文书汇编》,齐鲁书社 2014 年版,第 12 页。
③ 《大清律例》,田涛、郑秦点校,法律出版社 1999 年版,第 199—200 页。

三、永佃制

土地的买卖兼并造成了传统社会土地占有不均衡现象,为了生存绝大多数无地少地的农民只有租种地主的土地成为佃农,承受高额的封建地租,占有大量土地的地主通过出租土地过上安逸的食租生活。土地租佃是土地和劳动力结合进行农业生产的重要方式,是封建地主制经济的重要形态。根据租期是否固定,土地租佃分为定期租佃、不定期租佃和永佃三种。定期租佃租期固定,通常在业佃双方缔结租约时就明确了租佃期限;不定期租佃租期不固定,每年秋后地主可收回租地,农民也可退回租地;永佃则为租期永远,无截止期限,可以世代耕种。永佃制是存在于中国传统社会后期颇具特色的租佃制度。

(一)永佃制的产生发展与近代衰落

1. 永佃制的产生与发展

永佃制产生于何时?多数学者认为始于宋代。[1] 至明代,在江苏、浙江、福建、江西、安徽各省,永佃制已开始普遍流行,到了清代前期,其流行范围又扩大到湖南、四川、两广以及甘肃和直隶等地区。[2] 永佃制的核心是永佃权,即佃农对于地主的土地拥有永久耕作权。

永佃权的产生途径主要有七种:(1)由押租制转化而来。交数额较大的押租金后,地主一般不会轻易撤佃,佃农从而取得了长期耕作权,只要地主不退押金,他就不会放弃土地使用权,可以父死子继,世代耕种。天长日久,就形成了永佃权,当初交的押金实质上成为了永佃权的代价。

---

[1] 傅衣凌认为永佃权最早见于宋代(傅衣凌:《明清农村社会经济》,生活·读书·新知三联书店 1961 年版,第 47 页);李三谋认为永佃权产生于北宋淳化年间(李三谋、李震:《清代永佃权性质重探》,载《中国农史》1999 年第 3 期,第 19 页),乌廷玉认为永佃权始于南宋(乌廷玉:《中国租佃关系通史》,吉林文史出版社 1992 年版,第 87 页);刘成永也认为在宋代就出现了永佃权,是佃农抗租斗争的结果(刘永成:《中国租佃制度史》,文津出版社 1997 年版,第 154 页);赵冈和方行等学者对永佃权之起源时间持审慎态度,没下定论(赵冈:《永佃制研究》,中国农业出版社 2005 年版,第 15 页;方行、经君健、魏金玉主编:《中国经济通史》(清),经济日报出版社 2007 年版,第 1294 页)。
[2] 方行、经君健、魏金玉主编:《中国经济通史》(清),经济日报出版社 2007 年版,第 1294 页。

（2）垦荒获得。无论公荒还是地主的私荒，由于开荒成本较大，而且头几年产量不高，为了吸引农民开垦，通常许诺给以永佃权，许其永远佃种。（3）改良土地。为了提高粮食产量，可能要付出不少的肥料和人力改良贫瘠土地，或者修建一些水利设施，地主和佃农达成协议，由佃农加以改良，地主给以永佃权。（4）出卖土地时保留永佃权。农民遇上了天灾人祸迫于生计不得已需要卖地时，他们很少干净利索地绝卖，而是典卖出去期待哪天赎回，或者在绝卖时附加一个条件，即自己对该地享有永佃权。（5）赠与之永佃权。有时地主会基于一些考虑，将一定土地的永佃权作为礼物赠给亲友或他人，许其在正常纳租情况下永远耕种。（6）默认之永佃权。业佃双方事先并没有永佃的协议，也不具备如上的情形，由于不定期租佃时间的不断延续，达数十年甚至上百年，在习惯上通常默认佃农拥有永佃权，即久佃成业，地主不得随意撤佃。关于这一点，在民国最高法院判例中也有体现："历久耕种旗地之佃户，应推定其有佃权。"[1]（7）强制永佃。这是地主强迫佃农世代为其种地的一种具有人身隶属性的永佃权，这种永佃权与其说是权利，不如说是义务。这七种方式为原初取得，此外永佃权还可通过让与和继承方式继受取得。[2]

在明代前期，佃农享有永佃权，地主为了收租的稳定性，一般不准其随便转让，而且在契约中通常写明只可退佃，不可转让。对于交付押租银或投资改良地力等方式有偿取得的永佃权，佃农不愿轻易退佃，即便退佃地主也不愿退押租银或找价。于是不愿继续耕种的永佃农就私下有偿转顶、转让永佃权，地主也阻止不了，转让的现象多了，地主也只得默认。当永佃权转让渐成习俗时，地主的态度也从默认到公开认可，从而这种转让就具有合法性了。一旦永佃权能不受地主制约自由转让，永佃农的权利不再只是永久耕作的使用权，还包括了一定的处分权，永佃权渐渐上升为田面权，其性质由使用权转变成一定程度的所有权，即对田面的绝对处分权，永佃农成为一定意义上的所有权主体。随着永佃权上升为田面权，永佃制也过渡到了"一田二主"的高级形态，"一田二主"的地权格局形成了。

---

① 张鏊编：《最高法院裁判要旨》（第2册），会文堂新记书局1936年版，第142页。
② 温世扬：《物权法要论》，武汉大学出版社1997年版，第143页。

这一转变大概在明代中期已经开始了，①至清代"一田二主"发展到最成熟状态，这也标志着传统永佃制发展达到了顶峰。当然"一田二主"制的成熟也并非意味清代所有永佃权都是田面权，不能将二者完全等同，因为有些永佃权在设置时地主可能就限制了它的转让并明确记载于契约，从而不具备田面权性质。

2. 永佃制的近代衰落

永佃制本是一项传统的民间租佃习俗，清末变法时借鉴外来的永佃权概念，在《大清民律草案》中物权编中将其作了成文规范。该草案中永佃权的权能较中国传统习惯法中的永佃权大为缩小，传统永佃制遭到有史以来第一次重创。② 进入民国后在社会急剧变化和资本主义经济不断冲击下，永佃权一蹶不振，在租佃实践和民国法律中都呈现出不可逆转的萎缩衰落趋势。

（1）大理院司法判例中

在北洋政府司法判例中可见永佃权之行使乃至存续已受到一定的限制。

《大理院判决例全书》中二年上字第 140 号判例和四年上字第 582 号判例分别肯定了永佃农在交租期内不按租约或裁判所定租额交租时、地主屡次催告而永佃农仍然怠于支付地租时，地主可以撤销永佃。③ 对于永佃农欠租之撤佃问题，《大清民律草案》和北洋政府时期的《民国民律草

---

① 杨国桢：《明清土地契约文书研究》，人民出版社 1988 年版，第 100 页。
② 主要体现在三个方面：1. 限定了永佃权的存续期间。将永佃权期间设定为二十年以上五十年以下，原设定为五十年以上者更改为五十年，永佃权之设定可以更新，但自更新日起亦不得超过五十年。如此，"永佃"之意义不复存在了，以前曾延续了一两百年的永佃权再也不会出现了，永佃变成了租期较长的定期租佃。2. 规定永佃权人继续两年以上怠于支付地租或受破产宣告时，土地所有人可得撤佃。立法意图显然是为了防范永佃权人恶意欠租以及缺乏缴租能力时土地所有人的地租收入风险，通过撤佃收地获得救济。这一规定，打破了传统永佃中的"只许佃辞东、不许东辞佃"习俗。3. 该草案赋予了永佃人转让永佃权与出租永佃地权利，但又规定设定行为禁止或有特别习惯者不在此限。言下之意，在设定永佃权时可以禁止转让，对田面权意义上的永佃权也可如此。事实上传统田面权较非田面权之永佃权权能为大，在习惯法上田面权之转让或出租是绝对自由的，不受拥有田底权地主的任何限制。这对于现实生活中的田面权将是一个很大的打击。
③ 郭卫编：《大理院判决例全书》，吴红耀、郭恒、李娜点校，中国政法大学出版社 2012 年版，第359、360 页。

案》中都规定,永佃权人继续两年以上怠于支付佃租,土地所有权人可以撤销永佃。①《大理院判决例全书》中的这两个大理院判例显然并没有遵守民律中的继续两年以上怠于支付佃租这一严格规定,较为轻易地撤销了永佃权。再者,《大理院判决例全书》肯定了情事变更之时地主有增租的权利。该《全书》中的三年上字第 708 号判例认为,当事人之间订立永佃租约时,是以经济上通常状况为意思表示之基础,事后发生的非当初所能预见的特别情形,应本于解释当事人意思之法则,按照适合公安公益之条例适当判断,因此即便当事人立约时泛言永不增租夺佃,但如出现经济情形大变动等有法律上正当理由时,仍可认为一方有增租的权利。② 在传统永佃习俗中,业佃双方约定的租额即便几十年上百年下来,一般都是不变的,并无情势变更一说。

（2）民国成文立法中

在《民法物权编》和 1930 年《土地法》中,可见永佃权之诸多限制。

第一,永佃权人积欠地租达两年地租总额时,除另有习惯外,土地所有人可得撤佃。1930 年民国《民法物权编》中的该项规定,无论欠租出于何种原因,也无论永佃权人欠租是否存在主观恶意,对于永佃权人是否因为生活贫困无力偿租也在所不问,只要出现此种欠租情事,地主即可撤销永佃。此欠租撤永佃条款几乎是将永佃权置于不定期租佃位置,对永佃权之存续带来了很大的危害,传统的田面权之下欠租只能追租、不能撤佃之习俗清末变法以来随着田面权的打破和永佃权的式微难以为继。

第二,在永佃权人出租佃地时,土地所有权人可得撤佃。在传统佃俗中,只要在永佃权设定之时没有禁止转租之限制,永佃权人无需经过地主

---

① 杨立新点校:《大清民律草案、民国民律草案》,吉林人民出版社 2002 年版,第 143、320 页。
② 郭卫编:《大理院判决例全书》,吴红耀、郭恒、李娜点校,中国政法大学出版社 2012 年版,第 359 页。这一情势变更下地主向永佃权人请求增租的权利,在南京国民政府时期最高法院裁判中得到了进一步的肯定,民事判决二十三年度上字第四八九号裁判要旨指出:“土地所有人与永佃权人间,关于地租之约定,在性质上本属债之关系,法文既未就永佃权地租特别定明,自应适用债编之规定,故设定永佃权时所定之地租,如因嗣后经济状况之变迁,在社会一般情形上,足认为显失公平时,即应许当事人得为增减地租之请求。”(《最高法院裁判:民事判决二十三年度上字第四八九号》,载《法令周刊》1936 年第 311 期,第 1 页)。

同意而可以自由转租佃地,并在此过程中适当涨租以赚取租额差价,也有一些永佃权人藉此成为二地主,过上食租生活。对于传统永佃权之处分权中的这项重大转租权能,《大清民律草案》并未禁止,但1930年《民法物权编》明确禁止了永佃权人转租佃地行为,强调永佃权人不得将永佃地出租于他人,并赋予了地主此种情形下的撤租权。这种一概禁止永佃权人出租佃地的做法,也有明显的缺陷,没有照顾到缺乏劳动力家庭永佃地无法耕作以及因改行他业同时又不想失去永佃地等特殊情形下出租土地的需要。

第三,永佃权设定期限者视为租赁,适用民法中关于租赁之规定。《大清民律草案》首次设定永佃权期限:二十年以上五十年以下,让永佃权失去永佃之义,降格为长期租佃,1930年《民法物权编》对此作了纠偏,没有硬性设定永佃权之存续期限,而是将是否为永佃权设定期限之自由交由双方当事人立约时意思自治。如果业佃双方对永佃权设定了存续期限,该永佃权被视为租赁,适用民法中有关租赁的条款。1930年《土地法》也强调,声请为永佃权设定或者移转之登记时,声请书应记明佃租数额,其登记原因定有存续期间的也应记明。允许为永佃权设定期限,且有期限的永佃权被视为租赁,显然是将永佃权之物权性质降格为债权性质,永佃权全面沦落了。

(3)租佃实践中

与立法、司法领域中的衰败相伴而来的是,永佃权在民国以来的租佃实践中也呈急剧衰落,传统的永佃习俗难以为继,主要表现在以下几方面:

第一,欠租撤佃。《大清民律草案》设定了永佃权欠租撤佃条款,加之民初大理院司法判例对欠租撤永佃的支持,这种有利于出租人的做法受到了地主们的欢迎,租佃习俗也在悄然改变,欠租撤永佃在民国以来蔚然成风。安徽祁门县租佃习惯中田皮为永佃户所有,如永佃户拖欠地租,地主插牌另行招佃,他佃可以拔牌承种,原永佃户之田皮立即取消。[①] 在江

---

① 章有义编:《中国近代农业史资料 第2辑》(1912—1927),生活·读书·新知三联书店1957年版,第88页。

苏江北地区,永佃地通常每亩收谷 600 斤,纳租 320 斤,永佃权有永久之性质,但永佃农怠于支付地租时地主得销减其永佃权,经地主同意永佃农可将土地让与他人耕作。[①] 江西横峰县横邑地主土地招人承种,凡立"布"字给佃户执凭的即为永佃权之设定,地主不得换佃,佃户可得将布字抵押或转移佃种,地主不得过问。如佃户怠于支付佃租,地主可得起田自种或换佃,所欠租而于以前所收顶价内扣还。[②] 陕西省永佃租约中常有"如犯约内条规,听主另佃无异"。[③]

第二,将永佃变为定期租佃或不定期租佃。民国以来各地农村的经济关系变动颇多,以前实行永佃的很多改成了定期租佃,永佃户日益减少了,现有的永佃户多为百年前之遗留者,在近数十年新佃户中,几乎已没有永佃权之订立。[④] 将已然之永佃转变为定期或不定期租佃的方式不外两种:业主撤回永佃地再以非永佃的方式另佃他人或者业主在不换佃情况下将永佃变为定期或不定期租佃。在广东、山西等地,很多永佃已经变成长期租佃了,业主许诺佃地给原永佃户租种五年、十五年甚至二十年,如佃户完全遵照了地主的这一条件,转变之后业主具有了调换佃户的绝对权力。[⑤] 更有甚者,对于长久以来已经存在的永佃事实,由于原系口头约定或书面租约已灭失,业主否认该永佃权的存在,在浙江一些地区常出现地主取消未持有契约之永佃权现象。[⑥] 原永佃户为了不被地主寻找藉口无端地撤佃从而能继续获得一份土地耕种,不得不迁就于地主的意愿将永佃转变为较长租期的定期租佃。事实上,地主撤永佃之后收田自耕的很少,主要还是增租另佃。

第三,地主恣意撤佃。民国法律和判例确立的永佃权欠租撤佃和地

---

① 前南京国民政府司法行政部编:《民事习惯调查报告录》,胡旭晟、夏新华、李交发点校,中国政法大学出版社 2005 年版,第 149 页。

② 前南京国民政府司法行政部编:《民事习惯调查报告录》,胡旭晟、夏新华、李交发点校,中国政法大学出版社 2005 年版,第 207 页。

③ 罗俊:《永佃权之研究》,载《中农月刊》1945 年第 4 期,第 61 页。

④ 罗俊:《永佃权之研究》,载《中农月刊》1945 年第 4 期,第 58 页。

⑤ [匈]马札亚尔:《中国农村经济研究》,陈代青、彭桂秋合译,神州国光社 1934 年版,第 258 页。

⑥ 实业部中国经济年鉴编纂委员会编:《中国经济年鉴》,商务印书馆 1934 版,第七章,第 81 页。

主需要收地自耕时撤佃规则,为地主们恣意撤永佃提供了"合法"的借口,地主可以故意制造一些麻烦让永佃农无法及时交租或者百般挑剔认为佃户没有正确履行缴租义务,甚至谎称收地自种,以所谓"合法"手段实现撤销永佃权之不当企图。民国浙江二五减租运动中,地主常常藉口佃户欠租或者需要收地自耕等理由,对佃种了数十年之佃户予以撤佃,当佃户们起诉时,多以田面权不确实不能认定为永佃人,仲裁之结果竟多允许地主撤佃,因而佃户们这种默许取得之永佃权,随时有被撤佃可能。[①] 民国时期地价陡涨,在生计日蹙的情形下旗民见有大利可图,屡屡将该永佃地夺佃私卖,以致成为诉讼事端。[②]

永佃权在近代不可逆转的全面衰落,有其深刻的历史必然性。经济上,传统永佃权不能适应近代以来经济发展。政治上,永佃权的衰落与国民政府的打压和限制也不无关联。社会上,社会的动荡、人口的增长和税赋的增加,都对永佃权的维系带来了冲击。法律只是社会生活的反映,永佃权在法律中的衰落只是其在现实生活中衰落的写照。

(二) 一田二主

永佃制实现了所有权和使用权的分离,分别为地主和永佃农享有。只要佃农正常交租,只要土地不灭失,佃农可以永世耕种,地主不得撤佃,佃农的租佃权获得了强有力的保障。永佃制发展成一田二主制之后,土地被分为抽象意义上的田底(或田骨)和田面(或田皮),地主和永佃农分别享有田底权和田面权。永佃农拥有田皮,成为皮主,其对土地享有部分所有权,除了向雇主按时纳租外,其对田面权的行使和处分几乎不受骨主任何限制。这时地主的田底权对皮主佃农而言仅仅只是收租意义,而且在习惯法中,佃农欠租时,地主亦不得夺佃,只能追租。这种习俗在近代江苏、浙江、安徽等地都存在,哪怕是欠租起诉,法庭也只是要求佃农归还欠租,地主不能要求撤佃,也就是说地主没有任何理由要求撤佃。[③]

---

① 罗俊:《永佃权之研究》,载《中农月刊》1945 年第 4 期,第 55 页。
② 章有义编:《中国近代农业史资料 第 2 辑》(1912—1927),生活·读书·新知三联书店 1957 年版,第 89 页。
③ 罗俊:《永佃权之研究》,载《中农月刊》1945 年第 4 期,第 48 页。

由于田底和田面可以分别转让,在田底转让时,佃农的田面权对新的地主仍然有效,佃农的田面权的行使不受地主更换的影响,新主不得撤佃,这叫"换东不换佃",或"倒东不倒佃",这是非常成熟的习俗,也得到官方的认可。而在非永佃制下土地转让时,佃农常常因新主起田自种而失佃。可以说随着田面权的出现,地主的撤佃权已经荡然无存了,这是永佃权对佃农的最大保护意义。关于这一点,赵冈也谈到了本是地主创立的有利于地主的押租制,结果于佃农退佃时地主不愿退押租而允许甚至授意佃农找新佃顶替,由新佃向原佃交顶费,久而久之这种押租制演变成了对地主非常不利的永佃制,最终形成了佃农独立的财产权,地主失去了撤佃权。正是基于永佃权的出现,赵冈认为明清地主未曾有主导权和统治地位。[①]

赵冈此处所讲的永佃权实为田面权意义上的,赵冈看到了问题的实质,"一田二主"制非常有利于佃农,地主的土地处分权大大缩小了。永佃制下佃农的经济地位提高了,他取得了抗衡地主的手段,不必再仰承地主鼻息了。可以说佃农和地主地位的平等从明代法律上的平等上升到了清代经济上的平等。清代的"一田二主"是一项新的土地产权制度,"一田二主"制下永佃农上升为土地的主人。田面权成为清代永佃农一项重要财产,受到他们的珍爱,年轻时靠它养家糊口,年老时也可作为生活保障,死后还可作为祖业留给子孙。[②] 正常年代可以耕种谋生,遇灾害或疾病时也可出卖田皮,获得一份救济。

(三) 永佃制的价值

对于永佃制的价值,必须一分为二地看待,积极和消极方面都存在。

1. 永佃制的正面价值

首先,永佃制下佃农所纳租额较轻。租额低于普通租佃是永佃制的特点,民国时人唐启宇发现,永佃制下地租形态通常采用物租形式,用钱租者较少,业佃之间常依四六或三七比例分配土地收成。[③] 20 世纪 30 年

---

① 赵冈:《从另一个角度看明清时期的土地租佃》,载《中国农史》2000 年第 2 期,第 48 页。
② 周荣:《永佃权与清代农民生活》,载《史学月刊》2002 年第 4 期,第 46 页。
③ 唐启宇:《永佃制有无存在之价值》,载《地政月刊》1935 年第 5 期,第 674 页。

代初期农村复兴委员会对浙江全省地租调查情况显示,永佃田谷租通常占收获量 30% 到 40%,而非永佃地一般在收获量一半以上。[1] 当然永佃权作为租佃习俗,在租率上自然也存在一定的地方差异性,但一般而言还是较非永佃为低。低租利农,这是永佃权带给永佃农最直接的经济效益。

其次,永佃权有利于佃农生活的稳定,有利于农村社会的稳定。佃农历来占农民很大比例,他们生活在社会底层,除了种地多数佃农也没有多少别的谋生机会和谋生能力,一旦没有佃地可种佃农或有幸成为雇农,或者为盗为匪,或者乞讨度日,成为流民,对社会秩序带来极大冲击。民国谢森中认为永佃农有稳定的佃地耕作,地位较高,生活较为安定,有着爱乡爱土地的观念,永佃制有利于农村社会的安定。[2] 唐启宇认为拥有田面权的永佃农社会地位较其他佃农优越,永佃制下佃农置庐舍、安家室,常驻垦地,生活较为安定,江南地区田面权经营得好的永佃农照样也成为富家大户。[3]"有恒产必有恒心",有份长期稳定的佃地耕作,永佃农才能安乡安土专心经营,过上稳定的生活,从而也就增加了社会的稳定和安宁。

再次,永佃权有利于农业生产力的发展。主要体现在三个方面:(1)永佃农不会对永佃地实行掠夺式经营。由于永佃地长久稳定,永佃农往往将其作为生存根本倍加珍惜,在土地的耕作上会从长计议,追求土地农产物持续稳定的收益,不会作出掠夺经营的短视行为。(2)永佃权有利于地力改良。由于耕作权有长期稳定的保障,永佃农愿意不惜工本投入人力、物力改良永佃地,以获得较高的农产收入,也实现了该永佃地价值的升值。(3)永佃制有利于荒地的垦种。为了吸引佃农垦荒,地主常常许之以永佃权,此为永佃权来源之一。开荒一举多利,佃农获得了永佃权,地主获得了持久稳定的地租收入,同时也是对社会人力和地力资源的充分利用,有利于缓和人地紧张的矛盾,有利于农业经济的发展。

最后,永佃制对于地主也有相当的积极意义,突出表现:(1)永佃制下佃农改良地力导致地价的提升,地主在没有任何额外投入情况下直接

---

① 行政院农村复兴委员会编:《浙江省农村调查》,商务印书馆 1934 年版,第 188 页。

② 谢森中:《论租佃制度与粮食增产》,载《督导通讯》1942 年第 5—6 期,第 36—37 页。

③ 唐启宇:《永佃制有无存在之价值》,载《地政月刊》1935 年第 5 期,第 675 页。

获益,如果是分成租制下的永佃此时地主更是获得了地价提升和租额增加双重收益。(2)永佃制为地主省下了频繁换佃之麻烦。永佃权能够将佃农固定在佃地上长期耕作,地主获得了较为稳定的地租收入,不用耗费多少精力去应付繁杂的业佃关系。[1] (3)永佃制下的业佃关系较非永佃制更为简单。非永佃制下因佃户会贪图短期利益,业主需顾及土地肥力和生产力的维持,往往规定作物种类和输栽次序、肥料种类及用量、害虫防治及杂草驱除,甚至还有农具房屋等土地附属物之使用、维修等约定事宜,而永佃制下则不必有如此繁杂之规定,通常也不会为此发生纠纷。[2] 相对而言,永佃制下地主省心省事。

2. 永佃制的负面价值

永佃制负面价值也不少,且在近代以来表现更为明显。

首先,永佃制下存在二地主的残酷剥削。二地主现象是指将租来的土地转租以收取额外小租的行为,转租的过程就是涨租的过程,最终交给地主的大租和交给二地主的小租全部落到实际耕作的佃农肩上,这种剥削的残酷性是显而易见的。虽然二地主现象并非永佃制下独有,非永佃户也常有转租佃地收取小租行为发生,但地主通常禁止佃户转租佃地,而永佃户转租永佃地收取小租现象则为习俗所认可。二地主收取的小租往往高于大租,清代江西宁都租种田皮的佃户,要将收获量的三分之二交给地主和二地主,如租种 50 亩田皮年产谷约 200 石,其中交大租 50 石、小租 70 石,佃种者所得不过 80 石。[3] 大小租总额接近收成的三分之二,可想剥削之重。二地主现象的存在进一步加剧了佃农的贫困,也严重制约了地力的改良和农业生产的提高。

其次,永佃权不利于近代经济的进一步发展。原因主要有两点:(1)永佃权的存在对近代建立资本主义农场和工商企业用地带来一些阻碍。中国历来农村土地占有非常零碎化,明清时期皖南地主从市场上购入的田产非常零碎,常常是几亩或零点几亩的买入,因而地主的

① 莫宏伟:《近代中国农村的永佃权述析——以苏南为例》,载《学术论坛》2005 年第 7 期,第 139 页。
② 唐启宇:《永佃制有无存在之价值》,载《地政月刊》1935 年第 5 期,第 676 页。
③ 吴量恺:《清代的农民永佃权及其影响》,载《江汉论坛》1984 年第 6 期,第 64 页。

田产在分布上非常分散。① 对于资本主义农工商企业用地需求，非永佃之下地主可以轻易撤佃收地再行出租或者转让，而两个产权人的存在给永佃地的转让带来了很大的障碍，作为生存的根本永佃农不会轻易出卖或出租永佃地，因此资本主义工商业用地必然受到很大制约。(2)永佃权的存在不利于资本主义产业工人的大量形成。永佃地成为永佃农家庭生活的依赖，使得永佃农形成一种苟安心理，结果就形成了子孙世代被拴缚在永佃地上永为佃户。② 这种依恋永佃地而世代相守耕作永佃地是一方面，另一方面永佃权也成为束缚佃农被动地为地主种地之锁链，如张益圃所指出的江苏吴江地区，当永佃农自己无力耕种时，不能退租，出卖或出租田面又苦于无人承受，此时这种佃农有点像封建社会中的佃奴。③ 在永佃制不被外力打破情况下，很难设想永佃农会轻易脱离永佃地而加入工商雇工的行列，他们很难成为资本主义产业工人。

最后，永佃权阻碍了"耕者有其田"土地改革目标的实现。土地占有的两极分化带来的是封建地租剥削下佃农的穷困和社会矛盾的激化，只有实现"耕者有其田"才能解放以佃雇农为主体的广大劳苦大众，才能进一步解放社会生产力，化解深层矛盾，增进社会正义与和谐。但永佃权的存在对于实现"耕者有其田"带来不利因素，会成为一种拖累。国民党设想通过和平赎买地主土地的方式解决农民土地问题，由永佃农收买地主田底权的设想是好的，但在田底权强势的民国时期没有政府的强力支持，基本上只是一个幻想。中国共产党领导的新民主主义革命就是要消灭封建地租剥削，解决农民土地问题，最终实现耕者有其田。不打破永佃权土改意义无法实现，打破永佃权又如何补偿永佃农受损的利益，毕竟他们也是弱势群体，这都是土改运动中棘手的问题，直到 1950 年《土地改革法》才确立了较好的解决方案："原耕农民租入土地之有田面权者，在抽动时，

① 赵冈：《中国传统农村的地权分配》，新星出版社 2006 年版，第 110—118 页。
② 段本洛：《永佃制与近代江南租佃关系》，载《苏州大学学报（哲学社会科学版）》1991 年第 3 期，第 107 页。
③ 张益圃：《江苏的土地分配和租佃制度》，载《中国农村》1935 年第 8 期，第 65 页。

应给原耕者保留相当于当地田面权价格之土地。"①

四、苏区的"打土豪、分田地"

土地买卖兼并带来土地占有的不均衡,这种土地占有两极分化现象在近代仍然非常严重,抗战前在全国范围内地主占有乡村 50％以上的土地,地主、富农土地合起来达到 70％到 80％,而占乡村人口 90％以上的中农、贫农、雇农和其他人口仅占有 20％到 30％的土地。② 大量无地、少地的农民为了生存只能成为佃农或半佃农,1936 年全国各省佃农户数占农户总数比例之平均数为 30％,半佃农为 24％。③ 1927 年中共五大通过的《土地问题决议案》指出,田租大概占农民全部收入 50％。④ 高额的封建地租是导致佃农极端贫困的主要原因,废除封建性地租剥削、实现耕者有其田是解决农民贫困和发展农村经济的必然出路,中共领导的苏区"打土豪、分田地"就是通过革命的方式没收地主土地,分给广大无地少地的农民,满足农民的土地需求,实现"耕者有其田",这是新民主主义革命反封建的主要内容。

(一)"打土豪、分田地"的主要内容

"打土豪"就是斗地主,既有政治上的斗争,也有经济上的斗争,最根本的是没收其土地。苏区"打土豪、分田地"土地革命运动,主要涉及三个问题。

首先,没收谁的土地。仅仅没收几个大地主的土地来分田肯定是远远不够的,而且也没有摧毁地主制经济的根基。地主有大、中、小地主,富农往往也存在出租或雇工剥削,富农的土地要不要没收,没有现成的经

---

① 《中华人民共和国土地改革法》(1950 年 6 月 28 日),载《中国的土地改革》编辑部、中国社会科学院经济研究所现代经济史组编:《中国土地改革史料选编》,国防大学出版社 1988 年版,第 644 页。

② 严中平等编:《中国近代经济史统计资料选辑》,中国社会科学出版社 2012 年版,第 180 页。

③ 严中平等编:《中国近代经济史统计资料选辑》,中国社会科学出版社 2012 年版,第 176 页。

④ 中央档案馆编:《中共中央文件选集》第三册(一九二七),中共中央党校出版社 1989 年版,第 60 页。

验,一切都有待于革命中的探索。从 1928 年《井冈山土地法》"没收一切土地",到 1929 年《兴国土地法》"没收一切公共土地及地主阶级的土地",再到 1931 年《中华苏维埃共和国土地法》又将范围扩大为:所有地主、豪绅、军阀、官僚以及富农的土地(无论自营或出租)、公共土地。随后几年,各苏区没收土地基本稳定在这一范围了。直到 1935 年 12 月 6 日《中央关于改变对富农的政策的决定》发布后,才将富农土地的没收范围缩小为"出租的土地",对其经营的土地不没收。至此,苏区没收土地的对象和范围在政策法律层面臻于成熟了。从总体上讲,没收富农出租的土地是应该的,除了较地主土地为少外,富农出租土地剥削在性质上与地主并无区别,剥削程度可能更厉害,因为富农地产小会更计较厉害。

其次,哪些人能参加土地分配。《井冈山土地法》《兴国土地法》都只是简单列举了农民、乡村手工业工人、红军及赤卫队官兵几类分田对象。《中华苏维埃共和国土地法》详细列举了分田的对象:雇农、苦力、贫民、富农、失业的独立劳动者、老弱病残、孤寡、红军。1931 年《江西省苏维埃政府对于没收和分配土地的条例》进一步明确了豪绅地主及家属与领导反水的富农,全家不得分田,过去分配的必须收回,同时又补充规定了一些授田对象:医生、农村教师失业半年以上者、以宗教为副以耕田为主的和尚、尼姑、道士、斋公、算八字的、地理先生、基督教天主教牧师、神父,等等。该法还规定商人不分田,有工做的工人不分田,政府工作人员有分田必要时才分田。此外,早期的《井冈山土地法》《兴国土地法》《土地暂行法》(1930 年)都没有禁止地主、富农参与土地分配,直到 1931 年《中华苏维埃共和国土地法》才定下了"地主不分田,富农分坏田"的调子,这是一种矫枉过正的左倾行为。地主不分田的政策在 1936 年 7 月 22 日中央发布的《关于土地政策的指示》中作了改正,规定在没收之后分以份地供其耕种和生活。

最后,如何"分田地",涉及三方面:

其一,分配单位多大。《井冈山土地法》和《兴国土地法》中分配的区域单位主要是乡,以一乡为一单位。如遇特别情形也可以几乡或区为分配单位。《土地暂行法》规定,分配土地以乡为单位。《苏维埃土地法》原则上也是以乡为单位分田,但遇几乡毗连且各乡内土地多少不均时,可以三四乡为一单位。《中华苏维埃共和国土地法》没有明确规定土地分配单位。1931年《江西省苏维埃政府对于没收和分配土地的条例》和1934年《湘鄂川黔省革命委员会没收和分配土地的暂行条例》则将分配单位原则上规定为乡，但如多数贫中农意见倾向于以村为单位时，以村为分配单位。比较而言，以区为分配单位太大不便操作，且分的田过远不便于耕种，以村为单位又容易被大姓家族势力所操纵，对小姓不利。在权衡利弊基础上，毛泽东同志认为，正当的办法是以乡为单位分配。[①]

其二，按人口平分，还是按劳力分。关于分配的标准共有三种方法：按人口分、按劳力分、按人口和劳力混合标准分。在《井冈山土地法》和《兴国土地法》中都确立了两种分配标准：按人口男女老幼平均分为主要标准，如有特殊情况可采用第二种标准，即劳动力标准，能劳动者分配的土地为不能劳动者的两倍。之所以将按人口平均分作为主要标准，土地法条文中谈到的理由有三：（1）在社会保障不发达现状下，老幼分田过少，难以维持生活；（2）男女老幼平均分操作起来方便；（3）没有老小的人家很少。按人口男女老幼平均分的如1930年《闽西第一次工农兵代表大会土地法令》，按劳动力标准分地的如1934年黔东特区《没收土地和分配土地条例》，采用人口和劳动力混合分配标准的如1931年《中华苏维埃共和国土地法》。按劳动力分土地，有利于富农，因为富农家庭劳动力往往比较充足；按人口分有利于广大贫农，但可能会产生一些不利后果，地多劳力少、无力耕种，产量会降低，甚至会导致私下出租。

其三，中农的土地如何分，是交出自己土地一起重分还是原地不动、补齐不足。在颁布较早的《井冈山土地法》和《兴国土地法》中没有注意到中农分地问题，条文中没有提及。1930年湘鄂西《土地革命法令》规定，不动中农的土地，土地有余时，可分配一部分给非富裕的中农。《中华苏维埃共和国土地法》强调，平分一切土地的办法不能用政府命令来强制执行，"如多数中农不愿意时，他们可不参加平分。"即中农是否参加平分任其选择，如多数中农不愿不得强迫，更不能用政府命令来强制平分一切土

① 毛泽东：《分青和出租问题》(1930年11月15日)，载《毛泽东农村调查文集》，人民出版社1982年版，第279页。

地。1931年《江西省苏维埃政府对于没收和分配土地的条例》进一步明确,中农是否与贫雇农一律平分土地,由中农自己来决定。如中农中多数愿意平分,即使少数人不愿意,应即实行平分。如中农中多数欲保存原有土地,不愿平分,应不实行平分,少数愿平分者仍给其平分的权利。该法对两种情形下的分田方法都明确作了规定,便于操作。1931年中央强调:"要给中农以土地革命的实际利益,就是中农所有的土地比雇农贫农所分得的较多些,我们不能以平均分配一切土地的口号,去分配他们的土地。"①只有不损害中农利益,才能联合中农参加革命。

(二)"打土豪、分田地"革命意义

1. "打土豪、分田地"是一场经济革命

"打土豪、分田地"关键是分田地,这决定了其核心性质是经济革命,只有分了土豪的地,满足了农民的土地需求,农民才会支持中共领导的土地革命。"打土豪、分田地"之经济革命性质主要表现在三个方面:

第一,实现了"耕者有其田"之伟大理想。在中国几千年农业社会中,"耕者有其田"始终是农民们的梦想,然而无论是魏晋至隋唐的均田制,还是洪秀全的太平天国运动、孙中山先生的"耕者有其田"政策,都没有从根本上解决农民的土地问题,这一问题被历史地留给了中共。在1925年,革命先驱李大钊同志提出了"耕地农有"伟大思想:"国民革命政府成立后,苟能按耕地农有的方针,建立一种新土地政策,使耕地尽归农民,使小农场渐相联结而为大农场,使经营方法渐由粗放的以向集约的,则耕地自敷而效率益增,历史上久久待决的农民问题,当能谋一解决"②。认为只有通过"耕地农有"才能彻底解决农民生存问题和农村经济发展问题,深谋远虑,极富洞见。毛泽东同志也谈到"土地问题不解决,经济落后的国家不能增加生产力,不能解决农民的生活痛苦,不能改良土地。"③中共领导的苏区农民"打土豪、分田地"没收地主土地后,在分田对象上实现了最

---

① 《中央关于"平分一切土地"的口号的决议》,载韩延龙、常兆儒编:《中国新民主主义革命时期根据地法制文献选编》(第四卷),中国社会科学出版社1984年版,第23页。

② 李大钊:《土地与农民》,载中共中央党校党史教研室选编《中共党史参考资料》(二),人民出版社1979年版,第188页。

③ 《毛泽东文集》(第一卷),人民出版社1993年版,第43页。

大程度上的平等：不分年龄、不分性别。苏区的"打土豪、分田地"运动改变了不合理的土地占有关系，使土地真正回到生产者手里，在苏区范围内实现了"耕者有其田"。

第二，消灭了封建地租剥削。毛泽东同志在 1933 年《怎样分析农村阶级》一文中，就深刻揭露了地主的阶级属性及其剥削手段："占有土地，自己不劳动，或只有附带的劳动，而靠剥削农民为生的，叫作地主。地主剥削的方式，主要地是收取地租，此外或兼放债，或兼雇工，或兼营工商业。但对农民剥削地租是地主剥削的主要的方式。"[1]地租的剥削程度，毛泽东在 1930 年《兴国调查》中发现，在兴国第十区地租约占农作物收成的 50％到 60％，[2]占耕地收成一半左右的高额地租，再加上种地的成本和苛捐杂税，造成了佃农极度贫困。在没收地主土地后，苏区铲除了封建性地租剥削。早期的《井冈山土地法》《兴国土地法》《土地暂行法》都禁止一切租佃，以防止封建地租剥削死灰复燃以及新的土豪产生，由于绝对禁止一切租佃不利于生产力的充分发展而且导致了缺乏劳动力家庭土地无法耕作，土地革命后期的土地法逐渐允许和放开了业佃间平等、自愿、互利新型租佃关系，这是对高额地租下不对等的封建租佃关系之历史扬弃，具有进步意义。

第三，促进了农业生产力的发展。拥有了属于自己的土地，农民们的生产热情极大地提高了。不少男性加入红军后，女人们成为了苏区生产的主力军，甚至以前的二流子也安心种地了。为了保障土地的有效耕种，充分发展农业生产，苏区政府出台了一系列制度性措施。对于红军家属的土地和红军公田，号召组织群众代耕。对于孤儿寡母等缺乏劳动力家庭的土地，实行请人代耕和允许一定条件下的出租。为解决极贫农户缺乏生产工具问题，1930 年《中共中央政治局关于苏维埃区域目前工作计划》提出"苏维埃政府应当竭力赞助制造耕具的手工业或合作社的发展，设法帮助贫农能够用贱价购得耕具，没收地主及其他反革命分子的耕具，

① 《毛泽东选集》（第一卷），人民出版社 1991 年版，第 127 页。
② 中共中央文献研究室、中国井冈山干部学院编：《毛泽东中央革命根据地斗争时期调查文集》，中央文献出版社 2010 年版，第 149 页。

要适当的分配给贫农"①。湘赣苏区则将没收富农家里多余的农具、耕牛、肥料分给缺乏农具的农民,以保障他们生产的开展。此外,政府通过政策引导和适当的奖惩措施来激发群众的劳动积极性。

2. "打土豪、分田地"也是一场政治革命

第一,摧毁了土豪劣绅这一封建剥削阶层。摧毁土豪劣绅主要有三种方式:(1)人身消灭。对于欺压百姓、横行乡里、恶贯满盈的土豪,无情处决。处死罪大恶极的土豪劣绅,大快人心,也能杀一儆百。1927年12月15、16两日,南雄县委委员带领农军杀了全县著名南雄联团局长卢焜、南雄清党委员黄逸品和县委部改组员麦显荣、彭永福后,土劣尽行逃避。② 1928年2月,枪毙了宁冈县伪县长张开阳之后,农民势力大振,大陇区一带随即开始了分田。③ (2)财产没收。没收土豪的财产更有意义,特别是土地的没收和分配,在满足贫苦农民土地需求的同时,也摧毁了土豪地租剥削之根本。财产是土豪劣绅身份、社会地位和权势赖以存在的基础,通过釜底抽薪式的没收财产,土豪们昔日的地位和权势将无法维系。(3)权力剥夺。土豪之所以能横行乡里,因为他们通常还掌有一定的权势,或为官僚任职官府,或为劣绅称霸一方。要彻底打倒土豪,必须剥夺他们的政治权力,对此苏区的法律毫不含糊,"苏维埃是工农民主专政的政权机关"④,无论是苏区政府,还是革命委员会乃至农民协会,这些权力组织对土豪劣绅都是排斥的。剥夺了政权和财权,并最终将他们改造为自食其力的劳动者,因此在苏区革命运动所及范围内,土豪劣绅阶层得到了较为彻底的扫荡。

第二,吸引农民参加革命。"打土豪、分田地"是中共领导下的农民革命,农民是土地革命的主力军。只有满足了农民的利益,农民才会拥护共

---

① 《第二次国内革命战争时期土地革命文献选编》编写组编:《第二次国内革命战争时期土地革命文献选编》(一九二七——一九三七年),中共中央党校出版社1987年版,第367页。

② 中央档案馆、广东省档案馆编:《广东革命历史文件汇集(1928—1931)》,第54页。

③ 《井冈山革命根据地的经济斗争》编写组编:《井冈山革命根据地的经济斗争》,江西人民出版社1978年版,第22页。

④ 《中华苏维埃共和国第二次全国苏维埃代表大会关于苏维埃建设的决议案》(一九三四年一月第二次全国苏维埃代表大会通过),载韩延龙、常兆儒编《革命根据地法制文献选编》(上卷),中国社会科学出版社2013年版,第324页。

产党,才会支持革命。如任弼时所言:"群众长期处于地主和军阀的压迫下,打土豪、分田地在当时是为他们谋利益的,群众就比较容易发动起来。"①通过"打土豪、分田地",苏区农民被空前地组织到了革命中来,"在井冈山时期,就是打土豪、分田地,解决了农民提出来的这方面的要求,农民的积极性就起来了,出兵出粮,同军队一块战斗,男女老幼都动员起来。根据地有农民组织、妇女组织,儿童也组织了起来放哨"②。农民之所以拥戴中共"打土豪、分田地"之土地革命,是因为革命给他们带来了切实利益。在这个问题上毛泽东同志具有非凡的洞察力,提出了"谁赢得了农民,谁就会赢得中国""谁能解决土地问题,谁就会赢得农民"③重要论断。通过分田地解决了农民土地问题,也就解决了新民主主义革命的兵源和财源两个重要问题。

3. "打土豪、分田地"还是一场社会革命

第一,"打土豪、分田地"给予了农民生存保障。近代我国农村土地占有极不均衡,占人口极少数的地主占有了大量的土地。就苏区而言,土地革命前兴国第十区占人口总数 1% 的地主占有 40% 的土地,占人口数 60% 的贫农仅占 5% 的土地,而雇农、手工工人和小商人都是无地户。④ 就这一数目而言,地主平均占有的土地是贫农的 480 倍,土地占有之两极分化触目惊心。寻乌旧有土地占有情形是,占农村人口比例 3.445% 的地主占有 30% 的土地,而占人口比例 92.555% 的富农、中农、贫农、雇农之占地总和不超过 30%。⑤ 土地占有极端不均衡导致的结果是广大佃农"呻吟于租期无定、租额奇重的压榨之下"⑥,生活凄苦,灾年甚至会导致经营的破产。生存所迫,佃农家庭常依赖于借高利贷,同时受着地租和高利贷的双重盘剥,面临生存之忧。毛泽东同志寻乌调查发现,

---

① 《任弼时选集》,人民出版社 1987 年版,第 282 页。

② 《邓小平文集》(一九四九——一九七四年)(下卷),人民出版社 2014 年版,第 339 页。

③ [美]洛易斯·惠勒·斯诺编:《斯诺眼中的中国》,王恩光译,中国学术出版社 1982 年版,第 47 页。

④ 中共中央文献研究室、中国井冈山干部学院编:《毛泽东中央革命根据地斗争时期调查文集》,中央文献出版社 2010 年版,第 148 页。

⑤ 中共中央文献研究室、中国井冈山干部学院编:《毛泽东中央革命根据地斗争时期调查文集》,中央文献出版社 2010 年版,第 68 页。

⑥ 黄通:《中国租佃问题及其解决方案》,载《地政月刊》1936 年第 4—5 期,第 585 页。

有五家农户为了生存不得已卖奶子（儿子）。[①]"打土豪、分田地"之土地革命，没收分配了地主们的土地，满足了广大农民的土地需求，苏区早期的土地法禁止了土地租佃，广大佃农、半佃农转变成了自耕农，终结了其佃农身份，撕毁了传统的租契、债契，实现了1929年红军第四军司令部布告中所说的"地主田地，农民收种，债不要还，租不要送"[②]。解除了佃农肩上沉重的经济负担，土地的相对平均分配使得农民们获得了一份生存保障，这是"打土豪、分田地"带给农民们的最大福利。

第二，实现了财富和社会权力的下移。"打土豪、分田地"没收了地主的田产，将土豪金钱、房屋、牲畜乃至生产工具等财富分给广大穷苦百姓，如学者所言"打土豪筹款是分配领域的活动，是对社会财富的一种再分配"[③]。除了这种直接将土豪剥削来的财富还之于民之外，分地之后的农民耕种自己的土地，创造了更多属于自己的财富。"红色区域在建立的头一二年，农业生产往往是下降的。但是经过分配土地后确定了地权，加以我们提倡生产，农民群众的劳动热情增长了，生产便有恢复的形势了。现在有些地方不但恢复了而且超过了革命前的生产量。有些地方不但恢复了在革命起义过程中荒废了的土地，而且开发了新的土地。"[④]可以说，"打土豪、分田地"在一定程度上实现了社会财富的下移和占有的相对均衡。与之相伴随的还有社会权力的下移，"打土豪、分田地"运动摧毁了土豪劣绅长期以来掌控的地方各级政权，建立了属于劳苦大众的人民政权，1934年的《中华苏维埃共和国第二次全国苏维埃代表大会关于苏维埃建设的决议案》明确指出了苏维埃政权机关的性质为工农民主专政，[⑤]各级苏维埃政权排斥土豪地主而赋予广大农民切实的政治权力。

4."打土豪、分田地"推动了文化革命

这种文化革命突出体现在两个方面：

---

① 《毛泽东文集》（第一卷），人民出版社1993年版，第215页。
② 《毛泽东文集》（第一卷），人民出版社1993年版，第52页。
③ 王精：《学习毛泽东关于军队参加生产的论述，搞好新时期军队的生产经营》，载国防大学后勤教研室编《毛泽东军事经济思想新论》，国防大学出版社1994年版，第398页。
④ 《毛泽东文集》（第一卷），人民出版社1993年版，第131页。
⑤ 韩延龙、常兆儒编：《革命根据地法制文献选编》（上卷），中国社会科学出版社2013年版，第324页。

第一，组织制度层面。在党和政府的领导之下，苏区文化出现了两大创新：(1)教育的普及。苏区建立了面向社会底层民众的普遍平等的教育，"各主要苏区想方设法，开展了形式多样的文化普及教育活动，开办学校、夜校，组织识字班、扫盲组，成立读报团、俱乐部等"①。针对不同的人群，苏区建立了各种学校组织，开展了丰富灵活的群众文化教育，列宁小学几乎村村都有，而且农民的孩子完全享受免费教育，夜校、识字班、扫盲组致力于群众的扫盲识字。(2)报刊的繁荣。作为重要的宣传阵地，报刊是党和政府政策宣传之咽喉，也是社会民情和舆论交流媒体，中央苏区已有大小报刊几十种。党在苏区的第一份中央机关报《红色中华》1931年12月诞生于江西瑞金，1933年2月中共中央的政治理论机关刊物《斗争》创刊了，此外影响较大的还有1931年创刊的《红星》报和《青年实话》。通过学校教育提高了苏区民众的文化素质，通过报刊等大众媒体宣传了党和政府的方针政策，传播了新思想新观念，这些都是诞生于并服务于"打土豪、分田地"群众运动。

第二，观念层面。"打土豪、分田地"所带来的苏区文化革命，在思想观念上亦有丰富体现：(1)对剥削罪恶的揭露和痛斥。阶级剥削和民族压迫，是中国农民痛苦的直接根源。1929年6月《中共六届二中全会土地问题报告记录》中揭露了地主剥削农民的两种基本方式：纯粹封建制度的剥削和资本主义式剥削，前者为农奴制度剥削地租，后者为雇用雇农剥削剩余价值。② 1936年广西右江上游革命委员会印发的《敬告群众书》深刻指出："我们操劳叫苦连天，穿的褴褛衫裤，吃的菜薯稀粥，住的茅房漏屋，且时有苦死之忧！这完全由于受着土豪劣绅、地主、资本家、军阀、国民党、帝国主义重重的压迫剥削给我们痛苦啊！"③在揭露和痛恨剥削残酷性基础上，打土豪就是要将土豪不义之财返还给军民群众。苏区政府法令通常规定，对于农民欠地主之租谷和债务，一概取消不予偿还。

① 余伯流、何友良主编：《中国苏区史》(下)，江西人民出版社2011年版，第987页。
② 《第二次国内革命战争时期土地革命文献选编》编写组编：《第二次国内革命战争时期土地革命文献选编》(一九二七——一九三七年)，中共中央党校出版社1987年版，第97页。
③ 中共广西百色地委党史办公室等编：《滇黔桂边区革命根据地》，中共党史出版社1999年版，第21页。

(2)对平等思想之呼吁和贯彻。"打土豪、分田地"之土地革命推翻了苏区社会旧的等级特权,在最广泛范围内实现了最大程度的平等。这种平等突出体现在两点:其一,人民内部各阶层的平等。政治上,工农兵、知识分子等各阶层民众享有普遍平等的选举权和被选举权;经济上,苏区各阶层民众能够平等地参与土地分配。其二,男女平等。除了分地上男女平等外,政治权利上的男女平等也得到了极大的贯彻,苏区政府中涌现了大量的女干部。"苏区模范县兴国全县有 30 多位妇女担任乡政府副主席,而当选为各种委员会委员者难以计数。"[1]川陕苏区政权机关中女干部将近四分之一。[2] 此外,苏区婚姻法规定了婚姻自由、一夫一妻、禁止纳妾等内容,极大地实现了男女婚姻家庭上的平等。(3)对迷信的破除。苏区伴随农民愚昧的是迷信的盛行,"兴国的迷信鬼神,可以说是应有尽有,一年三百六十五天,没有一天不是在迷信鬼神之中"[3],这些迷信中不无阶级剥削、压迫之愚民色彩。在党和政府领导下,通过对地主剥削的揭露,通过"打土豪、分田地"之群众运动,通过广泛的宣传教育,以及通过生活条件的改善,群众心中的迷信阴霾逐渐破除了,取而代之的是用革命的理想、共产主义信念和文化科学来武装民众的头脑。

5."打土豪、分田地"促成了法律革命

"打土豪、分田地"之剥夺剥削者的暴力革命势必引起地主们的强烈抵制,激化农村的阶级矛盾,为了镇压地主阶级的反抗和保障没收分地工作的有序进行,也为了巩固土地革命成果,苏区政府制定颁布了一系列新的法律。与"打土豪、分田地"联系最为密切的是宪法、土地法和刑法。

第一,"打土豪"促进了苏区宪法的诞生并决定了宪法的重要内容。打土豪是土地革命的开端,甚至在苏区政府还未建立起来时,党就领导了红军和群众开展打土豪运动。要建立和巩固新生政权以领导群众运动的开展,要剥夺土豪劣绅的政治权利,要实现人民群众真正的当家做主,迫切需要通过立宪来规定政权性质、政权的组织、人民的权利和专政的对象,对此苏区出台了宪法、选举法和各级政府组织法。1931 年《中华苏维

---

① 余伯流、何友良主编:《中国苏区史》(下),江西人民出版社 2011 年版,第 974 页。

② 余伯流、何友良主编:《中国苏区史》(下),江西人民出版社 2011 年版,第 974 页。

③ 余伯流、何友良主编:《中国苏区史》(下),江西人民出版社 2011 年版,第 983 页。

埃共和国宪法大纲》规定了中国苏维埃所建立的是工人和农民的民主专政国家,苏维埃全部政权属于工人、农民、红军及一切劳苦民众,并赋予了由这四种人及其家属组成的苏维埃公民十六岁以上时普遍的选举权和被选举权,同时明确地剥夺了军阀、官僚、地主、豪绅等剥削者和反革命分子政治权利。选举法进一步将人民的选举权和被选举权落到实处,完善了具体的选举制度,最终以人民的政权取代封建军阀官僚和土豪劣绅的政权。

第二,"分田地"直接催生了苏区土地法并使得分田运动获得了土地法之规范和有力保障。苏区分田地这一伟大的群众运动不是盲动,是在党和政府领导之下有序开展的,既有武装暴力,又有政治斗争和法律斗争,而且只有借助于法律这种文明形式才能获得持久的保障。没收谁的田、没收哪些田、哪些人能参加土地分配、如何分田、获得土地的群众享有哪些土地权利、土地可否出租转让,等等诸多问题,都需要土地法来解决。面临这一全新的历史课题,苏区土地法经历了从实践到立法、从立法到实践多次反复,在克服左倾思想基础上渐趋完善。土地法赋予分地之后农民的土地权属,也从早期的使用权逐渐发展为 1931 年之后的所有权。

第三,最后也是最根本的,"打土豪、分田地"之真正贯彻离不开刑法强有力的保障,特别是刑法中所规定的反革命罪。中央立法层面如 1934年《中华苏维埃共和国惩治反革命条例》第二条界定了反革命行为:"凡一切图谋推翻或破坏苏维埃政府及工农民主革命所得到的权利,意图保持或恢复豪绅地主资产阶级的统治者,无论用何种方式,都是反革命行为。"[1]依据该法,对于组织反革命武装军队及团匪、土匪侵犯苏维埃领土者,对于组织各种反革命团体反对和破坏苏维埃以意图维持或恢复豪绅地主资产阶级统治者,对于以反革命为目的混入苏维埃机关或苏维埃经营的事业以意图窃取或破坏苏维埃政权及其事业者,情节较重时均可处以死刑。地方刑事立法中同样可见类似规定。这些规定与"打土豪、分田地"运动密切相关,防止了土豪劣绅对分地运动的阻挠和破坏以及土豪的

---

① 韩延龙、常兆儒编:《革命根据地法制文献选编》(中卷),中国社会科学出版社 2013 年版,第606 页。

复辟和对苏维埃政权的侵夺,为土地革命运动的开展提供了强有力的保障。

五、民国中期的国共减租运动

秉承大革命时期湖南、湖北、江西等地风起云涌减租运动之余脉,民国中期在浙江、江苏、湖南、湖北、广东等国统区和各抗日根据地,国共两党各自领导和开展了一定程度的减租运动。减租是民国中期国共两党土地政策和法律中都存在的重要内容,国共的减租既有共性统一的一面,同时又貌合神离。

(一) 国共减租之共性

首先,国共减租都以承认和保护地主的地权为前提。1931 年《中华民国训政时期约法》第 16 条规定:"人民之财产非依法律不得查封或没收",第 17 条进而明确了人民财产所有权的行使受法律保障。1930 年民国《土地法》规定,中华民国领域内的土地经人民依法取得所有权者为私有土地,耕地可以依法成为人民私有财产。依法保护地主的土地所有权,是国统区减租运动的前提。中共方面,1942 年《中共中央关于抗日根据地土地政策的决定》强调了保障地主的人权、政权、地权和财权。保护地主地权亦明确见于各根据地宪法性文件,如 1940 年《晋察冀边区目前施政纲领》和 1941 年《晋冀鲁豫边区政府施政纲领》都规定了保障一切抗日人民的财产所有权,1941 年《陕甘宁边区施政纲领》规定:"保证地主的土地所有权"。根据地减租同样是在保障地主地权前提下进行的,除出现少数过左现象外,地主地权在中共领导的减租运动中得到了整体上的保护。

其次,国共都出台了大量的减租法律。南京国民政府规范减租或限制租额的中央立法主要有 1927 年《佃农保护法》、1930 年《土地法》及 1932 年《租佃暂行条例》,开展减租活动的省份也颁布了不少地方性法律,如 1929 年《浙江省佃农二五减租暂行办法》、江苏 1930 年《修正江苏省暂行交租条例》和湖北 1941 年《湖北省减租实施办法》。抗战时期中共由于没有统一的中央政府,也就没有各根据地统一的减租法律,但各根据地根据党的减租政策制定了大量的减租条例,代表性的有 1938 年《晋察冀边区减租减息单行条例》、1941 年《晋冀鲁豫边区土地使用暂行条例》、1942 年《山东省租佃暂行条例》、1944 年《陕甘宁边区土地租佃条例(附说明)》。从形式上讲,国共减租运动都是有法律依据的法律实践活动。

再次,减租标准的多样化。中共领导的减租运动,在减租率上存在一些地区差异,有二五减租、三七五减租、五一减租,对于活租、伙种和安庄稼减租额度亦有不同,甚至对于贫困抗属、孤儿寡母的出租地不减租,减租标准颇为灵活。毛泽东同志也曾强调租息不可减得太多,有时可以适当少减一点。[①] 国民政府 1930 年《土地法》规定,地租不得超过耕地正产物收获总额的千分之三百七十五,即三七五减租,由早期的“二五减租”发展而来。在 1932 年《租佃暂行条例》、1929 年《浙江省佃农二五减租暂行办法》和 1941 年《湖北省减租实施办法》中,均规定了 37.5% 的地租上限。此外,有些民国法律设定了不同的减租标准,如 1927 年《佃农保护法》将地租上限限定为耕地收获量的 40%,1930 年《修正江苏省暂行交租条例》规定地租不得超过正产物收获总额的 35.2%,分成租佃户得六成至七成。因地制宜的减租标准同样体现了较好的灵活性。

最后,佃权保障与佃农保护。“减租减息,保障佃权”是抗战时期中共租佃债息政策的完整表述,保障佃权是根据地减租法的核心内容,1942 年后出台的《晋西北减租交租条例》《陕甘宁边区土地租佃条例(附说明)》《山东省土地租佃条例》等租佃法律,普遍使用了“佃权”概念,通过严格规范和限制地主的撤佃权,逐步健全了承佃人佃权保障制度。同样保障佃农权益、禁止地主随意撤佃也是民国土地法中的重要内容,早在 1927 年国民政府就出台了专门的《佃农保护法》,民国《民法》《土地法》中有不少佃农权益保护规范。这些法律赋予了佃农对于佃地的使用收益权、耕地改良权和一定条件下承买、承租优先权。此外,1930 年《土地法》明确规定了地主的撤佃条件,并禁止出租人预收地租和收取押租,这些规定为佃农租佃权益提供了基本的法律保障。

---

① 毛泽东:《论政策》,载《毛泽东选集》(第二卷),人民出版社 1991 年版,第 767 页。

(二) 革命与守成——国共减租目的之异

在国共合作共同抗日和建立民族统一战线的抗战时期,没收地主土地行不通,只能实行减租,减租虽为改良,亦有重大革命意义。毛泽东同志1940年在《论政策》中明确讲到,"实行减租减息,方能发动基本农民群众的抗日积极性"①。邓小平同志1943年也曾指出,根据地的减租减息是为了充分发动群众打下统一战线的坚实基础,这是发挥群众伟大抗日力量所必须的。除了服务于民族抗战的需要,对中共来说,减租运动是发动群众闹革命之重要形式。如果不减租,农民发动不起来,离开了广大农民中共领导的新民主主义革命如何成功。除了政治革命之外,中共还试图通过减租运动来提高佃农的购买力从而使得更多的土地通过交易从地主手中转移至佃农手中以达到适度平均地权之经济革命目的,1943年中共《西北局关于进一步领导农民群众开展减租斗争的决定》明确地指出了这一点,通过非暴力方式,在一定程度上促成"耕者有其田"。

对国民党来说,减租只是他们土地法中一个不起眼部分。国民政府1930年《土地法》内容非常庞杂,减租只是其"耕地租用"中区区几个条文。国民党作为当时唯一的执政党,不存在团结群众继续革命的问题,他们减租目的首先是缓和阶级矛盾,维护统治秩序,其次才是减轻佃农地租负担,发展农村生产力,至于从实质上减轻佃农的地租负担,这并非他们关注的核心。如左用章所言,"国民革命时期,国民党需要农民支持,便作出了'二五减租'的决议。当农民运动蓬勃兴起,提出本阶级的要求之后,国民党蒋介石集团就站到了人民革命的对立面。"②换言之,在土地革命开始后,国民党害怕农民运动,害怕农民政治觉悟的提高会威胁其统治的稳定。正是这种守成性,注定了国民党的减租运动难以真正开展,最终只能在浙江、江苏、湖北等地昙花一现。陈诚的鄂西减租虽然力度不小,但其直接动因是适应抗战需要,通过减租缓和社会矛盾,释放农村生产力,

---

① 毛泽东:《论政策》,载《毛泽东选集》(第二卷),人民出版社1991年版,第767页。
② 左用章:《民国20年代后期浙江等地"二五减租"的昙花一现》,载《淮北职业技术学院学报》2004年第2期,第22页。

从性质上讲还是守成之下的改良。

(三) 农民与地主——减租立场之异

减租是地主和佃户间利益之调整,在减租问题上中共始终站在农民立场,因为减租实质是解决农民问题,而农民是革命的坚实依靠力量。毛泽东同志曾清楚地指出,"农民问题不在现在的革命运动中得到相当的解决,农民不会拥护这个革命"[①]。虽然除了减租之外,中共还强调交租,但交租本是佃户义务,并没有增加佃户额外负担。而且,在强调佃户交租义务的同时,各根据地租佃法通常规定佃户对于地主历史欠租一定程度上的减免,这是减租法带给广大佃户们又一福利。体现中共减租更多地维护农民利益、站在农民立场的,除了减少租额之外,还有对传统租佃陋俗中的佃户送工、年节送礼、押租、预租等额外剥削的取消,以及对因灾歉收时减免租额的规范,这些都是各根据地减租法中不可或缺的重要内容。另外根据地减租法中的大量佃权保障条文,将保障佃权提到了很高的地位。对于多数依靠种地为生的佃农来说,保障了佃权也就保障了他们的生存权。

与中共不同,国民党则是大地主大资产阶级利益的代表,站在他们角度来考虑减租问题。国民党本身的官僚地主利益集团性质,决定了他们土地法的核心是保护地权,他们开展浩繁的地籍整理、土地登记充分体现了这一点,在地主占有多数土地的时代,强调保护地权无疑最有利于有产者地主。最能淋漓尽致体现国民党站在地主立场上的减租态度莫过于1941年6月22日蒋介石在演讲中所说的,由地主自行报价,政府只是依照法定税率照价纳税,土地仍归原主所有,涨价归公对于地主固有权利和既得利益并无丝毫损失。国民政府在不触犯地主们根本利益的前提下,幻想他们开明减租,在阶级立场上本身就是一个深刻的矛盾。

(四) 法令减租与运动减租——减租手段之异

虽然浙江、湖北等国统区开展过减租活动并取得了一定成绩,但为时

[①]《毛泽东文集》(第一卷),人民出版社1993年版,第37页。

不久即以失败告终。从整体上讲,国民党的减租大多只是停留在法令层面,并没有真正贯彻实施,徒具法律形式而已,只能称为法令减租。事实上,抗战时期由于双重政权的存在,国民党利用地主"限共""防共",打心里不愿意推行减租。因此,纵使土地法中规定了一些减租条文,国民政府并没有多大诚意去推行,以致抗战时期国统区呈现出大范围的涨租、加押。针对国统区这种租佃问题恶化、经济衰退、民不聊生现状,1942年王一青仍在呼吁"减租与保障佃农二事,乃为目前迫不容缓的工作。"①乔启明也指出了业佃纠纷归法院受理的弊端:佃农受知识和财力的种种限制,通常处于不利的地位。② 可见,国民政府之减租法令对佃农而言形同虚设。

相反,根据地的减租则是以群众运动的形式开展,中共将减租作为群众运动的重要内容。在减租实践中,中共批判和纠正了减租初期党内的一些"恩赐""包办"观念,强调了减租中群众的依靠力量和主体地位。刘少奇同志1942年对山东省群众运动没有发动起来、没有坚决贯彻减租减息运动提出了严厉批评,他指出一些领导同志缺乏群众观念,没有关心群众疾苦,没有解决群众切身利益。③ 在少奇同志看来,没有发动群众,一切工作都要失败。在地主强势的近代社会,没有广大佃户集体的合力以及有组织的运动,要想成功减租是不可能的。在发动群众减租方面,广大党员干部还通过在群众中召开"诉苦会"、帮助广大佃户们分析贫苦根源等手段,进行了广泛的宣传活动。组织发动群众,在运动中减租,将减租法变为社会现实,这是一场生动的法律实践。最终追求的结果是通过运动实现了减租,并且超越了减租。

(五) 主动减租与被动减租——减租性质之异

农村严重的租佃问题威胁到了经济发展和社会稳定,国民政府不得不面对并试图解决这一问题。但国民党不愿意也不可能得罪地主阶级,

① 王一青:《谈谈目前农村中的租佃问题》,载《中国农村月刊》1942年第3期,第9页。
② 乔启明:《中国农村社会经济学》,商务印书馆1945年版,第266页。
③ 《莒南县的减租减息运动》,载中共山东省委党史资料征集研究委员会编:《山东抗日根据地》,中共党史资料出版社1989年版,第454—455页。

故他们的减租更多的只是停留在法律上,只是希望求得地主们的理解从
而让他们主动减租,不可能像中共一样发动农民对地主的阶级斗争。减
租势必损害地主阶级利益,人都是自私的,让地主主动割肉去开明减租有
违人之本性,势难推行。1928 年浙江减租中,地主们"诬农民为共产党,
报警逮捕,使农民不敢再要求减租;借口收回自种,撤退佃农,另招需要土
地十分急切的农民,认缴较高的租额来承种;组织产权联合会,公然反对
'二五减租';收买地痞流氓及暴徒殴打或杀害减租运动领导人"①。尽管
1941 年陈诚在湖北强力推行减租,甚至还对部分地主判处了刑罚、没收
了财产,但减租仍然遭到地主们软硬兼施各种形式的抵制。地主势力的
强大,加之国民政府的阶级立场性决定了减租不可能彻底推行,寄希望于
主动减租其结局必然是名存实亡。

中共的减租从地主角度讲,是一种被动的减租,根据地减租同样遭到
地主的强烈抵制,除了以撤佃收地对抗减租之外,地主们还造谣说:"新四
军站不长,像鬼火一样,一幌没有了","中央军就要过来了","减了租政府
要多收公粮",②欺骗不明就里的群众,有的地主甚至赤裸裸地威胁要用
小枪干掉佃户。由于地主们对于佃农的减租诉求不轻易就范,斗地主是
减租运动中一项重要功课,通过实践摸索和经验积累,在中共的正确指导
下,减租斗争从被动的斗到自觉主动的斗,从个体斗争到集体斗争,实现
了从斗力、斗理到斗法的上升,给地主一种强势的威慑,迫使其接受减租
要求。对于地主的反攻撤佃,佃农们也会主动寻求司法救济,抗战时期根
据地大量的佃权纠纷案件,都与佃农们法律意识提高分不开。

(六) 局部减租与全面减租——减租范围之异

从地域范围看,中共领导的减租运动在其所掌控的各抗日根据地普
遍开展了。地方地主势力的强大、国民党的反攻,加之减租初期经验的缺
乏,抗日根据地的减租比较艰苦,经历了从不彻底到彻底的一轮一轮的减

① 诸葛达:《浙江"二五减租"述评》,载《浙江师大学报(社会科学版)》1998 年第 6 期,第 77 页。
② 刘瑞龙:《淮北五年来群众工作总结》(1944 年 10 月 16 日—22 日),载豫皖苏鲁边区党史办
公室、安徽省档案馆编辑:《淮北抗日根据地史料选辑 第 3 辑 第 2 册》,1984 年版,第 55
页。

租和后期的查减退租。国民政府的减租真正开展起来的只是浙江、江苏和湖北等非常有限的地区,最后都因地主的强烈抵制而不了了之。

从减租具体内容看,中共减租涉及到的范围更广,主要表现在三个方面。

第一,各根据地租佃法对押租、预租、送工、送礼厉行禁止。免去佃农除地租之外的额外负担,是根据地减租运动的重要内容。1927年民国《佃农保护法》只是笼统地规定禁止押租、预租等租佃恶例,1930年民国《土地法》虽禁止预租、押租,但未有送工、送礼之禁止性规范。

第二,根据地减租法对佃农地租积欠之减免远非民国租佃法所能及。对减租法令颁布之前的积欠,不少根据地减租法规定免交。如1942年《晋西北减租交租条例》规定该条例颁布前的欠租一律免交,1944年《陕甘宁边区土地租佃条例(附说明)》规定民国二十八年年底前的欠租一律免交。民国中央和地方租佃法中均未有免积欠地租之规条。

第三,根据地减租法中有佃权保障和查减退租两项重要内容。抗战后期根据地的查减退租活动,对未减租和假减租等现象进行了有力查处,迫使地主将本应减而未减或少减的地租退还给佃户,保障了减租法令的真正贯彻。佃权保障制度通过制约地主对抗减租之撤佃收地行为,扫除了减租运动最关键障碍,只有佃权有保障佃农才敢减租斗地主。在民国土地法中,佃权保障未曾彰显,也非其核心所在,查减退租更是不曾有过的内容。

(七) 成与败——减租结果之异

从最终结果看,中共领导的减租运动取得了巨大成功,地租减了,佃农佃权有了切实保障,生产力发展了,农民的生活水平和社会地位提高了,在人力物力上有力地支援了抗战。减租的成功为中共赢得了农民的拥戴,为解放战争的胜利增添了关键的砝码。同时减租的成功也是反封建的巨大胜利,通过发动群众斗地主,地主千年来的飞扬跋扈被彻底扫荡了。随着减租之后经济实力的增长,大量贫农、中农跻身到中农富农行列,而不少地主衰落为富农甚至中农,社会中产扩大了,地主们想继续主宰乡村权力已力不从心了。随着根据地大量选举条例的颁布实施,各级政府权力逐渐为广大人民所掌握。相对而言,国民党的减租可谓彻底失败了。一些省份零星的减租活动以失败告终,对于大部分未开展的地方,减租只是停留在政策和立法层面。国民党在土地政策上失去了民心,最终导致了解放战争的失败并退居台湾。

国民党在大陆开展的减租活动为什么会以失败告终?败走台湾后,蒋介石在 1952 年 4 月 21 日的演讲中分析了原因:"过去我们的失败,就失败在虽有计划,而没有行动,虽有行动,而缺少方法,即使有了行动,而又是与现实不合的。"[①]蒋介石所言只是表面原因,并没有触及问题根本,国民党的阶级局限性是其减租运动失败的根本原因。由于很多党员本身就是官僚地主,国民党从中央到地方整个都是地主阶级的代表,这决定了减租本是一件矛盾的事情,减租就会减损自己利益,要减租又要不损害自己利益,永远做不到。在减租问题上,国民党既当了裁判员又当了运动员,怎能不失败?而中共能够超越地主和佃农之间的利益瓜葛,所以才能正确领导和充分发动减租运动。后来国民党在台湾领导的减租和土改为什么能够成功,除了吸取大陆减租失败的教训外,很重要的一点就是大陆去的官僚和台湾地主没有多少利益瓜葛,故能下大力度推行土改,对抗拒地主实行武力威慑。

---

① 中共中央党校党史教研室编:《三民主义历史文献选编》(1894—1981),中共中央党校科研办公室 1987 年版,第 435 页。

第八讲

婚姻家庭继承制度

何谓婚姻?《白虎通义·嫁娶》曰:"婚姻者,何谓也? 昏时行礼,故谓之婚也。妇人因夫而成,故曰姻。"[1]婚姻是两性结合的一种方式,是一种制度,也是一种文化,在古人看来婚姻是每一个人应有的人生历程。"之子于归,宜其室家"[2],女子到了成婚年龄就应该嫁人,"内无怨女,外无旷夫"才是理想的社会。结婚即为成家,有婚姻才有父子、兄弟等成员构成的家庭,进而衍生出大家庭乃至家族。家是人生存的根本,在物质财富的生产、人的生产和教育上,家庭承担重要的功能。通常而言,婚姻是家庭存在的基础和延续的动力,继承则是将死者的财产(早期还包括身份)传递给子孙,是家庭财产和文化的传承,婚姻、家庭、继承制度一脉相承,密切关联。

一、婚姻制度

(一) 婚姻的意义

为什么要结婚,古人早有很深刻的认识。《易经》说:"有天地,然后有万物;有万物,然后有男女;有男女,然后有夫妇;有夫妇,然后有父子;有父子,然后有君臣;有君臣,然后有上下;有上下,然后礼义有所错。"[3]"有

---

① 《白虎通义·嫁娶》。
② 《诗经·国风·桃夭》。
③ 《周易注疏·卷九》。

男女,然后有夫妇"说的是结婚,"有夫妇,然后有父子"说的是生孩子,这种两性结合、生儿育女是个很自然的过程,动物都具有的现象,人类也不例外。只不过人类将两性结合的方式以婚姻的形式制度化了,"夫妇"即是通过婚姻结合在一起的男女,由此实现人类的有序繁衍,这是《易经》指出的婚姻根本意义。

对于婚姻的意义,《礼记》中也有充分的阐述,"昏礼者,将合二姓之好,上以事宗庙,而下以继后世也"[1]。指出了婚姻的三点意义:第一,通过婚姻实现家庭(家族)联姻,因为西周开始就强调"同姓不婚",婚配男女属于不同姓氏家庭(家族),这样有利于处理对外关系,实现与不同姓氏家庭(家族)的和睦相处;第二,通过婚姻实现了家庭人口繁衍,后继有人,延续了家庭的香火,将祖先的血统延续下去,这无疑是婚姻最大的意义;第三,通过婚姻延续了香火,有人祭祀祖先,这是对祖先的孝。应该说,《礼记》这一句话对婚姻的意义讲得非常充分了。无论是合二姓之好,还是事宗庙、继后世,婚姻更多体现的是家族利益,而非个人利益,"男大当婚,女大当嫁"无疑是一种责任。

此外,费孝通先生还谈到,婚姻是社会为孩子们确定父母的手段,有利于维持和保证对儿女的长期的抚育作用。[2] 当然费孝通此言针对的是一夫一妻(多妾)制的婚姻形态。确定孩子母亲容易,而在婚姻制度未诞生或者群婚的年代,一个女子同时可以和多个男子交往,孩子父亲是谁自然难以确定。婚姻制度规范了两性的性行为,特别是一夫一妻制的确立,从制度上限制了婚姻外的性行为,这样孩子的父亲就明确了,只要没有例外的证据父子血缘关系即可推定,保障了子孙血统的纯正,这是古人非常重视的问题。杜绝了婚外性行为,有助于家庭的稳定,实现夫妇对孩子长期的共同抚养,有利于孩子的成长。

(二) 婚姻的沿革

婚姻是社会发展到一定阶段的产物,最早的人类只有本能的两性结

---

[1]《礼记·昏义》。
[2] 费孝通:《乡土中国、生育制度》,北京大学出版社 1998 年版,第 125 页。

合繁衍后代,而无婚姻,如陈顾远先生所言:"生民之初,男女虽有性的结合,实基于人类保种之自然法则所致,尚不得遽以夫妻名,亦不得即以婚姻论。此种两性关系之表现,与其称为社会现象,无宁称为自然现象也。迨人类知识发展以后,男女结合渐有轨范,乃构成婚姻上之种种制度。"①管子也曾说:"古者未有君臣上下之别,未有夫妇妃匹之合,兽处群居。"②可以说,在婚姻出现之前,人类是一种杂乱的两性关系。婚姻的产生,是对两性关系的规范和限制,限制了混乱的两性关系。传统社会婚姻制度发展经历了群婚、对偶婚和一夫一妻(多妾)制三个阶段。

群婚是一群男子和一群女子互为夫妻的婚姻形式,其特点是无论男女都没有固定的配偶。群婚初始形态是族内婚,发生在血缘群体内部,限制了不同辈分血亲间性的结合,实行兄弟姐妹之间的同辈婚。由于族内婚存在两个明显的弊端:其一,争色带来的族内冲突,危害了族内秩序,如吕思勉所言"群之患莫大乎争,争则乱。妃色,人之所欲也。争色,致乱之由也。同姓为婚则必争,争则戈矛起于骨肉间矣"③。其二,所生的孩子不繁盛,多有夭亡。随着社会的发展,族内婚逐渐为族外婚取代,禁止同一氏族内部男女通婚,实行氏族之间男女通婚。族外婚较好地解决了族内婚的弊端,是一个显著进步。从历史时期来看,母系氏族社会以族内婚为主,父系氏族社会以族外婚为主。④ 族外婚最初形态仍然是群婚,后进一步发展为对偶婚。对为两个,偶即成双。不同氏族的成年男女双方在或长或短的时间内实行由一男一女组成配偶,有相对稳定的性伙伴,同时彼此亦可以和其他异性交往。对偶婚是介于群婚与一夫一妻婚姻之间的过渡形态,婚姻关系不甚稳定。

作为更高的婚姻形态,一夫一妻多妾制在西周得到了确立,一个男子只能娶一个妻子,可以纳妾作为补充形式,这也是男尊女卑的体现,对此陈顾远先生有言:"因礼制上既推重一夫一妻制,于是古代之一夫多妻制,

---

① 陈顾远:《中国婚姻史》,上海书店出版社 1984 年版,第 1 页。
② 《管子·君臣》。
③ 吕思勉:《中国社会史》,上海古籍出版社 2007 年版,第 209 页。
④ 陈顾远:《中国婚姻史》,上海书店出版社 1984 年版,第 20 页。

遂变为媵妾制而并存之。"①媵妾非正妻,地位低于妻,媵和妾又有所不同,媵是古代陪嫁的女子,"古者嫁女必以侄娣从,谓之媵"②,女子出嫁时妹妹或侄女陪嫁夫家,随同男子生活,这是早期群婚制的遗俗。陈顾远先生认为媵制形成于春秋:"媵之为制著于春秋,乃贵族群婚之特例,盖一国或一姓之女出嫁,在原则上必有同姓之女,随而送往夫家,且处于从嫁地位者是也。"③妾的含义最早为女奴,后发展为未按照六礼收纳的小老婆,所谓"聘则为妻,奔则为妾"④。媵与正妻存在血缘关系,地位高于妾,随着战国时期媵制的衰落,媵逐渐为妾所取代。一夫一妻多妾制贯穿于整个封建时代,至民国时期纳妾现象仍然存在。其中《大明律》对纳妾作了年龄限制:"民年四十以上无子者,方许娶妾",这是一个不多见的现象。有妻更娶妻为传统法律所禁止,《唐律疏议》规定:"诸有妻更娶妻者,徒一年;女家,减一等。若欺妄而娶者,徒一年半,女家不坐。各离之。"⑤妻的地位高于妾,传统法律禁止妻妾失序以防妻妾乱位,《唐律疏议》规定:"诸以妻为妾、以婢为妻者,徒二年;以妾及客女为妻、以婢为妾者,徒一年半。各还正之。"⑥至清代,《大清律例》仍然规定:"凡以妻为妾者,杖一百;妻在,以妾为妻者,杖九十,并改正。若有妻更娶妻者,亦杖九十,后娶之妻离异。"⑦

传统社会绝户家庭可以选立延续香火的嗣子,确立嗣子时往往侄子优先,有时可能会面临特殊情况,即同胞兄弟只有一个儿子现象,此时习俗中倾向于让该儿子娶两房妻子,分别延续两家香火。这一例外最终为法律所认可,清代乾隆时创立兼祧之法。⑧ 这是对一夫一妻制的变通,也可以理解为一个儿子扮演了两个(以上)儿子的角色。

---

① 陈顾远:《中国法制史概要》,商务印书馆 2011 年版,第 263 页。
② 《仪礼·士昏礼》郑玄注。
③ 陈顾远:《中国婚姻史》,上海书店出版社 1984 年版,第 58—59 页。
④ 《礼记·内则》。
⑤ 《唐律疏议》,岳纯之点校,上海古籍出版社 2013 年版,第 214 页。
⑥ 《唐律疏议》,岳纯之点校,上海古籍出版社 2013 年版,第 215 页。
⑦ 《大清律例》,田涛、郑秦点校,法律出版社 1999 年版,第 206 页。
⑧ 陈顾远:《中国文化与中国法系》,范忠信、尤陈俊、翟文喆编校,中国政法大学出版社 2006 年版,第 505 页。

（三）婚姻的主要形式

传统社会婚姻形式异常丰富,其中最主要和影响最大的是聘娶婚,聘娶婚在西周时期就有相对完善的制度。

进入族外婚后,在聘娶婚出现之前,有一种比较原始的婚姻形式:掠夺婚。《说文解字》中"娶,取妇也"①、"取,捕取也"②,说的就是抢婚,充满了暴力色彩。吕思勉先生曾言:"买卖婚之所由起,盖因战争非恒事;掠夺不能行之亲和之部落,且惧婴祸患,见报复,则娶其人而给以价焉。"③掠夺婚是战争的产物,以暴力方式掠夺对方阵营中的女子逼其成婚,但由于战争非恒事,掠夺婚也不可能常态化,对友好的部落又不能施行,否则会有祸患和报复。这些弊端的存在,决定了掠夺婚难以普遍和长久,最终被给付女方身价钱的买卖婚取代了。陈顾远先生也持类似观点:"掠夺婚之形式虽发生较早,而因掠夺不免时含危险,即一次成功,仍有复仇或被夺回之忧虑,究非唯一而和平之得妻方法;于是在周或其他部族方面,遂即发生所谓代价婚之形式。代价婚原可分为交换婚、服役婚、购买婚三种。"④买卖婚由掠夺婚转变而来,是一种支付代价的和平得妻方法,盛行于周代,付出的代价也并非钱财一种形式,有女子互换为妻、以劳役折抵娶妻彩礼等形式。

买卖婚实现了婚姻形式上的平等和合意,相对于掠夺婚而言是个很大的进步。西周时期正式出现的按照六礼来娶妻的聘娶婚,由买卖婚发展而来。男方支付女方家庭一定数额的彩礼是婚姻成立的要件,体现了古人论财的婚姻观,故聘娶婚也具有买卖婚性质。聘娶婚中的彩礼,无疑是对女方家庭的补偿,因为女子的出嫁娘家少了一个劳动力,而且女方家庭也付出了不菲的养育成本,传统社会女子出嫁之后没有对娘家父母的赡养义务,从当时社会来讲,彩礼的支付也具有一定的合理性。但另一方面,彩礼的支付又导致女子的物化,一定程度上成为买卖婚的客体,会进

---

① 许慎:《说文解字》,徐铉校定,中华书局2013年版,第259页。
② 许慎:《说文解字》,徐铉校定,中华书局2013年版,第59页。
③ 吕思勉:《中国社会史》,上海古籍出版社2007年版,第210页。
④ 陈顾远:《中国法制史概要》,商务印书馆2011年版,第261页。

一步助长夫妻之间的不平等。当然彩礼的存在也会导致贫困家庭孩子娶不起妻,对此传统社会也有相应的解决机制:赘婿婚,由男方入赘女方家庭充当上门女婿,免去了男方婚姻上的花销,商鞅变法提倡"家贫子壮则出赘"①,尽管赘婿地位低,但也是解决婚姻问题一个途径。

(四) 婚姻的条件和程序

1. 婚姻的条件

"娶妻如之何,必告父母""娶妻如之何,匪媒不得",《诗经》中的这两句道出了婚姻的两项基本条件:父母之命、媒妁之言。

传统社会,婚姻在家庭幸福、延续家庭香火和处理对外关系上承担着重要功能,因而婚姻是家里的事情,而非当事人私事。家里事情由家长做主,传统法律规定,儿女婚事由父母或祖父母决定,所谓"父母之命"。如果嫁娶违律,作为主婚人的祖父母、父母要承担主要法律责任。当然"父母之命"只是一个笼统的说法,如果祖父母或父母不在世,欠缺行为能力或其他原因导致无法主婚时,则由其他亲属主婚,《唐律疏议》作了明确规定:"诸嫁娶违律,祖父母、父母主婚者,独坐主婚。若期亲尊长主婚者,主婚为首,男女为从。余亲主婚者,事由主婚,主婚为首,男女为从;事由男女,男女为首,主婚为从。其男女被逼若男年十八以下及在室之女,亦主婚独坐。未成者,各减已成五等。"依该律文规定,祖父母、父母是第一顺序主婚人,期亲尊长是第二顺序主婚人,余亲为第三顺序主婚人,且三种情形下主婚人法律责任有所不同。唐律的这些规定在明清法律中作了一些修改。《大清律例》规定:"凡嫁娶违律若由祖父母、父母、伯叔父母、姑、兄、姊及外祖父母主婚者,独坐主婚。余亲主婚者,事由主婚,主婚为首,男女为从;事由男女,男女为首,主婚为从。至死者,主婚人并减一等。其男女被主婚人威逼,事不由己,若男年二十岁以下,及在室之女,亦独坐主婚,男女俱不坐。未成婚者,各减已成婚罪五等。"《大清律例》扩大了嫁娶违律时独坐主婚人的范围。

媒妁之言同样是传统社会婚姻成立的必要条件。何谓媒妁,《说文解字》将"媒"解释为"谋也",将"妁"解释为"酌也",合起来就是斟酌男女双

---

① 《汉书·贾谊传》。

方情况谋合他们的婚事。由于传统社会强调男女之别,男女授受不亲,不能私下接触往来,"男不亲求,女不亲许",择偶之事需要通过作为中介的媒人进行,"男女非有行媒,不相知名"[1]说明了媒人的重要性。媒人撮合双方、说服女方,在婚姻的成立上起了重要作用,陈顾远认为媒妁是买卖婚中的居间人转变而来[2]。西周时期出现了有官媒,即媒氏,《周礼·地官·媒氏》载:"媒氏,掌万民之判。"郑玄注:"判,半也。得耦为合,主合其半成夫妇也。"[3]职业私媒在周末已盛行,后世势头不减。[4] 由于很多时候男女双方未曾谋面,双方家庭相互亦不了解,婚事全凭媒人说合,故媒人常会迎其所好,于男家说女子貌美,于女家说男家富有,婚事说成即可获得报酬。

2. 婚姻的程序

婚姻关乎人口繁衍、宗庙祭祀大事,故古人非常重视,认为婚礼是礼之根本,既重内容又重其形式。西周时期规定了婚姻之"六礼"程序:纳采、问名、纳吉、纳征、请期、亲迎,详见于《礼记·婚义》:

> 是以昏礼纳采、问名、纳吉、纳征、请期,皆主人筵几于庙,而拜迎于门外,入,揖让而升,听命于庙,所以敬慎重正昏礼也。父亲醮子,而命之迎,男先于女也。子承命以迎,主人筵几于庙,而拜迎于门外。婿执雁入,揖让升堂,再拜奠雁,盖亲受之于父母也。降,出御妇车,而婿授绥,御轮三周。先俟于门外,妇至,婿揖妇以入,共牢而食,合卺而酳,所以合体同尊卑以亲之也。

西周六礼始于纳采,男方父母让媒人带着礼品去女方家里提亲,与女方家人商量婚事,如能达成初步意向,才可进入第二环节问名,男方让媒人去女方家里问得女子姓名及生辰八字。如果双方同姓,则不可结婚,不同姓方可继续。继而男方在祖庙里占卜,如卜得吉兆,说明双方可以做夫妻,让媒人去告知女方家人,为纳吉。《诗经》中的"尔卜尔筮,体无咎言。

---

[1] 《礼记·曲礼上》。
[2] 陈顾远:《中国婚姻史》,上海书店出版社1984年版,第147页。
[3] 《周礼注疏·卷十四》。
[4] 陈顾远:《中国婚姻史》,上海书店出版社1984年版,第148页。

以尔车来，以我贿迁"①，反映了男方纳得吉兆后女子待嫁的迫切心理。再下一步，就是男方择吉日往女方家送聘财，《礼记·士昏礼》孔颖达疏："纳征者，纳聘财也。征，成也。先纳聘财而后婚成。"纳征的聘财为"玄纁束帛，俪皮"，纳征之后，婚约才算正式成立。接下来的环节为请期，男方卜得成婚吉日后，让媒人去商请女方家人将婚期最终确定下来。最后环节为亲迎，结婚当日新郎随迎亲队伍去新娘家，亲自驾车迎娶新娘，至家后请新娘进门，并完成"共牢而食，合卺而酳"礼仪，以示夫妻一体、不分尊卑。按照西周礼制，纳采、问名、纳吉、请期、亲迎都需要雁，取其顺阴阳往来之义，常来常往。

六礼只是成妻礼，随后还有拜见公婆和祭祀祖先的成妇礼："夙兴，妇沐浴以俟见；质明，赞见妇于舅姑，执笲、枣、栗、段修以见，赞醴妇，妇祭脯醢，祭醴，成妇礼也。"②成妇礼的完成，标志着新娘正式成为家庭成员。

西周六礼在后世得到了延续，且有所发展。唐代婚礼中有"婚书"内容，敦煌出土文书中有"通婚书"和"答婚书"样文。"通婚书"是男方向女方家提出的，表示倾慕与祝福，奉上礼状，并告知男方家的谁，未婚，想与女方家的谁结婚。"答婚书"则是女方向男方家作出的相应答复。③唐律强调许嫁女方已报婚书的法律效力，报婚书之后男女双方都不得悔婚，女方悔婚则处杖六十，男方悔婚不坐但聘财不退。如女方悔婚后又许嫁他人，杖一百；如已成婚，则处徒一年半；且女追归前夫，如前夫不娶，则退还聘财，后夫婚姻有效。即使没有许婚之书，如果女方收受了男方的聘财，同样具有达成婚约的效力，不得悔婚。④《大明律》要求男女婚姻应"写立婚书，依礼聘嫁"，对男女方各自悔婚行为的处罚稍轻于《唐律疏议》。西周婚姻中的六道程序在宋明时期有所简化，对此陈顾远先生研究指出："直宋世，士庶人婚礼并问名于纳采，并请期于纳征，则六礼仅存其四；《朱子家礼》且并纳吉于纳征，则又仅存其三，明洪武时且明令士庶一遵朱子

① 《诗经·卫风·氓》。
② 《礼记·昏义》。
③ 蒲坚编：《中国古代法制丛钞》（二），光明日报出版社2001年版，第474页。
④ 《唐律疏议》，岳纯之点校，上海古籍出版社2013年版，第213—214页。

家礼。迨清则又加入成妇成婿之礼,细别为九。"①宋代以后,成妇礼有所简化,与成妻礼结合在一起进行,在新婚当日进行拜堂,通常"一拜天地,二拜高堂,夫妻对拜",然后送入洞房。

(五) 禁婚情形

自西周以来,婚姻制度繁盛,总体上讲男婚女嫁是自由的,由双方家庭自由决定,但出于伦理、等级及社会秩序的维持等各种考虑,传统法律也设定了各种禁止结婚的情形,既有禁止特定关系男女结婚,也有禁止特定对象的结婚,还有禁止特定时间的结婚,等等,就总体来看主要禁婚情形如下。

1. 同姓不婚

同姓不婚是西周时期就出现的一项婚姻禁忌,这一禁忌在明清律典中还存在。《礼记》强调:"取妻不取同姓,故买妾不知其姓,则卜之。"同姓不婚在唐代已入律,《唐律疏议》规定:"诸同姓为婚者,各徒二年;缌麻以上,以奸论。"②《宋刑统》亦同,明清律将同姓为婚者的处罚降低为各杖六十,离异。古人为什么禁止同姓男女结婚,原因主要有三点:第一,"男女同姓,其生不蕃",③即同姓的男女生出的孩子不繁盛、不发达,这是周人从实践中总结出来的教训,在今天看来具有科学性。古代人口流动性小,同姓男女往往是同一祖先后代,有或近或远血缘关系,有血缘关系男女生的孩子患先天性遗传病概率很高。第二,异姓男女结婚,有利于"附远厚别"。"附远"即为合二姓之好,有利于实现与周围其他家族友好相处。"厚别"指注重人伦之大别。同姓结婚会带来重大伦理问题,允许同姓结婚则意味着家族内部男女可以婚配,这会导致家族内部因争色而引发矛盾冲突,"群之患莫大乎争,争则乱。妃色,人之所欲也。争色,致乱之由也。同姓为婚则必争,争则戈矛起于骨肉间矣"④。更有甚者,允许同姓结婚可能会出现家族内的乱伦行为。第三,同姓结婚会引起灾祸。《国

---

① 陈顾远:《中国法制史概要》,商务印书馆 2011 年版,第 266—267 页。
② 《唐律疏议》,岳纯之点校,上海古籍出版社 2013 年版,第 219 页。
③ 《左传·僖公二十三年》。
④ 吕思勉:《中国社会史》,上海古籍出版社 2007 年版,第 209 页。

语》中谈到了这种认识："异姓则异德,异德则异类。异类虽近,男女相及,以生民也,同姓则同德,同德则同心,同心则同志。同志虽远,男女不相及,畏黩敬也。黩则生怨,怨乱毓灾,灾毓灭姓。是故娶妻避其同姓,畏乱灾也。"①这种异类相生、同类致灾的思想带有较强的主观性。当然,到了后世同姓不婚也有其不合理之处,因为赐姓和改姓现象大量的出现,使得很多同姓之人并非同一祖先后人,而且有共同远祖的男女血缘关系可能非常淡泊了。在沈家本建议下,《大清现行刑律》规定同姓不同宗结婚者不受处罚。②

2. 尊卑不婚

尊卑不婚是唐以后的婚姻禁忌,人类早期的群婚以及春秋时期的媵制并没有辈分限制,汉代至南北朝各时期仍屡见异辈为婚现象。③《唐律疏议》规定:"若外姻有服属而尊卑共为婚姻,及娶同母异父姊妹若妻前夫之女者,亦各以奸论。"④违者按合奸罪处理,惩罚很重,但对于有服而非尊卑的外姻亲属之婚姻,唐律不禁。另外,《唐律疏议》还禁止了一定范围内无服男女的尊卑之婚:"其父母之姑、舅、两姨姊妹及姨若堂姨、母之姑、堂姑、己之堂姨及再从姨、堂外甥女、女婿姊妹,并不得为婚姻,违者各杖一百,并离之。"⑤这些尊卑不婚禁忌是为了防止因婚姻乱了辈分甚至引发乱伦之伦理问题,是婚姻制度上的显著进步。唐律中尊卑不婚之规范一直延续到了清代,《大清律例》中仍见此两条限制,只是内容上作了细微的修改。

3. 良贱不婚

传统社会是个等级社会,良民为自由民,贱民则是指自由受到一定限制、人格不完全独立的人,奴隶、奴婢、官户、杂户等,其社会地位低于良民。良贱不婚禁忌普见于唐及唐以后各代律典中。《唐律疏议》严禁奴娶良人为妻:"诸与奴娶良人女为妻者,徒一年半,女家减一年,离之。其

---

① 《国语·晋语》。
② 杨鸿烈:《中国法律思想史》,中国政法大学出版社 2004 年版,254—255 页。
③ 陈顾远:《中国婚姻史》,上海书店出版社 1984 年版,第 134 页。
④ 《唐律疏议》,岳纯之点校,上海古籍出版社 2013 年版,第 220 页。
⑤ 《唐律疏议》,岳纯之点校,上海古籍出版社 2013 年版,第 220 页。

奴自娶者，亦如之。主知情者，杖一百；因而上籍为婢者，流三千里……即妄以奴婢为良人，而与良人为夫妻者，徒二年，各还正之"①，并指出了禁止的理由"人各有偶，色类须同，良贱既殊，何宜配合？"杂户、官户亦不得与良人为婚："诸杂户不得与良人为婚，违者杖一百。官户娶良人女者，亦如之。良人娶官户女者，加二等。"②良贱之间等级森严，不得因为婚姻破坏了社会等级，良贱不婚在唐令中亦有强调，开元二十五年（737 年）令指出："诸工乐、杂户、官户、部曲、客女、公私奴婢，皆当色为婚。"③《宋刑统》完全沿用了《唐律疏议》良贱不婚条文，但由于商品经济的发达，宋代奴婢地位有所提高，导致良贱不婚现象有些变化，官司不禁止奴婢与官人通婚，只不许奴婢与本主同居亲属结婚。④ 良贱不婚这一禁令在明清律典中都存在，在处罚上较唐宋法律有所减轻。

4. 监临不婚

监临不婚即监临官不得娶监临女，这是对监临主司的一项婚姻禁令。《唐律疏议》规定："诸监临之官娶所监临女为妾者，杖一百。若为亲属娶者，亦如之。其在官非监临者，减一等。女家不坐。"⑤即监临官不得纳监临女为妾，也不得将监临女纳为亲属之妾，违者处杖一百。如果非监临之官凡此禁，处杖九十。该条只言禁止纳妾，监临官是否可以娶监临女为妻，法律未曾明确。对于法律未规定之情形，依据唐律"举轻明重"入罪原则，自可得出监临官不得娶监临女为妻，违者处刑更重。《唐律疏议》进而规定，如果监临官枉法自己或为亲属娶人妻妾或女儿者，以奸论加二等，对于行求者减二等，并离之。之所以处刑更重，是因为此种情形会导致监临官枉法判事。监临不婚主要基于两点考虑：其一，如果允许此种婚姻，可能会导致女方家人依仗权势违法滋事，当女方家人出现违法行为时官府难以秉公处理；其二，防止监临官依据自己权势强娶民女。这一禁婚情形在明清律典中仍然存在，违法条目名称改为"娶部民妇女为妻妾"，内容

---

① 《唐律疏议》，岳纯之点校，上海古籍出版社 2013 年版，第 225—226 页。

② 《唐律疏议》，岳纯之点校，上海古籍出版社 2013 年版，第 226 页。

③ 转引自张晋藩：《中华法制文明的演进》，中国政法大学出版社 1999 年版，第 291 页。

④ 张晋藩：《中华法制文明的演进》，中国政法大学出版社 1999 年版，第 350 页。

⑤ 《唐律疏议》，岳纯之点校，上海古籍出版社 2013 年版，第 222 页。

较唐律有所修改。将娶妻和纳妾一并作了同等的规定，并规定强娶者加二等处罚。当然，非但监临官，这几部律典也禁止非监临官在任官地方娶妻纳妾，这些规定还是有积极意义的。

5. 亡妇不婚

禁止娶逃亡妇女，早在秦代法律就有规定。《法律答问》载有："女子甲去夫亡，男子乙亦阑亡，相夫妻，甲弗告请（情），居二岁，生子，乃告请（情），乙即弗弃，而得，论可（何）殴（也）？当黥城旦春。"该例中男子乙逃亡，且在不知情下娶人逃亡之妻甲，两年生子后乙才告诉甲实情且未抛弃甲，对二者的处罚为黥且城旦、春。《唐律疏议》规定："诸娶逃亡妇女为妻妾，知情者与同罪，致死者减一等。离之。"①疏议进一步解释说："妇女犯罪逃亡，有人娶为妻妾，若知其逃亡而娶，流罪以下，并与同科。唯妇人本犯死罪而娶者，流三千里。仍离之。"②与唐至明清律典中禁止娶犯罪逃亡妇女不同，秦代的法律只是禁止娶他人逃亡之妻，而没有强调该女子是否犯有别的罪行，之所以该女子也受惩罚，原因在于她这种背夫逃亡的行为本身就违法了，只是从惩罚的结果看这种违法并不严重。唐迄明清律典禁止娶犯罪逃亡妇女，但只惩罚知其犯罪逃亡而娶者，对于不知情而娶者不予制裁，原因在于该犯罪女子可能会得到丈夫的帮助和保护而不利于案件的侦破并最终逃脱了应有的法律惩罚。对于此种禁婚情形，非但对双方治罪且都确认为此种婚姻无效应离之。但如果该犯罪逃亡女子原本无夫，又遇到恩赦免罪时，则不予离婚，此种婚姻有效。

6. 居丧不婚

居丧不婚之禁忌，可追溯到西周时期。西周女子二十而嫁，如有故则二十三而嫁，所谓有故则是指遇到父母之丧。③ 至北齐时，无论男女在居父母丧期间举行嫁娶婚事，都构成不孝罪，入重罪十条。《唐律疏议》承袭了这一婚姻禁忌并有所发展："诸居父母及夫丧而嫁娶者，徒三年；妾，减三等。各离之。知而共为婚姻者，各减五等；不知者，不坐。"④居父母丧

---

① 《唐律疏议》，岳纯之点校，上海古籍出版社 2013 年版，第 221 页。
② 《唐律疏议》，岳纯之点校，上海古籍出版社 2013 年版，第 222 页。
③ 陈顾远：《中国婚姻史》，上海书店出版社 1984 年版，第 139 页。
④ 《唐律疏议》，岳纯之点校，上海古籍出版社 2013 年版，第 216 页。

和夫丧期间都不得嫁娶,违者治罪且婚姻无效。疏议解释了禁止的原因:"父母之丧,终身忧戚,三年从吉,自为达礼。夫为妇天,尚无再醮。"①此外,对于居期亲之丧,亦不得男婚女嫁,"若居期丧而嫁娶者,杖一百;卑幼,减二等。妾,不坐。"②这些居丧不婚之禁是传统礼教的要求,也是亲情伦理的体现。居丧期间本是对已故亲人的哀思,不应有男婚女嫁喜庆之心。而且非但居丧不婚,在祖父母、父母被囚禁时嫁娶者也要治罪,这种悲伤时期不能喜庆作乐,道理亦然。居丧不婚制度在明清律典中也有相似规定。依律,只有丧期结束之后,才能筹备男女婚事。

(六)婚姻的解除

从广义上讲,婚姻的解除包括两种情形:自然解除和非自然解除,前者是因夫妻一方的去世而导致婚姻关系的结束,存世的另一方成为鳏夫或寡妇。非自然解除则是离婚,一种人为的解除既有夫妻关系,传统社会多称之为休妻,这是传统婚姻制度关注和调整的重点之一,本处论说亦取此义。

早在西周时期,在婚姻的解除方面就出现了"七去三不去"制度。"七去"又称为"七出",指的是出现了七种情形之一,男方可以休妻。《仪礼》中有"出妻"概念,唐贾公彦疏:"七出者:无子一也;淫佚二也;不事舅姑三也;口舌四也;盗窃五也;妒忌六也;恶疾七也。"《孔子家语》也说"七出者:不顺父母者,无子者,淫僻者,嫉妒者,恶疾者,多口舌者,窃盗者"③。有此七种情形之一为何可以休妻,《大戴礼记》指出了原因"不顺父母去,为其逆德也;无子,为其绝世也;淫,为其乱族也;妒,为其乱家也;有恶疾,为其不可与共粢盛也;口多言,为其离亲也;盗窃,为其反义也"④。所谓"三不去"是指有三种情形之一,男方不得休妻,具体为"有所取无所归,不去;与更三年丧,不去;前贫贱后富贵,不去。"⑤"三不去"的理由为"尝更

---

① 《唐律疏议》,岳纯之点校,上海古籍出版社 2013 年版,第 216 页。
② 《唐律疏议》,岳纯之点校,上海古籍出版社 2013 年版,第 217 页。
③ 《孔子家语·本命解》。
④ 《大戴礼记·本命》。
⑤ 《大戴礼记·本命》。

三年丧不去,不忘恩也;贱取贵不去,不背德也;有所受无所归不去,不穷穷也。"①"三不去"是对"七去"的限制,只要具备三不去情形,即便有七出理由,也不得休妻,也算是对女子的一点保护。

"七去三不去"制度对后世带来很大的影响,成为传统离婚制度的基本内容。汉代以"七去三不去"为休妻的基本原则,同样坚持单方面的离婚标准,女方没有离婚权,如《白虎通义》所言:"夫有恩行,妻不得去者,地无去天之义也,夫虽有恶不得去也。"②及至唐代,《唐律疏议》规定:"诸妻无七出及义绝之状而出之者,徒一年半。虽犯七出,有三不去而出者,杖一百。追还合。若犯恶疾及奸者,不用此律。"接下来的疏议中对"七去"和"三不去"内容作了与西周一致的重申。依此规定,无"七出"不得休妻,且即便女子犯有"七出"情形如果符合"三不去"同样不得休妻,违者治罪且休妻无效。但唐律规定了一条例外,即如果妻子出现了恶疾或者淫佚行为,则可休去,不受"三不去"限制。

此外,在离婚制度上,唐律还规定了两项新的内容:义绝与和离。"义绝"是一种强制离婚制度,指如果夫妻之间、夫妻一方对对方亲属或夫妻双方亲属之间出现殴骂、杀伤或奸情行为时,就视为夫妻恩断义绝,不论双方是否同意,官府强制夫妻离婚。疏议对"义绝"情状作了规定:"殴妻之祖父母、父母及杀妻外祖父母、伯叔父母、兄弟、姑、姊妹,若夫妻祖父母、父母、外祖父母、伯叔父母、兄弟、姑、姊妹自相杀及妻殴、詈夫之祖父母、父母,杀伤夫外祖父母、伯叔父母、兄弟、姑、姊妹及与夫之缌麻以上亲若妻母奸及欲害夫者。"唐律规定,对于犯"义绝"必须离婚,违者徒一年。出现这些情形,意味着夫妻之间、夫妻一方与对方亲属之间、双方亲属之间反目成仇,和谐不再故官方强制离婚,如疏议所言"夫妻义合,义绝则离"。婚姻合二姓之好,乃好合之事,一旦失此基础,势难维持。唐律规定的"和离"亦有此义,"和离"针对的是"夫妻不相安谐者",即夫妻双方不和谐则可以请求解除婚姻,此时双方皆不坐。"和离"之权夫妻双方平等享有,这也是对妻子离婚权一定程度的赋予。

---

① 《公羊传·庄公二十七年》何休注。
② 《白虎通义·嫁娶》。

七出、三不去、义绝、和离等婚姻解除制度,在明清律典中都存在,内容上较唐律变化不大。在休妻方面,影响大者还是"七出",对于"七出"之义理,清代学术大家钱大昕有深刻阐释:

> 夫父子兄弟,以天合者也;夫妇,以人合者也。以天合者,无所逃于天地之间;而以人合者,可制以去就之义。尧舜之道不外乎孝弟,而孝弟之衰,各自私其妻始。妻之于夫,其初固路人也,以家室之恩联之,其情易轻。至于夫之父母,夫之兄弟姊妹,夫之兄弟之妻,皆路人也,非有一日之恩。第推夫之亲以亲之,其情固已不相属矣。刿妇人之性,贪而吝,柔而狠;妯娌姑姊之伦,亦妇人也,同居而志不相得,往往有之。其真能安于义命者,十不得一也。先王设为可去之义,合则留,不合则去,俾能执妇道者,可守从一之义,否则宁割伉俪之爱,勿伤骨肉之恩。故嫁曰归,出亦曰归,以此坊民,恐其孝衰于妻子也。[1]

二、家庭制度

家庭是以婚姻和血缘为纽带的基本社会单位,包括父母、子女、兄弟及生活在一起的其他亲属。家庭是生产单位,小农经济的生产活动主要以家庭为单位开展;家庭更是生活单位,是个人生存的根本,人的出生、成长、教育乃至一辈子都生活在家庭中,家庭成员利益相关,荣辱与共。只有家庭稳定,才有国家的稳定,传统法律非常注重对家庭关系的调整,特别是东汉以后累世同居大家庭的出现[2],家庭制度显得尤为重要,并不断发展,在《唐律疏议》中家庭制度已经非常完善。家庭制度重在调整家庭成员之间的关系,家庭成员之间的关系不外人身关系和财产关系。

(一) 人身关系

传统社会家庭通常较大,在几世同堂的大家庭中,家庭成员常常包括

---

[1] 转引自杨鸿烈:《中国法律思想史》,中国政法大学出版社 2004 年版,第 259—260 页。

[2] 杨鸿烈:《中国法律思想史》,中国政法大学出版社 2004 年版,第 263 页。

祖父母、父母、伯叔父、姑、婶、兄弟姊妹、兄弟妻、子女、侄子女,甚至还有孙辈、妾、奴婢等等。家置家长,通常由家中地位最高之男性尊长担任,家庭成员各有一定责任,如陈顾远所言"在家族同居生活中,公法上以家长居于最尊地位,因而家长由尊长之最尊者充任;私法上妇有其夫,子有其父,卑幼有其尊长,又各负有一定的职责"[1]。传统法律调整家庭人身关系重在维持家庭内部尊卑秩序,维护家族伦理,防止家庭成员相互伤害,并从根本上防止家庭成员犯上作乱,危害国家政治统治。

1. 父子(祖孙)关系

在"礼者为异"的传统社会,家庭内部尊卑亲属地位不同,维护尊长的利益是家庭法的首要方面。子孙与父祖间权利义务不对等。

(1) 子孙的孝亲义务

百善孝为先,孝是中华民族传统美德,子孙对父祖的孝是天经地义的,既是伦理意义,也是法律义务。"十恶"中专列了一条"不孝罪",《唐律疏议》明确列举了构成不孝罪之情状:"告言、诅詈祖父母、父母及祖父母、父母在,别籍、异财若供养有缺;居父母丧,身自嫁娶若作乐、释服从吉;闻祖父母、父母丧,匿不举哀;诈称祖父母、父母死"[2],重惩不孝行为。依唐律,"诸詈祖父母、父母者,绞;殴者,斩。过失杀者,流三千里;伤者,徒三年"[3];"诸子孙违反教令及供养有阙者,徒二年(谓可从而违、堪供而阙者。须祖父母、父母告乃坐)"[4];对于居父母丧嫁娶、释服从吉、诈称祖父母、父母死等行为,处徒三年;闻祖父母、父母丧,匿不举哀,处流二千里。这些规定在明清律典中都得到了延续,只不过处罚较唐律稍有减轻。

除了不孝罪外,法律还严厉打击各种损害近亲尊长的行为,这亦为孝亲义务的体现和延伸,"十恶"中的恶逆、不睦、内乱皆是。包括的情形有:殴打及谋杀祖父母、父母,杀伯叔父母、姑、兄姊、外祖父母;殴打或告发大功以上尊长;奸父祖妾及与和者;等等。《唐律疏议》规定:"诸谋杀期亲尊长、外祖父母、夫、夫之祖父母、父母者,皆斩","诸告期亲尊长、外祖父母、

---

① 陈顾远:《中国法制史概要》,商务印书馆2011年版,第236页。
② 《唐律疏议》,岳纯之点校,上海古籍出版社2013年版,第12页。
③ 《唐律疏议》,岳纯之点校,上海古籍出版社2013年版,第354页。
④ 《唐律疏议》,岳纯之点校,上海古籍出版社2013年版,第375页。

夫、夫之祖父母,虽得实,徒二年。其告事重者,减所告罪一等。即诬告重者,加所诬罪三等"。对于子孙奸父祖妾行为,汉代称为"禽兽行",当死,试看一例"子定国,与父康王姬奸,生子男一人,夺弟妻为姬,与子女三人奸。事下,公卿皆议曰,定国禽兽行,乱人伦,逆天道,当诛。上许之,定国自杀"①。唐律则将"奸父祖妾、伯叔母、姑"行为者,处以绞刑。就犯罪行为的严重性而言,谋杀祖父母、父母之"恶逆"远重于"不孝",《唐律疏议》与《宋刑统》对行为人处斩刑,《大明律》和《大清律例》加重了处罚,对已行者处斩,已杀者则凌迟处死。

(2) 父祖的惩戒权

"养不教,父之过",父祖对子孙的教育权和惩戒权是亲权的一部分,所谓棍棒底下出孝子。法律赋予父祖的惩戒权既是教育子孙手段,也是治家需要,通过惩戒权教育出乖顺的子孙也是父祖对国家的一项义务。对于不服从管教的子孙,父祖可以打骂,可以人身体罚,子孙只能大杖则走、小杖则受,不能还手,否则构成"恶逆"重罪。祖父母、父母惩罚子孙,未造成伤害,法律不予过问,如造成伤害或死亡,法律视不同情形适当干预。《唐律疏议》规定:"子孙违犯教令,而祖父母、父母殴杀者,徒一年半;以刃杀者,徒二年。故杀者,各加一等。即嫡、继、慈、养杀者,又加一等。过失杀者,各勿论。"唐律赋予父祖很大的惩戒权,父祖殴伤或者过失杀了违反教令的子孙,无罪;只是殴杀和故杀才治罪,且罪责很轻,仅入徒刑。该规定至明清时期略有修改,《大清律例》载:"子孙违犯教令,而祖父母、父母非理殴杀者,杖一百;故杀者,杖六十、徒一年。嫡、继、慈、养母杀者,各加一等;致令绝嗣者,绞。"②除了自己惩戒之外,传统法律还赋予父祖对不孝子孙的送惩权,请求地方政府惩罚。秦代即有此例,《封诊式》载:"某里士五(伍)甲告曰:'甲亲子同里士五(伍)丙不孝,谒杀,敢告。'即令令史己往执。令史己爰书:与牢隶臣某执丙,得某室。丞某讯丙,辞曰:'甲亲子,诚不孝甲所,毋(无)它坐罪'。"《唐律疏议》允许父祖将违反教令子孙亲自告官送惩,惩罚方式为徒二年,《大明律》和《大清律例》对此种行

---

① 程树德:《九朝律考》,商务印书馆 2010 年版,第 122 页。
② 《大清律例》,田涛、郑秦点校,法律出版社 1999 年版,第 463—464 页。

为处杖一百，有所减轻。

（3）父祖的主婚权

子女、孙子女的婚事是家中大事，由作为家长的祖父母、父母作主。通常而言，祖父母、父母是第一顺序的主婚人，如他们亡故或不能主婚时，则由期亲尊长主婚，唐律对嫁娶违律时不同主婚人和当事人的责任作了不同规定。《大明律》规定："若卑幼，或士宦，或卖买在外，其祖父母、父母及伯叔父母、姑、兄、姊，后为定婚，而卑幼自娶妻，已成婚者，仍旧为婚；未成婚者，从尊长所定。违者，杖八十"①，《大清律例》沿袭了这一规定。从律典文本中可以看出，《唐律疏议》严格强调婚姻非当事人自己决定之事，一般由家（族）尊长主婚，而明清律典中对特定情形下子孙卑幼自娶妻作了适当肯定，父祖的主婚权略有放松。法律赋予父祖对子孙卑幼的主婚权，既是家长制下子女（孙子女）人格不独立的体现，也是从家庭（家族）利益出发所作的安排。到清末修订的《大清民律草案》，仍然规定："结婚须由父母允许"，子女的婚事仍不能全由自己做主。

2. 夫妻关系

有夫妇然后有父子，夫妇结合家庭得以建立，夫妻关系是家庭关系的核心，然夫妻关系不同于父子关系和兄弟关系，后两种是血缘关系，而维系夫妻关系的是婚姻，父子关系和兄弟关系通常是不能改变的，而夫妻关系可随着婚姻的解除而消亡。

首先，夫妻关系具有统一性。自西周时期，一夫一妻制就得到了确立，法定的妻子只有一个。"妻者，齐也，与夫齐体，自天子下至庶人，其义一也。"②可理解为，妻与夫齐头并进，相伴终身，具有一定的平等性，彼此都是对方的另一半。白头偕老、相敬如宾，都是古人对夫妻关系寄予的美好期盼。孔子曾阐扬了敬妻之道："妻也者，亲之主也，敢不敬与？"③因为妻子承担了繁衍后代、延续香火之神圣使命。传统社会夫妻相敬如宾者有之，《后汉书》载："庞公者，南郡襄阳人也。居岘山之南，未尝入城府。

---

① 《大明律》，怀效锋点校，法律出版社1999年版，第60页。
② 《白虎通义·嫁娶》。
③ 《礼记·哀公问》。

夫妻相敬如宾。"①为什么强调夫妻之间相敬？韩非一语义理深刻："夫妻者，非有骨肉之恩也，爱则亲，不爱则疏"②，夫妻相敬有利于家庭关系的和谐。古人非常强调这一点，传统离婚制度的"七出"只允许有此七种情形时方可休妻，禁止没有法定理由的休妻，传统伦理也反对轻易离婚，所谓从一而终。滋贺秀三认为中国传统社会"夫妻一体"，从第三者角度看妻等于和夫一样应该受到相同尊敬的人，而且在对待子女上父母的权力也是统一的，夫死之后寡妻可以代表夫之人格行使对于子女的权利。③可以说，无论是对内还是对外，夫妻一方做出的行为对夫妻的另一方都是有效的，如对子女的主婚、对外的财产处置或举债等等，都充分说明了夫妻在人格上是统一的。

其次，夫妻关系具有隶属性。夫妻的统一性是有差异的统一，并非绝然平等。传统礼教强调"夫为妻纲"，丈夫是妻子的根本，所谓"夫者，妻之天也"④。女子出嫁从夫，应一辈子顺从丈夫，人格一定程度上被丈夫所吸收，没有完全的独立性。夫妻关系的隶属性是传统社会男尊女卑的体现，其根本原因是由男人的家庭经济地位决定的，农耕社会男主外、女主内，男人在养家糊口家庭经济方面扮演了更重要的角色，相应地丈夫家庭地位高于妻子。夫妻之间这种不对等的隶属关系在传统法律中也有丰富体现。"十恶"中，妻杀夫或夫之祖父母、父母入"恶逆"罪，妻告夫入"不睦"罪，妻闻夫丧匿不举哀、若作乐、释服从吉及改嫁入"不义"罪，处罚甚重，严厉禁止妻子损害丈夫的这些行为；反过来，丈夫杀妻或妻之祖父母、父母、告妻子、闻妻丧匿不举哀等行为，则未入十恶重罪。在婚姻上，丈夫可以纳妾，女子只能嫁一夫，强调从一而终，离婚权多操纵在男方手里，女子离婚权受到极大限制，如《白虎通义》所言"夫有恶行，妻不得去者，地无去天之义也"。此外，传统法律顾及女子颜面，在非必要时女子一般不出庭诉讼，丈夫成为妻子当然的诉讼代理人，代理妻子打官司，能在一定程度上处理妻子的诉讼权利乃至实体权利，这同样是夫权的体现。

---

① 《后汉书·庞公传》。
② 《韩非子·备内》。
③ ［日］滋贺秀三：《中国家族法原理》，张建国、李力译，法律出版社 2003 年版，第 109 页。
④ 《礼记集解·卷四十四》。

　　最后,对于夫妻相犯法律惩罚轻重有别。夫妻久处,矛盾难免,在一方对另一方暴力伤害乃至造成死亡时,传统法律对夫妻二者的处罚有所不同。秦代《法律答问》载:"妻悍,夫殴笞之,决其耳,若折肢指、肤体,问夫何论? 当耐",对丈夫殴打妻子造成其耳朵撕裂、肢体折断之严重人身伤害行为,仅仅处以耐刑。张家山汉简《二年律令》对夫殴笞的处罚更轻:"妻悍而夫殴笞之,非以兵刃也,虽伤之,毋罪;妻殴夫,耐为隶妾。"非用兵刃即便造成妻子伤害,丈夫也无罪,反之妻殴打丈夫,即便没有造成伤害,也要处作刑隶妾。自《北齐律》正式规定"五服制罪"制度后,夫妻之间暴力伤害法律处罚轻重不同成为一项法律原则。《唐律疏议》载:"诸殴伤妻者,减凡人二等;死者,以凡人论。"①疏议进而解释为:"妻之言齐,与夫齐体,义同于幼,故得减凡人二等。死者,以凡人论,合绞。以刃及故杀者,斩。"②对于夫殴伤妻,唐律的处罚是较常人殴伤相比减轻二等。反过来,对于妻殴夫《唐律疏议》的处罚则明显加重:"诸妻殴夫,徒一年;若殴伤重者,加凡斗伤三等。(须夫告乃坐)。死者,斩。"③对于妻殴夫行为的处罚,《大清律例》的规定更为细致:"凡妻殴夫者,杖一百。夫愿离者,听。致折伤以上,各加凡斗伤三等;致笃疾者,绞;死者,斩。故杀者,凌迟处死。"④如上这些法律规定,旨在维护"夫为妻纲"的伦理秩序。

　　3. 其他家庭成员间的关系

　　其他家庭成员间关系主要包括婆(翁)媳关系、兄弟姊妹关系、叔侄关系、妾婢与家长间的关系。就密切程度而言,这些亲属关系次于父子关系、夫妻关系,但亦有显著的尊卑之异。从整体上看,传统家庭(家族)伦理要求尊长爱护卑幼,卑幼服从尊长,不得侵犯尊长利益,在二者利益发生冲突时,尊长利益优先考虑。就这些成员相互间人身伤害而言,以尊犯卑处罚较常人轻,以卑犯尊处罚较常人重,"一准乎礼"的《唐律疏议》对此作了细致入微的规定。

　　依唐律,妻谋杀夫之祖父母、父母者,处斩。意为只要有谋杀,不必已

---

① 《唐律疏议》,岳纯之点校,上海古籍出版社 2013 年版,第 350 页。
② 《唐律疏议》,岳纯之点校,上海古籍出版社 2013 年版,第 351 页。
③ 《唐律疏议》,岳纯之点校,上海古籍出版社 2013 年版,第 351 页。
④ 《大清律例》,田涛、郑秦点校,法律出版社 1999 年版,第 460 页。

杀，即要处斩刑；妻殴夫之祖父母、父母者，处绞；伤者，处斩。反过来，父祖"殴子孙之妇令废疾者，杖一百；笃疾者，加一等；死者，徒三年；故杀者，流二千里"①。父祖殴打子孙之妇致死，才处徒三年，处刑轻重天壤之别。对于殴打伯叔父、兄姊行为，《唐律疏议》规定的处罚也较常人为重："诸殴兄姊者，徒二年半；伤者，徒三年；折伤者，流三千里；刃伤及折支若瞎其一目者，绞；死者，皆斩；詈者，杖一百。伯叔父母、姑、外祖父母，各加一等。即过失杀伤者，各减本杀伤罪二等。"②甚至殴兄之妻，唐律也加凡人一等处罚。对于妾婢与家长的相犯问题，《唐律疏议》规定："殴妾折伤以上，减妻二等"，"若杀妾者，止减凡人二等。"可见，殴伤妾在处罚上减凡人四等，杀妾则减凡人二等。再者，"若妻殴伤杀妾，与夫殴伤杀妻同。过失杀者，各勿论"。反过来，"诸妻殴夫，徒一年；若殴伤重者，加凡斗伤三等。（须夫告乃坐）。死者，斩。媵及妾犯者，各加一等。过失杀伤者，各减二等。"可见妾的家庭地位之低。关于这一点，瞿同祖先生指出："妾以夫为君，为家长，俗称老爷，而不能以之为夫。在家长家庭中实非家庭成员，与家长的亲属没有任何亲属关系，也没有亲属的服制，被称为姨娘、姨太太，她的父母、兄弟、姊妹与家长不成立亲属关系。妾不能参加家族祭祀，死后也不能入家族祖庙被祭祀。"③当然，说妾非家庭成员未免言之过甚，至于奴婢，虽在家庭内生活，但非正式家庭成员，地位更低。依唐律规定，主杀无罪奴婢，或者主之期亲及外祖父母杀无罪奴婢，处刑皆为徒一年；而奴婢过失杀主者，处绞刑；伤主或者詈主者，处流刑。

唐律中这些尊卑相犯的规定，在宋及明清律典中大体得到了延续和发展，卑亲属殴尊亲属起刑点总体上有所降低，如弟妹殴兄姊、妾殴夫及正妻等，但对杀尊亲属处刑重者升格为凌迟刑，如妻妾故杀夫、奴婢杀家长等。这些规定都显示了家内尊长和卑幼之间权利与义务的不对等，致力于维护尊长的特权和利益，维护家内的和谐秩序。

---

① 《唐律疏议》，岳纯之点校，上海古籍出版社2013年版，第355页。
② 《唐律疏议》，岳纯之点校，上海古籍出版社2013年版，第353—354页。
③ 瞿同祖：《瞿同祖法学论著集》，中国政法大学出版社1998年版，第149—150页。

（二）财产关系

家庭是基本的生活单位，既是人的结合，也是财产的结合，体现出"同居共财"特点，《唐律疏议》将"同居"解释为"同财共居，不限籍之同异，虽无服者并是"①。"同财"也好，"共财"也好，都是说家庭财产是家庭成员共同的。滋贺秀三先生对"同居共财"作了精到的解释："所谓同居共财，是收入、消费以及保有资产等等涉及各方面的共同计算关系，即以每个人的勤劳所得和由共同资产所得的收益为收入、支出每个人的生活万端——死者的葬祭也作为重要的一项包括在内——的费用、若有剩余则作为共同的资产加以贮存、如果出现不足则坐吃资产以保全生命的那样一种维持共同会计的关系。②"家庭成员"同居共财"是共有还是共用？传统律典似未明确，从根本意义上讲，应理解为共有，家庭财产自然是家庭成员大家的。为什么财产要家庭共有而子孙不能异财，《朱子家礼》的阐释义理深厚："夫人子之身，父母之身也，身且不敢自有，况敢有私财乎？若父子异财，互相假借，则是有子富而父母贫者，父母饥而子饱者。贾谊所谓假父耰锄，虑有德色；母取箕帚，立而谇语。不孝不义，孰甚于此！"子孙身体和生命都是父母给的，并非完全属于自己，同样子孙的财产也并非仅仅属于自己，如果父子异财，可能会导致子富而父贫，父母没能得到很好的赡养，这是很大的不孝。

当然"同居共财"只是一个笼统的说法，对"同居"也不应作过于狭义的理解，也并非只是限定居住在同一栋屋宇下，几世同堂的家庭住在相隔不远的几栋房屋里亦为"同居"。而且进一步讲，同居者也并非都是家庭成员，如奴婢、部曲虽然同居生活，但不是正式家庭成员，家庭财产没有他们的份额。未出嫁的女儿也是家庭财产的共有者，出嫁之时她能从家庭财产中获得一份嫁妆，出嫁之后就丧失了这一资格。家庭财产归家庭成员共有，但由谁管理，家产的使用权与处分权由谁行使？家庭财产管理权归家长，属于家长权的一部分。从家庭生活现实看，家庭财产归家庭成员

---

① 《唐律疏议》，岳纯之点校，上海古籍出版社 2013 年版，第 104 页。
② ［日］滋贺秀三：《中国家族法原理》，张建国、李力译，商务印书馆 2013 年版，第 85 页。

共同使用,吕思勉先生有言:"古代财产,本为一族所公有。为族长者,持操其管理之权耳。古所以严'父母存不有私财'之禁者,非恶其有财,乃恶其侵家长治理之权也。为家长者,财虽非其私有,然既操管理之权,则其实与私有无异"①。吕思勉此处讲的族长实为家长,他肯定了家产由家长管理这一点,并指出了由于家长掌控家产管理权,故家产名义上为共有实际上相当于家长私有。家产由家长管理,但使用上并非家长一人,在家长的明示或默认下家庭成员都有一定的使用权。传统法律禁止子孙卑幼擅自处分家产,当然,子孙卑幼经过家长的同意处分家产或者家长授权他们处分家产则另当别论。

除了子孙卑幼不得擅自处分家产外,传统法律对于子孙别籍异财行为也严厉禁止,因为此举不利于祖父母、父母的赡养。《唐律疏议》规定:"诸祖父母、父母在而子孙别籍、异财者,徒三年",子孙有"别籍""异财"一种即可处刑,但唐律又规定祖父母、父母令其异财者则子孙不坐,即父祖可以令子孙析产。此外,《唐律疏议》还规定,居父母丧时兄弟别籍、异财者,徒一年。对于同居子孙卑幼私自处分家产的行为,《唐律疏议》也予以惩罚:"诸同居卑幼私辄用财者,十匹笞十,十匹加一等,罪止杖一百"②,即子孙卑幼没有不经尊长同意擅自使用和处分家产的权利,以防止他们谋取私利、挥霍家产败掉家产。及至清代,《大清律例》仍然惩治子孙别籍异财和同居卑幼私擅用财行为,只是处刑略有变化。

家庭成员在家产上的共同所有、共同经营、共同消费、共同受益,这种传统的同居共财制度充分体现了家庭本位,家长实质上只是家产的管理者而已,同居共财制度有利于家内弱势群体的保障,总体上有利于家庭的和谐。但也有其弊端,对于几世同堂的大家庭,吃大锅饭平均生活会在一定的程度上影响经营效益,毕竟人难免都有私心。对于同居共财之弊,杨鸿烈先生言之甚详:

> 凡累世同居者,必立之家法,长幼有礼,职事有司,管库勾稽,善败惩劝,各有定制。又必代以贤者,主持倡率而后可行;否

---

① 吕思勉:《中国社会史》,上海古籍出版社 2007 年版,第 258 页。
② 《唐律疏议》,岳纯之点校,上海古籍出版社 2013 年版,第 202 页。

则财相竞,事相诿,俭者不复俭,而勤者不复勤,势不能以终日,反不如分居者,各惜其财,各勤其事,犹可以相持而不败也。至于祖父母父母在堂,亦微有辨:如年逾七十,宜传家政;或年虽未衰,别有疾病,而不任综理,则子孙析居,亦无不可;且其家既分析,必其家法未立,又无可兼综之人,今必责已分者使之复合,是强人以所不能,势不行矣。①

三、继承制度

中国传统社会的继承制度是指继承人合法地无偿取得被继承人财产乃至身份的法律制度,包括财产继承和身份继承两方面。

(一) 宗祧继承

1. 宗祧继承意义

宗祧即祖庙,供奉着家族的祖先,宗祧继承又称宗法继承,是将被继承人祭祀祖先身份传递给继承人的一种制度,这种身份只能由一个人继承。宗祧继承在西周得到了确立,是宗法制之下的产物,对此陈顾远先生曾言:

> 宗祧继承不外以奉祖先之祭祀为目的,特由男系宗统继承而已。最初与宗法制度互相表里,"大宗者尊之统也,大宗者收族者也",不可以绝,所以大宗无后,族人应以支子后大宗;小宗五世则迁,其族统于大宗,所以无后可绝。至于使支子后大宗,而不以嫡子后大宗,因嫡子原本有承其祖祢祭祀而绵血食之义务,自不可为大宗后。宗法既衰环境变更,殇与无后者已无祔食从祭之所在,且因毕生尽力经营之家户一旦告绝,自非人情所愿;因而人人各亲其亲,各祢其祢,凡无子者均可立嗣,并非以继其宗,而以传其家,续其户为目的焉。②

大宗不可以绝嗣,如果大宗无子则必须择一族人支子为大宗立嗣。

---

① 杨鸿烈:《中国法律思想史》,中国政法大学出版社 2004 年版,第 265 页。
② 陈顾远:《中国法制史概要》,商务印书馆 2011 年版,第 237 页。

虽然宗法制在西周后逐渐衰落了,但宗祧继承一直延续下来,而且平民化了,至明清时期仍然存在,因为祭祀祖先是各家大事,必须不断延续香火,有人承祀,否则就是对祖先极大的不孝。

2. 宗祧继承人的确立

西周时期确立了宗祧继承基本原则为嫡长子继承制,确定继承人的具体方式:"立嫡以长不以贤,立子以贵不以长。"①嫡长子继承制这一宗祧继承制度贯穿于整个封建时代,汉代非嫡子继承爵位构成"非正"罪,依律应免为庶人,亦有此例:"元始三年,嗣平周侯丁满,坐非正免。元寿二年,嗣汝昌侯傅昌,以商兄子绍奉祀封,坐非正免。"②《唐律疏议》打击"立嫡违法"行为:"诸立嫡违法者,徒一年。即嫡妻年五十以上无子者,得立庶以长,不以长者亦如之"③,并详细规定了宗祧继承人的确定顺序:"无嫡子及有罪疾,立嫡孙;无嫡孙,以次立嫡子同母弟;无母弟,立庶子;无庶子,立嫡孙同母弟;无母弟,立庶孙。"④明清律典对立嫡子违法行为,处杖八十。在宗祧继承上嫡长子优先,也是传统社会礼制的要求,妻的地位高于妾,故嫡子地位高于庶子;兄的地位高于诸弟源于"长幼有序"礼制原则。

如果被继承人无子,必须确立一个嗣子承嗣祭祀,在被继承人生前或死后皆可,传统法律对这种立嗣行为作了严格规范。通常而言,必须同姓族裔,禁止立异姓男子为嗣子。滋贺秀三先生曾言:

> 没有亲生子的情况下,由拟制的亲子维持对祖先的祭祀,是养子的本质性的功用,但作为这种祭祀的物品,如果不是由得到与祖先相同的血的后辈所奉献的话,则被认为祖灵就不能享受这些祭品。而且在这里,问题的核心之处仍是只意识到构成人的血统的只及于男系。继承同一男系血统的人即同宗同姓者是同类,其他的人是非类、异类。异类之人即使祀了也不成其为祀。过去,在鄑这个国里迎来公的外甥(姐妹之子)莒的公子作

---

① 《春秋公羊传·隐公元年》。
② 程树德:《九朝律考》,商务印书馆 2010 年版,第 176 页。
③ 《唐律疏议》,岳纯之点校,上海古籍出版社 2013 年版,第 199 页。
④ 《唐律疏议》,岳纯之点校,上海古籍出版社 2013 年版,第 199 页。

为继嗣,春秋针对这一事件记载为"莒人灭鄫",也就是说,这件事在表面上看是继世而在实质上不是继世,等于认为是继嗣的断绝。①

汉代亦有异姓承嗣而被惩处免为庶人的现象:"复阳侯陈强,元狩二年,坐父拾非嘉子免,嗣杜侯福,河平四年坐非子免。"对于无子家庭宗祧继承问题,《唐律疏议》允许的解决方案是"无子者,听养同宗于昭穆相当者"②,禁止养异姓男子承嗣:"养异姓男者,徒一年;与之,笞五十"③,但收养三岁以下男性弃婴为例外,是基于救人性命之考虑,但必须改为同姓,可承宗祧。唐律的这一规定被《宋刑统》沿用,在绝户继绝问题上宋代出现了两个新的概念"立继"和"命继":"立继者,谓夫亡而妻在,其绝则其立也,当从其妻;命继者,谓夫妻俱亡,则其命也惟近亲尊长。"④通过"立继"或"命继"方式,为绝户家庭立嗣子。及至清代,《大清律例》仍禁止收养异姓男子为嗣的乱宗族行为,规定了无子家庭宗祧继承规则:"无子者,许令同宗昭穆相当之侄承继,先尽同父周亲,次及大功、小功、缌麻。如俱无,方许择立远房及同姓为嗣。"⑤如立同宗但尊卑失序之人为嗣,应处杖六十,子归其宗,改立应继之人。此外,清代出现了一种独子兼祧的习俗,亲兄弟之间如出现长房无子,次房只有一子,由于长房不能绝嗣,这时该子兼祧两房,同时延续两房香火,该习俗得到了官方认可。

> 独子虽宗支所系,但或其人已死,而其兄弟各有一子,岂忍视其无后?且存者尚可生育,而死者应与续延,即或兄弟俱已无存,而以一人承二房宗祀,亦未始非从权以合经。又或死者有应袭之职,不幸无嗣,与其拘泥"独子之例"求诸远族,何如先尽亲兄弟之子,不论是否独子,令其继嗣之为愈乎?嗣后遇有孀妇应行立继之事,除照例按依昭穆伦次相当外,应听孀妇择其属意之人,并问之本房是否愿继,取有合族甘结,即独子亦准出继,庶穷

---

① ［日］滋贺秀三:《中国家族法原理》,张建国、李力译,法律出版社 2002 年版,第 28 页。
② 《唐律疏议》,岳纯之点校,上海古籍出版社 2013 年版,第 199 页。
③ 《唐律疏议》,岳纯之点校,上海古籍出版社 2013 年版,第 199 页。
④ 《名公书判清明集·卷八》。
⑤ 《大清律例》,田涛、郑秦点校,法律出版社 1999 年版,第 179 页。

嫠得以母子相安,而立嗣亦不致以成例阻格。①

(二) 财产继承

在"父子一体"的古代社会,儿子被认为是父亲生命的延续,相应地在父亲死后财产由儿子继承。西周宗法制之下的嫡长子继承制,既是身份继承,也是财产继承,父亲财产由长子继承,再由其适当分给诸弟,汉代以后,财产继承规则才逐渐发展起来。从总体上讲,传统社会的财产继承主要为法定继承,也存在遗嘱继承现象。

1. 法定继承

(1) 亲生子的继承权

随着春秋时期宗法制的衰落,诸子的财产继承权逐渐得到了法律的认可。汉代出现了财产继承上诸子均分现象,史载陆贾将其财产均分五子:"有五男,乃出所使越得橐中装,卖千金,分其子,子二百金,令为生产。"②《唐律疏议》以律典形式明确规定了财产继承问题:"应分田宅及财物者,兄弟均分。妻家所得之财,不在分限。兄弟亡者,子承父分。"应继承的家庭财产,由兄弟均分;各人妻家陪嫁的嫁妆或者其他来自妻家的财产,属于各自所有,不在分配范围内;如有兄弟死亡,则由其子代位继承。《宋刑统》沿用了唐律这一规则,并作了些补充:"兄弟俱亡,则诸子均分。未娶妻者,别与娉财",即当有继承权的兄弟俱亡时,并非各自儿子承父分,而是由兄弟们的儿子一起均分。遗产分配时另给与未娶妻者一份娉财,体现了兄弟间财产分配实质上的公平。同时,对于遗腹子、能证明与其父亲血缘关系的别宅子(私生子),宋代法律也赋予了其一定的财产继承权。明代财产法定继承仍然坚持诸子均分,并给予了奸生子一定的继承份额,"不问妻、妾、婢生,止依子数均分;奸生之子,依子数量与半分;如别无子,立应继之人为嗣,与奸生子均分;无应继之人,方许承继全分"③,清代亲生子的法定继承权沿用了明代这一规定。可见,在封建社会的中

---

① 《嘉庆朝大清会典事例·卷一百一十七》。
② 《汉书·陆贾传》。
③ 《大明令·户令》。

后期,法律对亲生子的财产继承权越来越开放和包容了,只要存在父子血缘关系无论是否婚生儿子皆有继承权。

(2)非亲生子的继承权

非亲生子主要包括养子、过继子等,他们是否有继承权,能继承多大份额,在不同历史时期有所不同。

汉代财产诸子均分,是否包括养子不得而知,对于养子的财产继承权问题,《唐律疏议》也没有规定。从理论上讲,收养而产生的养父与养子之间的关系也是父子关系,为法律所认可,而且收养关系成立后养子与其生身父母法律关系解除,不能继承其生父财产,如不能继承养父财产必使养子无财产可继承之窘境,也势必会导致生父母不愿将儿子给人收养,而且无子家庭收养养子为嗣,此种家庭不属于户绝,宋人已指出了这一点"身在养子,户绝立继,事体条法,迥然不同"①。立嗣养子必然是有财产继承权的,至于有些家庭收养非立嗣养子是否有财产继承权不能断定。唐代大和八年(834 年)八月二十三日曾发布过敕节文,否定波斯及诸蕃人身死之后其养子的财产继承权,"自今以后,诸州郡应有波斯及诸蕃人身死,若无父母、嫡妻、男及亲兄弟元相随,其钱物等便请勘责官收。如是商客及外界人身死,如无上件规族相随,即量事破钱物埋瘗,明立牌记,便牒本贯追访。如有父母、嫡妻、男及在室女,即任收认。如是亲兄弟、亲姪男不同居,并女已出嫁,兼乞养男女,并不在给还限"②。至清代,养子的财产继承权得到了法律的明确,从该条规定可见:"其收养三岁以下遗弃之小儿,仍依律即从其姓,但不得以无子遂立为嗣,仍酌分给财产,俱不必勒令归宗"③。收养异姓三岁小儿可分财产,依法收养同姓养子其财产继承权自不待言。

在古代,将儿子过继给别人为嗣,以祭祀祖先、延续香火,同时也可继承其家财,这也正是兄弟之子优先过继之重要原因,如此家(族)的财产才不至外流,过继子的财产继承权为传统法律所认可。如绝户有女儿时,过继子与绝户女共同继承财产,宋代对此规定较为详尽:"立继者与子承

---

① 《名公书判清明集·户婚门》。
② 《宋刑统校证》,岳纯之校证,北京大学出版社 2015 年版,第 170—171 页。
③ 《大清律例》,田涛、郑秦点校,法律出版社 1999 年版,第 179 页。

父分法同,当尽举其产以与之。命继者于诸无在室、归宗诸女,止得家财三分之一。又准户令:诸已绝之家立继绝子孙谓近亲尊长命继者,于绝室财产者,若止有在室诸女,即以全户四分之一给之,若又有归宗诸女,给五分之一。止有归宗诸女,依户绝法给外,即以其余减半给之,余没官。止有出嫁诸女者,即以全户三分为率,以二分与出嫁诸女均给,余一分没官。"①在财产继承上,《大清律例》中"如别无子,立应继之人为嗣,与奸生子均分"一语,肯定了过继子的财产继承权。

(3) 女儿的继承权

女儿是否有财产继承权以及能继承多大份额,视其是否有兄弟及是否出嫁而有所不同。在有儿子的家庭,女儿没有继承权,不但早期宗法制下如此,汉唐时期家庭财产诸子均分,同样没有女儿的份额。出嫁女加入夫家同居共财,娘家的财产并不属于她,在室女只可分得一份嫁妆。《宋刑统》规定,家庭财产分割时,"姑、姊妹在室者,减男娉财之半",即财产诸子均分,未婚兄可另分得一份娉财,未嫁女子只能分得未婚兄弟娉财之半作为嫁妆。女儿只有在户绝情形下才有一定的财产继承权。唐《丧葬令》规定:"诸身丧户绝者,所有部曲、客女、奴婢、店宅、资财,并令近亲转易货卖,将营葬事及量营功德之外,余财并与女",该规则在《宋刑统》中得到了重申。对于绝户立继和命继之下,在室女、归宗女、出嫁女有一定的财产继承份额,前已述及。《大清律例》仍然肯定了绝户之女的继承权:"户绝财产,果无同宗应继之人,所有亲女承受。无女者,听地方官详明上司,酌拨充公。"总而言之,女儿只有户绝情形下的有限财产继承权。

(4) 妻子的继承权

在丈夫去世后,寡妻的财产继承权得到了一定的肯定,这种继承权包括继承亡夫财产和代位继承亡夫应继承的财产两种类型。唐代大和八年八月二十三日曾发布的敕节文肯定了嫡妻与父母、儿子、在室女等对死商客及外界人身死后的资财货物的继承权,周显德五年(958年)七月七日敕条也指出:"死商财物,如有父母、祖父母、妻,不问有子无子,及亲子孙

---

① 《名公书判清明集·户婚门》。

男女,并同居大功以上亲,幼小者亦同成人,不问随行与不随行,并可给付。"①《宋刑统》肯定了寡妻对亡夫的代位继承权:"寡妻妾无男者,承夫分。若夫兄弟皆亡,同一子之分。有男者,不别得分,谓在夫家守志者。若改适,其见在部曲、奴婢、田宅,不得费用,皆应分人均分。"②如寡妻改嫁,将丧失夫家所继承的财产。史载:

> 王罕知潭州,州素号多事,知州多以威严取办,罕独以仁恕为之,州事亦治。有老妪病狂,数邀知州诉事,言无伦理,知州却之,则悖詈。先后知州以其狂,但命徼者屏逐之。罕至,妪复出,左右欲逐之,罕命引妇厅事,召使前,徐问。妪虽言杂乱无次,亦有可晓者:乃本为人嫡妻,无子,其妾有子,夫死为妾所逐,家赀为妾尽据之。妪屡诉于官,不得直,因愤志发狂。罕为直其事,尽以家赀还之,吏民服其能察冤。③

王罕查明案情后,将该妾所据家资悉数判还给了嫡妻。《大清律例》继续肯定了寡妻一定条件下的财产继承权:"妇人夫亡无子守志者,合承夫分,须凭族长择昭穆相当之人继嗣。其改嫁者,夫家财产及原有妆奁,并听前夫之家为主。"

2. 遗嘱继承

通过生前立遗嘱的方式将自己死后的遗产继承予以安排,遗嘱继承灵活性较大,较好地体现了家长的意愿,既能防止死后子孙争财反目,也能对家内相对弱势或者自己较为亲近的后人予以更好的照顾。遗嘱继承多是针对财产问题,这种按照家长的意愿来处理遗产的继承方式为传统社会和传统法律所认可。汉代有一遗嘱继承名案:

> 沛中有富豪,家赀三千万。小妇子是男,又早失母,其大妇女甚不贤。公病困,恐死后必当争财,男儿判不全得。因呼族人为遗令,云:"悉以财属女,但以一剑与男,年十五以付之。"儿后大,姊不肯与剑,男乃诣官诉之。司空何武曰:"剑,所以断决也;

---

① 《宋刑统校证》,岳纯之校证,北京大学出版社2015年版,第170—171页。
② 《宋刑统校证》,岳纯之校证,北京大学出版社2015年版,第170—171页。
③ 《涑水记闻·卷十四》。

限年十五,有智力足也。女及婿,温饱十五年,已幸矣!"议者皆服,谓武原情度事得其理。①

随着商品经济发展所带来的财富增长,遗嘱继承在宋代得到了迅猛发展,宋代遗嘱有口头和书面两种形式,书面遗嘱要求经官给据,效力更强。

> 郑应辰无嗣,亲生二女,曰孝纯、孝德,过房一子,曰孝先。家有田三千亩,库一十座,非不厚也。应辰存日,二女各遗嘱田一百三十亩,库一坐与之,殊不为过。应辰死后,养子乃欲掩有,观其所供,无非刻薄之论。假使父母无遗嘱,亦自当得,若以他郡均分之例处之,二女与养子各受其半。今只人与田百三十亩,犹且固执,可谓不义之甚,九原有知,宁无憾乎? 县丞所断,不计其家业之厚薄,分受之多寡,乃徒较其遗嘱之是非,义利之去就,却不思身为养子,承受田亩三千,而所拨不过二百六十,遗嘱之是非何必辩也。二女乃其父之所自出,祖业悉不得以沾其润,而专以付之过房之人,义利之去就,何所择也。舍非而从是,此为可以予,可以无予者? 设舍利而从义,此为可以取,可以无取者? 设今孝先之予,未至伤惠,二女之取,未至伤廉,断然行之,一见可决。郑孝先勘杖一百,钉锢,照元遗嘱各拨田一百三十亩,日下管业。②

明清时期,遗嘱继承仍然广泛存在,只有在家长生前未立遗嘱时,才按法定继承方式分割遗产。

---

① 《太平御览·卷八百三十六》引应劭《风俗通》。
② 《名公书判清明集·户婚门》。

第九讲

五　　刑

中国传统法律文化的核心和主体是刑法文化,刑罚在中国历史上出现很早。蔡枢衡研究认为,三皇时代对惩罚违反风俗习惯者就有扑挞和放逐的惩罚,但没有肉刑和死刑。[①] 商鞅揭示了黄帝时期已有了肉刑:"神农之世,男耕而食,妇织而衣;刑政不用而治,甲兵不起而王。神农既没,以强胜弱,以众暴寡,故黄帝作为君臣上下之义、父子兄弟之礼、夫妇妃匹之合,内行刀锯,外用甲兵"[②],"内行刀锯"即施以肉刑。史载:"苗民弗用灵,制以刑,惟作五虐之刑曰法。杀戮无辜,爰始淫为劓、刵、椓、黥。"[③]学界普遍认为,产生于夏代的"奴隶制五刑"即来自苗民的"五虐之刑"。

一、奴隶制五刑与封建制五刑

(一) 奴隶制五刑

奴隶制五刑出现于夏代,《周礼·秋官·司刑》注:"夏刑大辟二百,膑刑三百,宫刑五百,墨、劓各千",即夏代的主要刑罚墨、劓、膑、宫、大辟"五刑"一共三千,这就是所谓的"夏刑三千条"。如认为当时的法律有三千条,显然是说不通的,早期经济文化落后,人类社会关系简单,没必要制定出如此多的法律,再者三千大概也是个虚数,相对而言,将其理解为三千

---

① 蔡枢衡:《中国刑法史》,中国法制出版社 2005 年版,第 49—50 页。
② 《商君书·画策》。
③ 《尚书·吕刑》。

个案例，倒是更具有合理性。由于夏代历史久远，留存下来的史料很少，"夏刑三千条"的理解学界难有统一认识。相对而言，商代能够成为信史的更多，荀子曾言"刑名从商"[1]，商代刑名较为可考，对后世影响较大。据杨鸿烈的研究，商代有关押人犯的徒刑、割去鼻子的劓刑、针对官员的墨刑、断足的膑刑以及夺人生命的炮烙、醢脯、剖心、族刑。[2] 可见夏代的肉刑在商代得到了部分沿用，而炮烙、醢脯、剖心之类的酷刑见诸纣王时期，给纣王冠上了暴君名号。

灭商之后，西周初年统治者注意吸收夏商灭亡的教训，提出"我不可不监于有夏，亦不可不监于有殷。我不敢知曰，有夏服天命，惟有历年；我不敢知曰，不其延。惟不敬厥德，乃早坠厥命。我不敢知曰，有殷受天命，惟有历年；我不敢知曰，不其延。惟不敬厥德，乃早坠厥命"[3]。认为商人失去统治权的原因在于失德，失德天命就会转移，周人提出了"以德配天"，要求统治者勤政修德，力戒荒淫。由此周人提出了"明德慎罚"原则，在刑罚领域承袭发展了夏商流传下来的五刑制度，并废除了商代极端残暴的酷刑。西周五刑比较完备，据《周礼·秋官·司刑》记载："司刑掌五刑之法，以丽万民之罪。墨罪五百，劓罪五百，宫罪五百，刖罪五百，杀罪五百。"在周穆王时期的《吕刑》中，又进一步发展为："墨罚之属千，劓罚之属千，剕罚之属五百，宫罚之属三百，大辟之罚其属二百。五刑之属三千。"综之，西周的五刑为：墨、劓、刖（剕）、宫、大辟五种。墨刑为在罪人面额刺字染墨，以示其罪人身份，虽伤害不大但羞辱性很强。劓刑为割去罪人的鼻子，形象严重毁损并丧失部分机能。刖（剕）刑为砍脚，导致罪人严重残疾。宫刑则为男子割势，女子闭于宫中。大辟为死刑统称，执行方法主要为斩首，且对于贵族与平民又有所不同，贵族在朝堂或郊野秘密处死，而庶人则刑于市，并且曝尸三日，与众弃之。当然五刑只是西周刑罚主体，而非全部。

奴隶制五刑为肉刑和死刑两类，墨、劓、刖（剕）、宫四刑由轻到重，都是导致受人刑肉体残缺，终生痛苦，大辟并曝尸三日适用于最严重的犯

---

① 《荀子·正名》。
② 杨鸿烈：《中国法律发达史》，中国政法大学出版社 2009 年版，第 17 页。
③ 《尚书·召诰》。

罪,起到"杀一儆百"警示作用。

(二) 封建制五刑

西周五刑制度在春秋时期继续沿用,陈顾远说"秦汉以前之所谓五刑者,不外指墨劓剕宫大辟而言","由秦迄汉,五刑仅为刑名之一部,非可概其主刑。"①秦代除了黥(墨)、劓、刖、宫这些肉刑外,还有大量的死刑、徒刑、财产刑、羞辱刑等等,对于当"夷三族者"将施以肉刑与死刑相结合的"具五刑":"先黥、劓、斩左右趾、笞杀之,枭其首、菹其骨肉于市。其诽谤詈诅者,又先断舌。"②汉承秦制,从奴隶制时期流传下来的肉刑在汉代继续沿用,淳于意案的出现引发了汉文帝对肉刑的反思。

> (文帝)即位十三年,齐太仓令淳于公有罪当刑,诏狱逮系长安。淳于公无男,有五女,当行会逮,骂其女曰:"生子不生男,缓急非有益也!"其少女缇萦自伤悲泣,乃随其父至长安,上书曰:"妾父为吏,齐中皆称其廉平,今坐法当刑。妾伤夫死者不可复生,刑者不可复属,虽后欲改过自新,其道亡繇也。妾愿没入为官婢,以赎父刑罪,使得自新。"天子怜悲其意,遂下令曰:"制诏御史:盖闻有虞氏之时,画衣冠,异章服,以为戮,而民弗犯,何治之至也!今法有肉刑三,而奸不止,其咎安在?非乃朕德之薄而教不明与!吾甚自愧。……今人有过,教未施而刑已加焉,或欲改行为善,而道亡繇至,朕甚怜之!夫刑至断支体,刻肌肤,终身不息,何其刑之痛而不德也!岂称为民父母之意哉?"③

文帝遂下令废除肉刑,经君臣议定方案为:"当黥者,髡钳为城旦舂;当劓者,笞三百;当斩左趾者,笞五百;当斩右趾,……弃市。"④

---

① 陈顾远:《中国法制史概要》,商务印书馆 2011 年版,第 169 页。

② 《汉书·刑法志》。

③ 《汉书·刑法志》。

④ 《汉书·刑法志》,杨鸿烈、程树德、张晋藩等学者认为,汉文帝废肉刑事件中并没有废宫刑,理由是废宫刑客观上会导致淫乱人族类之可怕后果。参见杨鸿烈:《中国法律发达史》,中国政法大学出版社 2009 年版,第 73 页;程树德:《九朝律考》,商务印书馆 2010 年版,第 50 页;张晋藩:《中华法制文明的演进》,中国政法大学出版社 1999 年版,第 190 页。

随着肉刑从国家法层面逐渐退出历史舞台，从汉至南北朝时期，笞、杖、鞭、徒、流等刑罚逐渐成为主刑，陈顾远有言"元魏齐周，主刑五等——死、流、徒、鞭、杖；惟齐不曰'徒'，而曰刑罪，即耐罪也"①。北齐刑名中没有"徒"，而称之为"刑"，即耐罪，沈家本对此讲得很清楚："北齐刑名五，三曰刑，即耐罪，自五岁至一岁，乃后来之徒罪而不名徒。"②至隋代，文帝更定新律，废除了鞭刑，确定刑名有五：死刑、流刑、徒刑、杖刑、笞刑。③《唐律疏议》在隋代五刑基础上，稍作修改，将五刑规定为：笞刑，数目十到五十分为五等；杖刑，数目六十到一百分为五等；徒刑，分为一年到三年共五等，每等相差半年；流刑，分为两千里到三千里共三等，每等相差五百里；死刑，分为绞和斩两种。对这些刑罚的含义，疏议作了进一步解释："笞者，击也，又训为耻，言人有小愆，法须惩诫，故加捶挞以耻之"，"杖者，'持也'，而可以击人者欤"，"徒者，奴也，盖奴辱之"，"'流宥五刑'，谓不忍刑杀，宥之于远也"④。笞、杖、徒、流、死，谓之封建制五刑，确立于隋，完善于唐，一直沿用到清代，直到《大清现行刑律》中才作出了实质性修改。

在封建制五刑中，笞杖刑为身体刑，让犯人承受了击打身体的痛苦，但在性质上与奴隶制五刑中的肉刑不同，肉刑是直接导致肉体的残缺、肉体的不完整，尽管杖刑有可能将犯人打残甚至打死，但这种结果并非该刑的本意。从奴隶制五刑过渡到封建制五刑是一个漫长的历史过程，也是历史进步，作为惩罚较重犯罪的徒流刑，较之奴隶制五刑中的刖、宫刑文明很多。

二、汉文帝废肉刑之后肉刑存废之争

肉刑残酷不能否认，但从预防犯罪角度看它很有价值，而且汉文帝废肉刑之后也带来了一些社会问题，是否应当恢复肉刑在后世不时被提及，多有争议。

---

① 陈顾远：《中国法制史概要》，商务印书馆 2011 年版，第 171 页。
② 沈家本：《历代刑法考》，邓经元、骈宇骞点校，中华书局 1985 年版，第 344 页。
③ 邱汉平编：《历代刑法志》，商务印书馆 2017 年版，第 318 页。
④ 《唐律疏议》，岳纯之点校，上海古籍出版社 2013 年版，第 4—5 页。

(一) 班固对废肉刑的批判

最早对汉文帝废除肉刑提出责难的是东汉著名思想家、史学家班固，班固指出了废肉刑后刑制存在的不合理。

> 且除肉刑者，本欲以全人也，今去髡钳一等，转而入於大辟。以死罔人，失本惠矣。故死者岁以万数，刑重之所致也。至乎穿窬之盗，忿怒伤人，男女淫佚，吏为奸赃，若此之恶，髡钳之罚又不足以惩也。故刑者岁十万数，人既不畏，又曾不耻，刑轻之所生也。故俗之能吏，公以杀盗为威，专杀者胜任，奉法者不理，乱名伤制，不可胜条。是以罔密而奸不塞，刑蕃而人愈嫚。[①]

班固的责难主要有三点：(1)废除肉刑之后刑差太大，轻则髡钳，重则笞刑、大辟，轻刑与死刑之间缺乏中间刑。由于笞刑经常出现打死人现象，在班固看来无异于大辟，这样对于不轻不重的犯罪行为就没有合适的刑罚可用，刑制设置不合理。(2)由于缺乏中间刑导致死刑案件增加，有违法律仁爱的初衷；轻刑的泛滥也造成百姓不畏不耻，法密而奸不止，以致犯罪行为高发。(3)肉刑的废除，导致一批以重刑专杀为务的酷吏滋生，乱名伤制，处罚轻重失衡。

(二) 汉末魏晋的肉刑存废之争

1. 参与的人物

这次肉刑存废之争规模之大，持续时间之长，涉及人物之多在历史上是空前的。主张恢复肉刑的有汉末著名经学家郑玄、魏国大鸿胪陈纪、曹魏宰相陈群、著名史学家荀悦、曹魏丞相钟繇、西晋著名法律学家刘颂、东晋著名政治家王导等。反对恢复肉刑人物则有曹操时期的孔融、曹魏司徒王朗、曹魏征西将军名士夏侯玄、东晋刺史王敦等人。

---

① 《通典·刑法六》。

2. 双方的主要观点及理由

（1）主张恢复肉刑一方

① 肉刑是古代圣人制定的，渊远流长，乃"圣王之法"。

陈群："《书》曰'惟敬五刑，以成三德'，《易》著劓、刖、灭趾之法，所以辅政助教，惩恶息杀也。"①钟繇："古之肉刑，更历圣人，宜复施行，以代死刑。"②

② 废除肉刑以仁政为目的，其结果却是以轻刑之名行杀人之实，且使罪刑之间、刑罚之间失去平衡。

文帝出于恤刑慎杀的目的废肉刑，但却被后人认为是"外有轻刑之名，内实杀人"③。三国时魏相国钟繇认为"张苍除肉刑，所杀岁以万计"④，御史中丞陈群抨击汉文改制实属"重人肢体，轻人躯命"。仲长统说："肉刑之废，轻重无品，下死则得髡钳，下髡钳则得鞭笞。死者不可复生，而髡者无伤于人。髡笞不足以惩中罪，安得不至于死哉！夫鸡狗之攘窃，男女之淫奔，酒醴之赂遗，谬误之伤害，皆非值于死者也。杀之则甚重，髡之则甚轻。不制中刑以称其罪，则法令安得不参差，杀生安得不过谬乎？今患刑轻之不足以惩恶，则假臧货以成罪，托疾病以讳杀。科条无所准，名实不相应，恐非帝王之通法，圣人之良制也。"⑤

③ 恢复肉刑既可去除犯人的为恶之具，又可警示世人。

即特殊预防和一般预防。曹魏时的袁宏认为："罚当其罪，一离刀锯，没身不齿，邻里且犹耻之，而况于乡党乎？而况朝廷乎？"⑥从而肯定了肉刑的一般预防作用。而御史中丞陈群："若用古刑，使淫者下蚕室，盗者刖其足，则永无淫放穿窬之奸矣。"⑦晋人刘颂也认为："残体为戮，终身作诫，人见其痛，畏而不犯"，"去其为恶之具，使夫奸人无用复肆之志，止奸绝本，理之尽也。亡者刖足，无所用之。盗者截手，无所用复盗。淫者割

① 《三国志·陈群传》。
② 《三国志·钟繇传》。
③ 《汉书·刑法志》。
④ 《三国志·钟繇传》。
⑤ 《后汉书·仲长统列传》。
⑥ 《三国志·钟繇传》。
⑦ 《三国志·陈群传》。

其势,理亦如之。"①

④ 恢复肉刑可以减少死刑的适用,有利于人口繁衍增长。

三国两晋南北朝时期长期的割据征战,使整个社会呈现出凋敝景象,需要大量的青壮劳力为其提供兵源和税赋来源。汉改刑制把一些肉刑并入死刑,扩大了死刑的适用范围,而恢复肉刑就可以减少死刑,确为"全性命之至重,恢繁息于将来"的仁政之举。魏相国钟繇认为:"能有奸者,率年二十至四五十,虽斩其足,犹任生育。……臣欲复肉刑,岁生三千人。"②晋代持这种观点的有廷尉卫展、辅政桓玄和大臣蔡廓等。

⑤ 弥补死刑和徒刑之间形差太大。

刘颂认为死刑与徒刑之间落差太大,使刑制显得极不合理,他说:"今死刑重,故非命者众;生刑轻,故罪不禁奸。所以然者,肉刑不用之所致也。"③

(2)反对恢复肉刑一方

① 社会的发展决定了肉刑不应恢复。

肉刑起源于蛮族,其野蛮残酷性与华夏文明背道而驰。魏尚书丁谧认为,肉刑的创制是缘于苗民的暴虐,行于蚩尤的残暴之世,而为尧舜盛世抛弃使用,以鞭扑流放代之。考其始溯其源,肉刑并非如主复派所言始自三皇,因之三代。以此来作为恢复肉刑的理由缺乏说服力。肉刑过于残酷,恢复容易失去民心。王朗以为,肉刑"不用已来,历年数百。今复行之,恐所减之文未彰于万民之目,而肉刑之问已宣于冠仇之耳,非所以来远人也"④。

② 为解决罪刑轻重失调的矛盾,可以用延长居作等方法,而不需要恢复肉刑。

"肉刑之废,轻重无品",要求恢复肉刑的呼声很高,不少有识之士认识到这一弊端,并想要进一步完善新刑罚体系。他们反对恢复肉刑,主张通过延长犯罪人劳役期限的方法,来填补因废除肉刑而造成的生、死刑制

---

① 《晋书·刑法志》。
② 《三国志·钟繇传》。
③ 《晋书·刑法志》。
④ 《三国志·王朗传》。

之间差别悬殊,弥补新建刑罚体系中的缺陷。王朗:"今可按辔所欲轻之死罪,使减死之髡、刖。嫌其轻者,可倍其居作之岁数。内有以生易死不赀之恩,外无以则易钛钻骇耳之声。"①

③ 肉刑不利于德政教化,不利于使犯罪人悔过自新。

正由于肉刑太残酷,才导致了它的废除。对于犯罪行为,首先应该以道德教化的方式来教育,即使犯了罪也应"先教后刑",使其自觉地改造成为守法的人。而使用肉刑,只能使"被刑之人"深以为耻,"虽忠如鬻拳,信如卞和,智如孙膑,冤如巷伯,才如史迁,达如子政,一离刀锯,没世不齿"②,并且会受到邻居亲族的耻笑和厌弃,在事实上被自己所在的家族开除,失去其赖以安身立命的基础,"虽复欲改过自新,其道无由也"。这样的法律制度违背了圣人"道之以德,齐之以礼"的德治原则。

④ 维护社会稳定,必须从根本上消除犯罪原因,而仅靠恢复肉刑是不可能消灭犯罪的。

汉末之后的朝廷大臣和学者都认为刑罚的目的主要是预防,但主张恢复和反对肉刑的两派在如何实现刑罚目的方面存在着很大分歧。与恢复肉刑一派"去其为恶之具"的报应刑思想不同,反对肉刑恢复一派主张以"教育"作为根本途径。如孔融强调适用肉刑并不能使人改恶从善,反而愈发促使受刑之人变本加厉,从而得出了肉刑不应恢复的结论。魏末正始年间,征西将军夏侯玄认为,要想有效预防犯罪,单靠刑罚是远远不够的,只有尽量使民众生活富足,在安居乐业基础上以德导民,依靠道德力量才可能防止犯罪行为的发生。③

明代丘在《大学衍义补》一书中肯定了废肉刑之举:"自是以来,天下之人犯法始免断肢体,刻肌肤;百世之下,人得以全其身,不绝其类者,文帝之大德矣!"

(3) 争议的结局

辩论的结果是肉刑并没有被恢复,主要原因有三点:

① 以肉刑为中心的刑罚体系是适应奴隶社会生产关系与生产力发

---

① 《三国志·王朗传》。
② 《后汉书·孔融传》。
③ 《通典·刑法六》。

展水平的上层建筑,在封建社会已发展了数百年之后再恢复肉刑,显然已不能适应封建制的生产关系和较过去为高的生产力发展水平。

② 刑罚人道化是刑法发展的规律,刑法发展的历史实际上也就是刑罚不断文明化、人道化的历史。

③ 当时的政治斗争形势不允许曹魏政权恢复肉刑。曹操掌握政权以后不断遭到政敌刘备集团、孙权集团的挑战,他们在政治上、军事上与曹氏公开对抗,在舆论上也抓住一切机会对曹魏政权口诛笔伐。如果曹魏政权恢复时人看来极其残酷的肉刑,很容易授政敌以口实,落下"残暴"的恶名,就像王朗委婉指出的"非所以来远人也"。另外如果恢复肉刑,必将遭到深受经学传统影响的士大夫们的强烈反对,动摇其政权的根基。

(4) 争论的意义

关于肉刑问题的辩论具有重大意义:

① 肉刑不应恢复的观念更加深入人心。自汉文改制以来,不断有人提议恢复肉刑并颇受最高统治者的青睐。这次辩论使人们对肉刑的非人道性、非理性有了更进一步的认识。此后直至唐初,虽然仍有人提议恢复肉刑,但已再难掀起太大的风浪,断人肢体的肉刑再也难以沉渣泛起。

② 对于刑罚体系的完善起到了积极作用。奴隶社会以肉刑为中心的刑罚体系被汉文帝废除以后,适应封建社会经济基础的刑罚体系逐步确立了自由刑在刑罚体系中的中心地位。经过两晋南北朝三百余年的进一步探索,至唐律正式形成了笞、杖、徒、流、死的新五刑,以徒、流等自由刑为中心的刑罚体系得以最终确立。

③ 推动了中国古代刑法学理论的发展。这次辩论中提出并较为深入地论及的一些问题,如罪与刑的关系问题,刑罚体系、目的、效果等问题,均为刑法学中的重大理论问题。总的来说,支持恢复肉刑者更注重刑罚体系内部的协调,反对者更强调刑罚执行的社会效果。双方讨论问题时既能引经据典,总结历史经验与得失,使辩论具有较高的理论水准,又能充分注意到司法实践中的具体情况及刑罚执行的社会效果,提出了一系列具有普遍意义的观点并在方法论上有所突破,从而使中国古典刑法理论趋于成熟。

（三）唐太宗时期君臣对肉刑之不同意见

史载：

> 太宗即位,诏长孙无忌房玄龄等复定旧令,议绞刑之属五十,皆免死而断右趾。既而又哀其断毁支体,谓侍臣曰："肉刑,前代除之久矣,今复断人趾,吾不忍也!"王珪萧瑀陈叔达对曰:"受刑者当死而获生,岂惮去一趾? 去趾,所以使见者知惧。今以死刑与断趾,盖宽之也。"帝曰:"公等更思之!"其后蜀王法曹参军裴弘献驳律令四十余事,乃诏房玄龄与弘献等重加删定。玄龄等以谓古者五刑,刖居其一。及肉刑既废,今以笞、杖、徒、流、死,为五刑,而又刖足,是六刑也。于是除断趾法,为加役流三千里居作二年。①

唐太宗以宽仁治天下,欲删减死刑条目,交于长孙无忌等商议后决定将旧法中部分绞刑改为斩右趾。后又于心不忍,并认为这是恢复了早已废除的肉刑。王珪、萧瑀、陈叔达等认为将死刑改为断趾,让罪犯免死获生,已是从宽了。对断人肢体太宗还是不忍,诏房玄龄等再次斟酌,最后大家认为肉刑已废除,现五刑中没有肉刑,不宜再恢复,于是将斩右趾改为加役流三千里居作二年。由于肉刑在历史上废除已久,且经过汉末魏晋时期关于肉刑存废问题持久广泛的讨论,不宜恢复肉刑已成为世人共识。太宗君臣反复斟酌后,还是废除了将断趾作为减死之替代刑的做法。

三、传统刑罚的人性基础——逐利

（一）人的逐利本性

离开了物质资源,人无法生存,因而对物质财富的需求是人的第一要务,逐私利是人的本性,表现出人的自私,所谓"人不为己,天诛地灭",古人对此认识深刻,先秦诸子言之甚多。商鞅说"民之性:饥而求食,劳而

---

① 邱汉平编：《历代刑法志》,商务印书馆 2017 年版,第 344 页。

求佚,苦则索乐,辱则求荣,此民之情也","民生则计利,死则虑名"①。"徙木立信"正是重赏之下必有勇夫,变法核心"奖励耕战"正是基于人的逐利本性基础上的利国利民之举。韩非对人的自私性有着淋漓尽致认识,"舆人成舆则欲人之富贵,匠人成棺则欲人之夭死,非舆人仁而匠人贼也,人不贵则舆不售,人不死则棺不买,情非憎人也,利在人之死也"②、"父母之于子也,产男则相贺,产女则杀之"③言论将人的自私性展现到无以复加的程度。在韩非眼中,人是极端的利己主义者,利益的权衡是人行为的唯一指南,侯外庐先生将韩非的这种认识界定为狭隘的功利思想,④不无道理。孔子倡导"君子喻于义,小人喻于利"⑤,何为义,古人云:义者宜也,即适合儒家道德标准的事情,并也没有否定人的利益追求,只是强调"君子爱财,取之有道",孔子"自行束脩以上,吾未尝无诲焉"⑥一语,说明他所从事的教育并非免费的。孟子的"五亩之宅,树之以桑,……百亩之田,勿夺其时"⑦和荀子的"制天命而用之"理论都是利民的体现。出于儒家而背离儒家的墨子将儒家温文尔雅的"义"直白地解释为"利","义,利也","义可以利人"⑧,希望通过"兼相爱"实现"交相利","夫爱人者,人必从而爱之;利人者,人必从而利之"⑨。墨家主张的耕织、节用、节葬、非乐,也都是逐利的体现。客观地讲,倡导维护百姓的私利对于生活在社会底层的人来说尤为重要。即便是消极处世的道家也不否定逐利,老子的"圣人后其身而身先,外其身而身存;非以其无私邪,故能成其私"⑩、"夫唯不争,故天下莫能与之争"⑪、"为无为,则无不治"⑫,无不是大

---

① 《商君书·算地》。
② 《韩非子·备内》。
③ 《韩非子·六反》。
④ 侯外庐:《中国古代思想学说史》,辽宁教育出版社1998年版,259页。
⑤ 《论语·里仁》。
⑥ 《论语·述而》。
⑦ 《孟子·梁惠王上》。
⑧ 《墨子·耕柱》。
⑨ 《墨子·兼爱中》。
⑩ 《道德经·第七章》。
⑪ 《道德经·第二十二章》。
⑫ 《道德经·第三章》。

利的体现,是以退为进的逐利。在人的自私和逐利本性上,先秦诸子的认识后世无法超越。

(二) 逐利与刑罚

告子"食色,性也"①朴素而真实,人的自私性与生俱来。既然是天性,人的自私本无善恶,逐利本是无可厚非。古往今来,论争人性的善恶无非是一个"度"的问题,对待己利与他利或他利与他利之间的"度"的把握。爱财本无所谓善恶,关键在于财富是如何取得的,"取之有道"就是善,反之就是恶。区分"有道""无道"的标准,带有很强的主观性,而且善恶是相对的。当然,利益也并非仅是物质利益,财富、权力、荣誉、健康无不是之。

然而,人的欲望并没有止境,人逐利的本性会不断扩张,个人利益之间、个人利益与社会利益、国家利益之间存在着矛盾。在追求自身利益最大化的同时难免会伤害他人、社会和国家,这就需要法律来控制人的扩张的本性,维护社会正义与秩序。在阶级社会首先要保障君主利益,如韩非所言"人主挟大利"②,实现这一目的最可靠的工具就是法律,然法律的设定必须基于人性,正因为人总是倾向于追求最大化利益,并基于利害的计算来抉择自己的行为,于是对于国家来说,需要人们做什么于国有利的事情,就可以通过法律设定的赏来进行因势利导;于国不利不希望人们做的事情,通过罚来予以禁止。

刑罚无疑是禁止人为恶最有力的手段。中国古代无论是奴隶制五刑还是封建制五刑,都比较重,给罪犯造成的损失都大于其犯罪所获利益。肉刑带来终身残疾或羞辱,造成身体和心理的双重伤害。刖刑让人极大地丧失劳动能力;宫刑甚至生不如死;杖刑重者能将人打残甚至打死,让女性裸体受杖更是莫大的侮辱;流刑让罪犯一辈子背井离乡,与亲人生离死别,天各一方;至于各种死刑更是残酷之极。更厉害的还有族诛连坐制度,"荆轲为燕太子丹刺秦王,后诛轲九族"③。明方孝孺案刑及十族,被

---

① 《孟子·告子上》。
② 《韩非子·六反》。
③ 《论衡·语增》。

诛杀了八百多人,且当着孝孺之面戮杀,情状惨不忍睹。通过重刑惩治,让罪犯得不偿失,既实现了对罪犯的惩罚之刑罚报复主义,同时也是对他人的警示,古代公开行刑更是体现了这一点,以遏制人扩张的本性和过度的利益追求,使得他们在法律限度之内理性地逐利,最大程度减少损害他人、社会和国家的犯罪行为发生,从而建立良好的统治秩序,这也是君主利益之所在。

四、死刑与肉刑预防犯罪功能之比较

从正义角度讲,刑罚对罪犯的惩治是着眼于其过去的罪行,体现了恶有恶报的报应观。然而惩罚不是根本目的,惩恶是为了扬善,为了更好地预防犯罪,所谓"刑期于无刑"。黄秉心认为,"我国之法,系以保持社会之秩序,与佐助礼教普及为目的而制作"[①]。在传统社会,法的核心是刑,死刑和肉刑是预防犯罪的有力手段,但二者在特别预防和一般预防两个层面有些不同。

(一)肉刑的特别预防效果不如死刑

死刑的执行导致犯罪主体自然人的消亡,死人不可能再犯罪了,其特别预防效果无疑要好于肉刑。肉刑的刑余之人可能还会犯罪,毕竟犯罪有经济、社会甚至遗传等多方面的原因。肯定肉刑防卫效果的袁宏有言:"一离刀锯,没身不齿,邻里且犹耻之,而况于乡党乎? 而况朝廷乎?"[②]血的教训、无尽的耻辱令当事人难蹈覆辙。刘颂倡导肉刑的同态性,认为如此能去除罪犯的为恶之具,使其永远不能再犯这种罪了,"去其为恶之具,使夫奸人无用复肆之志,止奸绝本,理之尽也。亡者刖足,无所用复亡。盗者截手,无所用复盗。淫者割其势,理亦如之"[③]。极力倡导复肉刑的陈群也认为"淫者下蚕室,盗者刖其足"[④]是古刑,只有这样才能"永无淫

① 黄秉心:《中国刑法史》,上海书店出版社1992年版,第31页。
② 《三国志·钟繇传》。
③ 《晋书·刑法志》。
④ 《三国志·陈群传》。

放穿窬之奸"。陈群明确指出了肉刑同态惩罚的传统性,并肯定了其防奸的有效性。二位所论及的肉刑同态性渊源于早期的刑罚报应观,但由于犯罪种类的多样性和严重程度的不等性以及肉刑所惩治犯罪的广泛性,不可能——对应地"去其为恶之具"予以惩治,因而罪犯有可能还会犯同种罪。而且即便不能犯同种罪,肉刑刑余之人还是可以犯别的罪,只要他具备这种犯罪能力。此外,肉刑的不同层级还具有惩小戒大的作用,所谓"惩之于小所以戒其大,惩之于初所以戒其终"①。三国时期魏臣李胜引孔子话说"小惩而大戒,此小人之福也"②,肯定了肉刑对犯者本人的防微杜渐作用。再者,肉刑给罪犯的肌体造成无法弥补的永远残缺,没有给其改过自新的机会,难以体面地重新做人,缇萦上书就明确地谈到,"刑者不可复属,虽复欲改过自新,其道无由也"③。正是因为肉刑屈辱、无道,让人看不到希望,缺乏生活信心,孔融在《肉刑论》中提到的"被刑之人虑不念生,志在思死,类多趋恶,莫复归正"④,确实是肉刑值得警示的一大弊端。当一个人仇视社会、对生活绝望的时候,很可能会走向反面,报复社会,刑余之人很可能会变本加厉地危害社会,所谓物极必反。古人对肉刑特别预防效果的分析还是很全面的,对利弊两方面都有清醒的认识。

(二) 一般预防效果之比较

在一般预防上,死刑与肉刑孰优,在古代先贤们肉刑复废争议中有所涉猎。主张复肉刑的人看好肉刑的一般预防功能,班固认为,除肉刑后"故死者岁以万数,刑重之所致也。至乎穿窬之盗,忿怒伤人,男女淫佚,吏为奸臧,若此之恶,髡钳之罚又不足以惩也。故刑者岁十万数,民既不畏,又曾不耻,刑轻之所生也"⑤。肉刑废除后,每年数以万计的死刑案件,可见死刑未能很好地预防犯罪,轻刑更不足以止奸防罪,班固言语中充满了对肉刑一般预防效果的褒扬。肉刑的残酷性以及给受刑人带来的

---

① 《大学衍义补·慎刑宪》。
② 《通典·刑法六》。
③ 《史记·孝文本纪》。
④ 《晋书·刑法志》。
⑤ 《汉书·刑法志》。

痛楚和不幸足以令意欲为恶者畏惧，"刑诸市朝，朝夕鉴戒，刑者咏为恶之永痛，恶者睹残刖之长废，故足惧也"①。从而一人受刑能致多人取消犯意，正如刘颂所言"残体为戮，终身作诫。人见其痛，畏而不犯"②。《艺文类聚》也说到了肉刑的震慑作用，"创制墨刖，见者知禁，彰罪表恶，闻者多服"③。宋代胡宏认为肉刑的废除导致生刑和死刑刑差过大，"生刑轻则易犯，是教民以无耻也；死刑重则难悔，是绝民自新之路也；死刑生刑轻重不相悬，然后民知所避而风化可兴矣。"④言外之意，只有肉刑才能弥补刑差，达到良好的防卫效果。

谈到死刑的一般预防效果不如肉刑最具代表性的言论，莫过于《抱朴子》中葛洪所言，"今若自非谋反大逆，恶于君亲，及用军临敌犯军法者，及手杀人者，以肉刑代其死，则亦足以惩示凶人。而刑者犹任坐役，能有所为，又不绝其生类之道，而终身残毁，百姓见之莫不寒心。亦足使未犯者肃栗，以彰示将来，乃过于杀人。杀人非不重也，然辜之三日，行埋弃之，不知者众，不见者多也。若夫肉刑者之为摽戒也多。"⑤在葛洪看来，死刑的执行知者、见者有限，而肉刑刑余之人终身残毁，能肃栗和警戒无数见者。此番对死刑一般预防效果贬抑之语颇似近代意大利刑法学家贝卡利亚言论，"每次以死刑为国家树立鉴戒都需要一次犯罪，可是，有了终身苦役刑，只一次犯罪就为国家提供无数常存的鉴戒"⑥。只不过葛洪的"肉刑"变成了贝卡利亚的"终身苦役"，贝卡利亚认为，"对人类心灵发生较大影响的，不是刑罚的强烈性，而是刑罚的延续性"⑦。依据其这一理论，我们似乎可以得出死刑的防卫效果不如肉刑。

部分反对肉刑者则另持一论，诋毁肉刑对他人的警戒效果。夏侯玄认为有些罪行连死刑都无法防范，肉刑更是难以济事，"若饥寒流沟壑，虽

①《晋书·刑法志》。
②《晋书·刑法志》。
③《艺文类聚·刑法》。
④《知言·卷一》。
⑤《抱朴子·嘉遯》。
⑥［意］切萨雷·贝卡里亚：《论犯罪与刑罚》，黄风译，中国法制出版社 2002 年版，第 55 页。
⑦［意］切萨雷·贝卡里亚：《论犯罪与刑罚》，黄风译，中国法制出版社 2002 年版，第 53 页。

大辟不能制也，而况肉刑哉！赭衣满道，有鼻者丑，终无益矣。"①而且肉刑的泛滥也会出现可怕的结局，秦代大量肉刑令人麻木，以至于出现履贱踊贵，有鼻者丑，黑白都颠倒了，何以导民，何以警民。东晋反对复肉刑的周顗、曹彦、桓彝也提出了一段深刻言论，"方今圣化草创，人有余奸，习恶之徒，为非未已，截头绞颈，尚不能禁，而乃更断足劓鼻，轻其刑罚，使欲为恶者轻犯宽刑，蹈罪更众，是为轻其刑以诱人于罪，残其身以加楚酷也。昔之畏死刑以为善人者，今皆犯轻刑而残其身，畏重之常人，反为犯轻而致囚，此则何异断刖常人以为恩仁邪！"②在确认死刑一般预防效果有限的同时，认为肉刑更糟，导致"蹈罪更众"，所谓轻刑实质是"诱人于罪"。宋熙宁时人杜纯也持类似观点："以死惧民，民常不畏，而况于刖乎？人知不死，犯者益众，是为名轻而实重也。"③认为以刖代死会导致更多的人犯罪，止奸效果不如死刑。

上述两派言论都看到了问题的一面，谁也说服不了对方，没有足够的犯罪统计数据以及深入的实证分析，我们也无法对死刑和肉刑哪个预防犯罪效果更好做出定论，而且刑罚的轻重要适应社会形势的需要，所谓"刑罚世轻世重"④，轻重的取舍并非千篇一律，加之人性的具体、复杂性以及对待利和害在质和量上反应的差异性，以及犯罪根源上的经济、文化等诸多因素，决定了古人关于死刑、肉刑一般预防效果的论断都只是相对的。

---

① 《通典·刑法六》。
② 《晋书·刑法志》。
③ 《宋史·杜纯传》。
④ 《尚书·吕刑》。

第十讲

科 举 与 监 察

　　科举和监察是中国古代很重要且很有特色的两项行政法律制度,孙中山先生借鉴了西方的立法、行政、司法三权再加上中国传统的考试和监察两权,设计出了"五院制"政府。科举解决的是入仕问题,通过考试选拔治国人才,充实官僚队伍;监察则是对官员的监督,以保障官员的依法履职,促进官僚体系的廉洁和高效。

一、科举

　　对于古代君主来说,选择什么样的人为官,选择什么人来治国,以便最有效地维护其政治统治,是他们最关心的事情之一。在中国传统社会是一个"士、农、工、商"的等级社会,当官能过上锦衣玉食的生活,拥有很多特权,"货与帝王家"无疑是古人最好的人生出路。体现了"学而优则仕"的智者治国思想的科举制度,将选才任官和传统知识分子的命运很好地结合在一起,是中国封建社会中后期最重要的入仕途径,在中国历史上延续了一千三百多年。

(一) 前科举时代主要的入仕制度

　　在氏族社会早期,氏族首领不享有特权,其职位传承的方式是禅让制"传贤"。随着私有制的发展和阶级的逐步形成,氏族首领渐渐享有一定的特权,这一职位遂成为人们争夺的对象。启承袭了禹的王位,建立了中国历史上第一个奴隶制王朝,同时也揭开了王位世袭制的序幕。相应地,夏、商、西周实行世卿世禄制，又称世官制。最高统治者按照宗法制原则，根据血缘关系的亲疏远近，分封诸候、卿、大夫等。这些官职或实行父死子继，或兄终弟及，世袭其职，世享其禄。世卿世禄制促进了宗法组织和行政组织的结合，达到亲贵合一，享有最高权力的国王同时又是贵族家族的族长。夏代王位世袭制的建立形成了家天下的政治局面，也树立了夏王的绝对权威。商王是奴隶主贵族的总代表，并享有最高的主祭权，王位和显要的官职都是世袭的。西周时期，宗法血缘关系与国家政治关系高度结合，家国一体，周天子是天下的"共主"，王位世袭，卿、大夫、士都是世袭的，因而形成了世代享有特权的庞大的官吏群。三代时期世卿世禄制的范围主要是针对大夫以上的世官。与之相匹配的同时存在的还有乡举里选制，其选举的对象仅限于士以下的低级官吏，仅限于地方基层，与世卿世禄制依据的是血缘和出身不同，其所依据的主要是德行和才能。

由于世卿世禄制是建立在领主经济上的贵族政治的产物且其实行的结局必然会导致官员队伍整体素质的下降、行政效率的低下，加之春秋战国时期经济的发展带来周天子权势的衰落和宗法制的动摇以及新兴地主阶级逐渐登上历史舞台，在选官制度上必然要打破为奴隶主阶级所垄断的世卿世禄制。如吕思勉先生所言，"以世禄之家，习于骄奢淫逸，不能任事，而能任事者，转在游士也"[1]，春秋后期来自没落的奴隶主贵族或者新兴地主甚至庶民具有一定文化知识的"士"活跃起来，成为官吏的重要来源。春秋时期兴起的养士之风至战国更为盛行。齐国的孟尝君、赵国的平原君、魏国的信陵君、楚国的春申君都以养士著称，门下食客云集。战国时期人才的社会流动性很强，有不少异国为官的客卿，如吴起、商鞅、苏秦、张仪等等。战国时期诸侯征战，服务于富国强兵的需要，奖励军功，实行军功爵制，按照军功大小授爵任官，军功和养士成为战国时期官员产生的重要途径。

秦统一六国，废除分封制而建立郡县制，这就需要大量的官吏由中央任命来充实各级政府。除了军功爵制外，秦也特别注重以才能任官，相应地产生了荐举制度。为了保证荐举的质量，秦规定："任人而所任不善者，

---

① 吕思勉：《中国社会史》，上海古籍出版社 2007 年版，第 513 页。

各以其罪罪之"①。及至刘邦称帝以后,为了维护其新兴的封建统治,急需网罗大量人才充实官吏队伍。于是在汉高祖十一年(公元前196年),刘邦下诏求贤,要求自下而上选拔人才。汉文帝时期正式确立了察举制,由中央和地方的高级官员负责考察和推荐人才给朝廷,以补充政府官员不足。汉察举制的名目很多,主要有孝廉、贤良方正、茂才、明经、明法、尤异、勇猛知兵法等等。察举之后的任用分为两种情况,一种是直接录用,如孝廉、茂才。另一种是还需经过考试对策合格后方能任用,如直言极谏,有道等。察举制是两汉主要的选官途径,为广大有才干的平民提供了入仕的机会,也扩展了选拔人才的范围,但由于其选拔地方官员的权力主要为地方高官所把持,且其选拔的标准并不具有客观统一性,因而出现了请托依附、结党营私的现象,选出的人才的素质也大打折扣。到了汉代后期,察举制就陷入了弊病丛生的境地。

为了克服察举制的弊端和扩大网罗人才的社会基础,公元220年魏文帝曹丕采纳吏部尚书陈群的建议,确立了九品中正制,成为魏晋南北朝时期一种主要的选官制度。九品中正制由汉察举制发展而来,其产生的原因之一是社会混乱之后,人才不易调查。"魏氏承颠覆之运,起丧乱之后,人士流移,考详无地,故立九品之制,粗具一时选用之本耳。"②九品中正制的选拔方式为:在州、郡、县等地方政府中分别设立"中正"官员,州设大中正,郡县设小中正,由其负责本地区人才的品评工作,品评的标准包括门第和才能两个方面,将这些人才分为九个品级,造成簿册,上报朝廷,由吏部审定授予官职。这一制度实施的初期,品级评定工作比较客观,"其始造也,乡邑清议,不拘爵位,褒贬所加,足以劝励,犹有乡论余风。"③由于担任品评任务的中正官大多是当地世家大族,因而选拔官吏的权力并没有真正收回到中央,而是这些世家大族利用品评的权力充实自己的势力,久之就出现了"上品无寒门,下品无世族",九品中正制走向了自己的反面。

---

① 《史记·范睢列传》。
② 《晋书·卫瓘列传》。
③ 《晋书·卫瓘列传》。

（二）科举的出现与定制

经过南北朝的大动荡大分化之后，迎来了隋朝的统一局面。随着世族的逐渐没落和庶族地主的兴起，九品中正制已经成了扩大封建政权的阶级基础和加强中央集权制度的障碍，因而隋统一全国后很快废除了九品中正制，采用考试授官的方法。开皇七年（587 年）令诸州每岁贡举三人，经考试的高第者为秀才。"隋世重举秀才，天下不十人，而正伦一门三秀才，皆高第，为世歆美。"①隋炀帝大业二年（606 年）创设进士科，"近炀帝始置进士之科，当时犹试策而已"②。这就标志着科举制度在隋朝已经出现了。隋的科举设明经、进士、秀才三科。明经科重在经学，进士科重在策论，最难考的是秀才科，文才杰出、对策高第者才能成为秀才。

隋代的科举只是一个雏形，多数是通过皇帝诏令执行，缺乏稳定的程序，制度上也不严格，至唐代科举才成为定制。唐代的科举分为常科和制科。常科又称贡举，指定期举行的考试科目，一般每年都进行。制科是指皇帝特别下诏举行的考试，考试的日期和项目都临时决定。常科的科目有多种，"其科之目有秀才，有明经、有俊士、有进士、有明法、有明字，有明算，有一史，有三史，有开元礼，有道举，有童子"③，其中影响较大的主要是明经科和进土科。唐代常科考试分为解试和省试两级，解试分为国子监、学馆试与州县试两种。前者的参加者为国子监、州县学馆的生员，谓之"生徒"，后者的应试者为不在学馆的社会人士，谓之"乡贡"。报考解试采取自愿的方式，由考生"投牒自举"，乡贡持家状到州县报考。解试一般在秋天举行，故又称为"秋闱"，及第者称为举人，才有资格参加省试。省试一般设在第二年的春季，俗称"春闱"，在尚书省举行，参加者称为"进士"或"秀才"。唐科举考试题型有帖经、墨义、诗赋、杂文、时务策等多种形式。

唐初"凡贡人，上州岁贡三人，中州二人，下州一人。若有茂才异等，

---

① 《新唐书·杜正伦传》。
② 《旧唐书·杨绾传》。
③ 《新唐书·选举制》。

亦不抑以常数"①,后不久即大为增多。省试录取之后,即将及第进士姓名张榜公布,称为"放榜",通常在春天二月,故又称为"春榜"。科举将考试与选官结合在一起,然考试选才和任官毕竟还不是一回事。唐时举子省试及第只是取得了任官的资格,还不能直接入仕。如要入仕任官还必须通过吏部主持的释褐试(又称关试),才能取得官品。吏部考试采取四判法:"其择人有四事:一曰身,二曰言,三曰书,四曰判。四事可取,则先乎德行;德均以才;才均以劳。"②对身、言、书、判四者具体要求分别是:体貌丰伟、词论辩正、楷法遒美、文理优长。释褐试合格者释褐授官,步入仕途,不合格者等待下次的吏部关试。唐时吏部关试比较严格,许多明经、进士及第后多年均未能通过关试,仍是一介布衣。就连一代文豪韩愈三次参加吏部关试,均未通过。通过吏部关试的举子在授官品级上,"凡秀才,上上第,正八品上;上中第,正八品下;上下第,从八品上;中上第,从八品下。明经,上上第,从八品下;上中第,正九品上;上下第,正九品下;中上第,从九品下。进士、明法,甲第,从九品上;乙第,从九品下"③。可见唐代对于科举出身者初授官品是比较低的。

科考的目的是选才,为了严肃科场纪律,防止舞弊现象的发生,唐代在制度上作了相应的防范。对于主考官员的亲戚如果应试的话,实行别头试,另设考场,另派考官主持。"(贞元)初,礼部侍郎亲故移试考功,谓之别头。"④为了防止考生作弊,科场戒备森严,"礼部阅试之日,皆严设兵卫,荐棘围之,搜索衣服,讥呵出入,以防假滥焉"⑤。此外还有考生互保,"举人于礼部纳家状后,望依前五人自相保。……如容情故,自相隐蔽,有人纠举,其同举人并三年不得赴举"⑥,这是连坐之法在科场上的运用。考前还要审查考生形貌与履历表上所写特征是否相符,有时还派审音官员到场,辨别考生口音,防范措施可谓缜密。但是,在科举初期的唐代,科

---

① 《唐六典》,陈仲夫点校,中华书局 2014 年版,第 748 页。

② 《通典·选举三》。

③ 《新唐书·选举制》。

④ 《新唐书·选举制》。

⑤ 《通典·选举三》。

⑥ 《唐会要·贡举中》。

举及第并非完全取决于考试文章的优劣,仍然存在着由察举制遗留下来的荐举色彩,甚至考生可以将自己的得意之作投献给当地名公臣卿、社会贤达,求其赏识,以便向主考官推荐,谓之"行卷"。更有甚者,还有举子向主考的尚书省礼部投卷,供知贡举官参考,谓之"省卷",又称"公卷"。在唐代,行卷和公荐之风盛行。

(三) 科举的发展与衰落

鉴于这一现象所导致的人才录用事实上的不公平,宋初便下诏废止公荐,要求一切以程文为去留,录用与否仅凭试场上的表现。"知举官将赴贡院,台阁近臣得荐所知之负艺者,号曰'公荐'。太祖虑其因缘挟私,禁之。"①公卷废除于景德年间。为了防止考官泄题,宋代创立了锁院制度。在任命知贡举官、同知贡举官的同时,将其立即集中起来,断绝对外一切联系,直到放榜日止,以防泄密和受人请托,这一制度为其后各朝沿用。鉴于封弥后考官仍有可能认识考生笔迹从而使得评判结果不公,宋又创设了誊录制度。派专门机构(誊录院)将考生的试卷重新抄写一遍,再将该抄写本交评判官评判。

宋初科举科目大体沿用唐制,神宗年间王安石变法只保留进士科,废除了其他科目。"宋之科目,有进士,有诸科,有武举。常选之外,又有制科,有童子举,而进士得人为盛。神宗始罢诸科,而分经义、诗赋以取进士,其后遵行,未之有改。"②宋初制举只设三科"太祖始置贤良方正能直言极谏、经学优深可为师法、详闲吏理达于教化凡三科",后曾增至十科,直到王安石变法将其全部废除。哲宗元祐元年(1086 年)司马光任宰相,下令撤销王安石的变法,制定新的"十科制举取士法"并颁行天下。但制科的影响仍远远逊色于进士科,士人皆以进士科登第为荣。宋初贡举分为解试与省试两级,太祖开宝六年(973 年)创立了殿试制度,由皇帝亲自主持对省试合格举人的复试。宋太祖为何创立殿试,表面原因是知贡举用情,取人不当引起的,但深层原因则在于收揽威权,将进士及第的"恩归

---

① 《宋史·选举一》。
② 《宋史·选举一》。

有司"变为"恩由主上",将科举取士的大权掌握在自己手里,以便进一步加强中央集权。宋初每岁贡举,后改为间岁贡举,到了英宗初年又改为三岁一贡举,"英宗即位,议者以间岁贡士法不便,乃诏礼部三岁一贡举"①。考试时间略同唐制,"皆秋取解,冬集礼部,春考试"②。

省试及第名额,宋初为省试举人数的十分之一左右,到孝宗隆兴时期改为十七人取一人,后遂为定制。由于后来殿试不黜落进士,宋每次殿试录取的举人总数比唐礼部试要多十倍左右。始自太宗时期,进士、诸科及第、出身者不经关试即释褐授官,此后成为定制。这也是其与唐不同之处。由于宋代科举名额的扩大和考试的相对公平,几乎把社会上所有的读书人都吸引到科场,也选出了一大批杰出的人才,如范仲淹、欧阳修、司马光、王安石、苏轼,等等。

元初近半个世纪没有开科取士,直到仁宗时期1315年举行第一次科举考试,以后三年一次,且元代的左右榜取士制度体现了民族间不平等,对汉人尤为不利。经历了元代低谷后,科举制度在明清时期进入了鼎盛。明洪武三年(1370年)始开科取士,"洪武三年,诏开科举,以今年八月为始,使中外文武皆由科举而进"③。清的首届科举于顺治元年(1644年)举行"世祖统一区夏,顺治元年,定以子午卯酉年乡试,辰戌丑未年会试"④。

明清科举大体沿用宋制,且进一步发展成熟。明代的科举分文武两科,文科考试主要内容是四书五经,"科目者,沿唐宋之旧,而稍变其试士之法,专取四子书及易、书、诗、春秋、礼记五经命题试士"⑤。殿试内容为时务策一道,限一千字以上。关于贡举的时间地点,明朝时"乡试以八月,会试以二月,皆初九日为第一场,又三日为第二场,又三日为第三场"⑥,"廷试,以三月朔"⑦。地点为"乡试,直隶于京府,各省于布政司。会试,

---

①《宋史·选举一》。
②《宋史·选举一》。
③《明会要·选举一》。
④《清史稿·选举三》。
⑤《明史·选举二》。
⑥《明史·选举二》。
⑦《明史·选举二》。

于礼部。"①殿试考场为奉天殿或文华殿。明的这些制度为清所承袭,变化不大。明代武科考试内容各时期不同,"正德十四年定,初场试马上箭,以三十五步为则;二场试步下箭,以八十步为则;三场试策一道"②。清代略有变化,"首场马射,二场步射、技勇,为外场。三场策二问、论一篇,为内场"③。清武科考试外场重于内场,清政府一再强调,武科之设以外场为主。进士及第后的授官,明代"状元授修撰,榜眼、探花授编修,二、三甲考选庶吉士者,皆为翰林官。其他或授给事、御史、主事、中书、行人、评事、太常、国子博士,或授府推官、知州、知县等官"④。

明清科考中有一种重要的文体:八股文,源于元代的经义,至明宪宗成化时正式形成。八股文文体是有严格的格式要求,全文由破题、承题、起讲、入题、起股、中股、后股、束股八个固定部分构成。其中起股、中股、后股、束股必须各有两股排比、对偶而相对成文的文字,四个部分共八股,故称为八股文。八股文的篇幅,明洪武年间规定二三百字以上,万历时期限五百字以内,清时篇幅有所增大,乾隆时为七百字,并成为定制。科举的目的是选官,而不单是选才,政府公文写作也需要具备一定的规范形式,需要一定的文字功底,而八股文注重汉字的微妙运用艺术,能考察考生的文字功底,八股文具有一定的积极意义。但八股文也存在明显的弊端:由于过于侧重于形式,考生往往只注重于从文字上下功夫,如何开头、结尾,如何排比、对偶。长此以往,必然导致其文章内容的空洞和一些范本时文的流传,考生只需熟记若干篇时文便可取得功名。其结局是文风的败坏和学子素质的下降,顾炎武认为"八股之害等于焚书,而败坏人才有甚于咸阳之郊所坑者但四百六十余人也"⑤。

明清科举几百年来陈陈相因,当十九世纪上半叶西方工商业文明得到长足发展并逐渐向海外扩张的时候,中国仍然沉迷于八股取士、四书五经之中。科举不考自然科学,应试举子们必然不学自然科学,不重视自然

① 《明史·选举二》。
② 《明史·选举二》。
③ 《清史稿·选举三》。
④ 《明史·选举二》。
⑤ 《日知录·拟题》。

科学,这不利于近代科技的发展。八股文只重形式,内容空洞,渐渐丧失了其存在的合理性。甲午一战,小日本国战胜了大清帝国,使得一些开明人士认识到改变中国命运最根本的问题并非学习西方制造坚船利炮的先进技术,而是要改变传统的落后思想观念和封建政治制度。1895 年康有为的"公车上书"斥责了八股取士毒害人才,要求发展教育,学习西方科学知识,调整科考内容。废科举、兴学校一时成为社会思潮。后梁启超也上书要求废八股、试贴诗,改试内政、外交、理财、经武、格物、考工等科。不但维新派主张废八股、改革科举,就连洋务派官僚张之洞也主张改革科举。迫于形势清廷于光绪二十四年(1898 年)颁布谕者,规定科学内容除了四书五经之外,还要考中国史事、时务、各国之政、专门技艺等,在考试形式上废除八股,改试策论。在废八股的同时,一些进步人士不断奏请兴学校,建立新式学堂。在内外交困之下,清政府于 1905 年正式宣布废除了科举。

(四) 科举的政治功用

科举制度是古人的伟大创造,将考试和选官合二为一,通过分科考试根据成绩的优劣来选取人才,分任官职。但科举的价值并非仅限于考试和选官两个方面,科举制度影响了后来的整个封建社会,影响到社会方方面面。首当其冲的是政治功用,主要体现在四个方面。

1. 科举制度开创了文官考试制度的先河

通过考试选官,通过考试来选拔人才、治理国家,这是科举制度的独创,是选官方式的一大进步。虽说以前的察举制某些科目如直言极谏、有道等也存在考试对策环节,但察举制从总体上来讲是以推选为主,以考试为辅,而且有的科目不经试策直接录用,如孝廉、茂才等。与我国科举存在于同一时段的中世纪西方国家的选官方式是个人恩赐或委任制。资产阶级革命成功之后,过渡到政党分肥制,竞争上台的政党将"官职"看作是战利品,分配给自己的党派和亲信,入仕均未通过考试这一环节。科举开创的文官考试制度一直沿用到了清末,对于近现代的文官考试亦产生了一定的影响。孙中山先生提出的"五权分立"理论以及中央政府中考试院的设立,皆有科举的影响。孙中山认为选举制度难以选拔真正的人才,

"就选举上说,那些略有口才的人,便去巴结国民,运动选举;那些思想高尚的人,反都因讷于口才,没有人去物色他"①。孙中山看到了选举的弊端,在选拔人才上考试无疑是最公正的。

此外,西方文官考试制度也深受科举的影响。早在 1931 年孙中山先生就曾指出,西方各国的考试制度差不多都是学习英国的,而英国的考试制度原来都是从中国学去的。"正值 1855——1870 年英国国家公务员制度的形成时期,英国著名的《绅士》杂志、《伦敦》杂志、《雾》杂志先后撰文介绍中国录用官吏的程序与方法,主张英国实行中国式的官吏考试。"②1933 年西方学者罗纳德·S.苏通过对科举和西方文官考试制度的研究,得出结论"几乎所有的西方学者都没有注意到当今世界现存的高级公务员制度起源于中国这样一个事实。我们有足够的证据证明中国对于这一制度的影响,而它往往被西方学者所忽视。我们认为中华帝国科举制度的知识随着时间的推移得到传播并成为其他国家实施和发展行政精英的基础。毫无疑问,美国公务员竞争考试的特征主要受英国的影响,而英国的公务员制度则来源于中国"③。刘海峰教授通过详细考证,也认为现代西方文官制度的建立和发展受到中国科举制度直接而深刻的影响。④ 可以说,源于科举的现代公务员考试制度,在当今世界范围内方兴未艾。

2. 科举制度提高了文官素质

虽然科举有些缺陷,不可能尽善尽美,但我们不能否认及第者具有较高的文化素养,至少从统治阶级的价值取向来看,他们是人才。科举制度在以下几个方面保证了人才的素质:

(1) 士人广泛自由的报考。科举考试向全社会公开进行,无论是学馆里的学生(生徒)还是社会上的自由人士(乡贡),一般均可报名参加。

① 中共中央党校文史教研室中国近代史组编:《中国近代政治思想论著选辑》(下),中华书局 1986 年版,第 546 页。
② 匡代科主编:《国家公务员制度概论》,湖南大学出版社 1988 年版. 第 49 页。
③ 转引自李永强、马慧玥:《论中国科举制度对西方文官制度的影响》,载《中国人民大学学报》2008 年第 1 期,第 115 页。
④ 刘海峰:《科举制对西方考试制度影响新探》,载《中国社会科学》2001 年第 5 期,第 188—202 页。

相对而言,唐宋时对科举应试资格有所限制,至明清报考条件进一步放宽,商人子弟可以应试。在清代,除娼、优、隶、皂等所谓"下贱"门户及罪人子弟不许参加考试外,其他人均可报考,而且不受年龄、出身、资历等方面的限制。在万般皆下品、惟有读书高的传统社会,科举几乎吸引了全社会的知识分子,应试者有小到七岁的童子,亦有不少年逾百岁的白发老人,实现了最大程度的社会选才。

(2)通过严格的舞弊防范确保公平竞争。科举关涉应试举子们的前途,故作弊现象的出现在所难免,为了保障考试的公正性,各朝规定了严密的科场舞弊防范措施,尤以明清时期为甚。明时考生入院时要一一搜检,除印过试卷及笔墨砚外,不得带片纸只字。清时如有挟带片纸只字者,先于场前枷号一月,问罪发落。考生必须穿拆缝衣裳、单层鞋袜、砚台不许过高,笔管镂空,糕饼之类的食品必须切开,以防携带文字材料。通过严明的科考纪律大大降低了舞弊的发生,确保了竞争的公平。发现有舞弊情形的考生和考官,轻则取消应试资格、枷号、革职,重则下狱甚至处斩首极刑。

(3)在考试的内容和形式的设计上,评卷标准尽可能做到客观统一。贴经、墨义主要考死记硬背功夫,考生只有将四书五经背得滚瓜烂熟,才能得心应手。试卷的评判标准也较为客观公正,易于把握。对于测试考生文采的诗赋考试,虽然存在着较大的发挥空间,但这种文体有格律声韵等方面的限制,既能反映考生的才华,又易于为考官掌握评判标准。钱穆认为:"诗赋出题无尽,工拙易见,虽则风华雪月,不仅可窥其吐属之深浅,亦可测其胸襟之高卑。……诗赋在当时不失为一项最好的智力测验与心理测验的标准。"[1]八股文的出现也反映了试题标准化的倾向。八股文格式明了,统一规范,判卷也就比较容易,易于区分考生水平的高低。

(4)科举实现了选官标准上"德"与"才"的统一。政治录用的标准不外括政治标准和业务标准,通常而言这两者很难统一,但这一问题在科举中完美地解决了。将体现封建治国思想的儒家经典四书五经作为考试内容,能够顺利通过科考的人,儒家的这一套思想在他心中必然是根深蒂固

---

① 钱穆:《国史新论》,生活·读书·新知三联书店 2001 年版,第 281 页。

的,甚至成为他的座右铭,最终他的个人价值取向与统治集团的政治目标熔于一炉,能成为皇帝忠诚的奴仆将是无尚的光荣,因而科举原则上使每一个录用者能够同时符合双重标准。

3. 科举制度维护了官僚政治的稳定

中国的官僚政治在秦已基本形成了。官僚政治的出现是对贵族政治的否定,其特征主要是构成政府的整个官僚系统分为多个等级,下级对上级、最终对中央负责,政府内部存在着职能部门的分工,各级官员通过选拔产生,不是世袭的,官员拿俸禄并靠其生活。科举将选官权力牢牢掌握在中央,通过分科考试选出官员来满足政府内部不同工作的需要。同时科举制度将仕途向庶人开放,可以广罗人才,将整个社会的贤才纳入自己的牢笼,正如唐太宗所言"天下英雄入吾彀中矣"①。吸收和同化被统治阶级中的精英,既可以充实自己的智囊,又可以达到缓和阶级矛盾,对集权官僚政治大有裨益。

科举制对官僚政治的作用最明显的可体现在以下四点:第一,选出了大量的人才充实官僚队伍,在科举存在的一千三百年间,录用的进士在十万人以上,举人秀才达几百万。第二,由于官员选拔上的平等,导致了官民事实上不平等的合法基础得以建立。有能力通过科考就能当官,就能成为特权阶级,享受荣华富贵,这样就转移了士人的视线,使他们不再专注和怀疑封建等级剥削制度的不合理。由于官员在智力"认证"上超过一般的民众,所以他们能够使百姓服气。第三,用统治阶级所倡导的儒家思想统一官员的思想,在思想上抹煞人的个性,突出官员的共性,使得他们能竭诚为中央服务,有利于行政效率的提高。第四,中国古代官员不经选举而由考试产生,官不经选举则不对选民负责,而对任用他的上级乃至中央负责,这正是封建官僚政治所需要的。

4. 科举制度促进了吏治的清廉

良好的政治秩序离不开清廉吏治。科举是以儒家思想为主导的封建纲常礼教的传播机,儒家经典是科举考试的核心内容,因而可以说从教育到入仕,在科举统一的内容和思想倾向中,灌输了国法、官法、官德,灌输

---

① 《唐摭言·卷十五》。

了清正廉明、为国尽忠效力、重视民间疾苦等基本的从官信条。为官清廉
成为举子们所奉行的教义。由于科举入仕的艰辛,官职的来之不易和国
家吏治法律的健全和严厉,通过对廉洁带来的收益与贪赃可能带来的损
失比较,使得及第为官者往往能够珍惜仕途、洁身自好,远离腐败贪婪,甚
至与贪赃腐败行为进行坚决斗争。范仲淹、王安石、朱熹等人的文集中,
都有大量的抨击贪污及弹劾贪官的上奏。据统计,在清代的 114 名状元
中,大多为官清廉,仅 2 个有过受贿的处罚。再者,大量寒士入仕,他们以
前生活清贫,根本没有腐败的传统,为吏治的清廉注入了新的血液。可以
说科举制度能够延续一千多年,这也是与它造就了一大批廉吏分不开的。
当然,科举对腐败的防止和抑制作用只是相对的,科举不可能根除腐败,
有权力就有腐败,这是千古不易之理。

二、监察

监察是对官员的监督和考察,监察制度在中国传统社会历史悠久,韩
非有言"明主治吏不治民"①,强调君主的职责是管理好手下的官员,而不
是管理百姓。如何管理好官员,韩非子谈到了一个很重要的方式"循名而
责实",按照官员各自的职责对他们加以考核,这是韩非所倡导的治国之
"术"的一部分,而监察是考核官员的重要手段。有权力就有责任,要保障
官员依法履职,就必须要有强有力的监察,以防止官员贪污腐败、徇私
枉法。

(一) 监察机构及其职权

1. 先秦时期

早在西周时期,就有监察权的滥觞。《周礼·天官冢宰》记载"大宰之
职,掌建邦之六典,以佐王治邦国",六典之一为刑典。大宰依据刑典"以
诘邦国,以刑百官,以纠万民"②,即用刑典来惩治乱国者,惩治官员违法
行为,纠察万民之不法。大宰治理官府有八种法律,其中包括"官法,以正

①《韩非子·外储说右下》。
②《周礼·天官冢宰·大宰》。

邦治""官刑,以纠邦治"。可见,大宰具有监督百官和惩罚其违法行为的权力。《周礼》中"小宰之职,掌建邦之宫刑,以治王宫之政令,凡宫之纠禁。掌邦之六典、八法、八则之贰,以逆邦国、都鄙、官府之治"①、"宰夫之职,掌治朝之法,以正王及三公、六卿、大夫、群吏之位,掌其禁令"②、"御史掌邦国、都鄙及万民之治令,以赞冢宰。凡治者受法令焉,掌赞书,凡数从政者"③之规定,反映出西周小宰、宰夫、御史这些官员也具有一定的监督权。此外,西周建立分封制后,为了加强对诸侯的管制以维护国家的统一,建立了五年一次的天子外出巡守制度,《礼记》记载"天子五年一巡守,岁二月东巡守,至于岱宗,柴而望祀山川。觐诸侯,问百年者就见之"④,巡守中发现诸侯有不法行为者将予以惩罚,"山川神祇有不举者为不敬,不敬者君削以地;宗庙有不顺者为不孝,不孝者君绌以爵;变礼易乐者为不从,不从者君流;革制度衣服者为畔,畔者君讨"⑤。这种巡守目的在于监督各地诸侯,并有相应的奖惩措施。西周这些监督和惩罚不法官员制度,无疑具有一定的监察性质。

春秋战国时期,由于经济发展所带来的政治统治的松动,官员买卖官爵、贪污受贿、侵占公私财物现象日益滋长,造成了很大社会危害,加强吏治势在必然,各诸侯国进一步完善了对官员的监督,主要方式有:(1)巡行。由西周巡守制度发展而来,由诸侯王或国相到地方巡视,以考察地方官员履职情况,既实现了对地方官吏的监督和纠举惩治其不法行为,同时又便于发现和选拔有能力的人才。(2)御史监督。作为君主身边随时记录言行、事迹的官员,对于君臣权力的行使起了很大的监督作用。对于秉笔直书的御史,君主也会有所忌惮,以免给后人留下昏君暴君形象。由于伴君左右,并能据实记录大臣的言行,成为君主的心腹和耳目,御史对于大臣起到了监督纠举的作用。(3)监军,即国君以亲信置于军中,监督出征的将帅。监军制度始于春秋时期,《通典》载"周代,齐景公使穰苴将兵

---

① 《周礼·天官冢宰·小宰》。
② 《周礼·天官冢宰·宰夫》。
③ 《周礼·春官宗伯·御史》。
④ 《礼记·王制》。
⑤ 《礼记·王制》。

捍燕、晋之师。穰苴愿得君之宠臣以监军,公使庄贾往。贾不时至,且斩之,是其始也"①,认为这是充军制度的开始。君主派出监军是为了加强对出征武官的控制,以保障其按照君主意愿完成作战任务。(4)上计,这是战国时期普遍存在的对官员的考绩制度,源于西周时期的述职制度,"诸侯朝于天子曰述职,述职者,述所职也"②。计为计书,统计的簿册,户籍人口、财政税收、劝课农桑、刑狱治安、边戍状况等等诸多方面,地方官员都必须汇编成册,中央定期或不定期进行考核,并有相应的奖惩措施。上计是控制和监督地方官员的重要方式。较西周而言,春秋战国时期的官员监察形式更为丰富,但未形成系统的监察制度。

2. 秦汉时期

秦始皇统一六国后,建立了中央集权制的政治统治和封建官僚制度,运用法家思想治理国家。法家认为君臣之间充满了矛盾和斗争,为了维护君主的"大利"和至上权威,进一步加强对官吏的监督和考核,秦代建立起了较为正式的监察制度。秦代设立了独立的中央监察机关御史府,长官御史大夫为三公之一,相当于副丞相,"御史大夫,秦官,位上卿,银印青绶,掌副丞相"③。御史大夫可以监察纠举包括丞相在内的所有官员,可以弹劾丞相。秦代规定当丞相缺位时由御史大夫迁任,故御史大夫会极力纠举丞相过错,以便取而代之。御史大夫属下官员有御史中丞、御史丞、侍御史,他们协助御史大夫掌管图籍、管理官员奏章、监督法令实施、监察百官等各项事宜。其中御史中丞统领御史府其他官员,地位仅次于御史大夫。此外,御史府还派出常驻地方的监御史,监督地方官员。《史记》记载,秦代"分天下以为三十六郡,郡置守、尉、监"④。郡监即监御史,负责监察郡县官员。除了御史监察这种日常性监督外,为了了解各地的民情、惩奸除恶、切实掌握地方官员各项工作实况、监督和威服地方官员,秦始皇沿用了战国时期君主巡行制度,于统一六国后的次年就开始外出巡行,一共进行了五次巡行活动,对地方官吏起到了一定的监察作用。

---

① 《通典·职官》。
② 《孟子·梁惠王下》。
③ 《汉书·百官公卿表》。
④ 《史记·秦始皇本纪》。

汉承秦制,汉代继承了秦代的御史监察制度,御史大夫仍为副丞相掌管御史府,位列三公,行使对百官的监察纠举权。《汉书》载:"御史大夫,位次丞相,典正法度,以职相参,总领百官,上下相监临"①,御史大夫之下的属官有御史中丞、御史丞及御史数十人。汉武帝时期为了加强中央集权,设立了负责京师地区百官监察的另一机构司隶校尉,"掌察举百官以下,及京师近郡犯法者"②。司隶校尉直辖于皇帝,权非常大,"司隶校尉纠皇太子、三公以下,及旁州郡国无不统。陛下见诸卿,皆独坐"③。此外,武帝还在丞相府设立了丞相司直,对上至副丞相、下至中央和地方官员乃至皇帝贵戚近臣都可监察纠举。中央监察权由三套机构来行使,相互制约,有利于君主集权。在汉成帝时期御史大夫更名为大司空,不再担任监察之职,将御史府更名为御史台,作为专门的监察机关,由御史中丞担任长官。汉初对地方监察重视不够,废除了秦代设于郡的监御史,而代之以丞相随时派出的丞相史监察各郡。直到汉文帝时期,为了加强对地方官员的监督才恢复了郡的监御史设置。汉武帝元封元年(公元前110年)废除监郡御史,元封五年将全国分为十三州,每州设一刺史,定期巡视监察地方官员。

3. 唐宋时期

曹魏以后,御史台脱离少府成为独立的监察机关,历经两晋南北朝和隋代的发展,到唐代御史监察制度进一步成熟完善。唐代御史台"大夫一人,正三品;中丞三人,正四品下。大夫掌以刑法典章,纠正百官之罪恶,中丞为之贰。其属有三院:一曰台院,侍御史隶焉;二曰殿院,殿中侍御史隶焉;三曰察院,监察御史隶焉"④。御史台长官御史大夫,副职御史中丞,御史台内部机构由台院、殿院和察院三部分构成。御史台行使监察权,弹劾官员不法者,"凡有弹劾,御史以白大夫,大事以方幅,小事署名而已。……朝会,则率其属正百官之班序,迟明列于两观,监察御史二人押

---

① 《汉书·朱博传》。
② 《后汉书·百官四》。
③ 《汉官六种·汉官仪卷上》。
④ 《新唐书·百官志》。

班,侍御史颛举不如法者"①。

台院的组成与职能:"侍御史六人,从六品下,掌纠举百寮及入阁承诏,知推、弹、杂事。凡三司理事,与给事中、中书舍人更直朝堂。"②殿院的组成与职能:"殿中侍御史九人,从七品下。掌殿庭供奉之仪,京畿诸州兵皆隶焉。正班,列于阁门之外,纠离班、语不肃者。元日、冬至朝会,则乘马、具服戴黑豸升殿。巡幸,则往来门旗之内,检校文物亏失者。一人同知东推,监太仓出纳;一人同知西推,监左藏出纳;二人为廊下食使;二人分知左右巡;三人内供奉。"③察院的组成与职能:"监察御史十五人,正八品下。掌分察百寮,巡按州县,狱讼、军戎、祭祀、营作、太府出纳皆莅焉;知朝堂左右厢及百司纲目。"④在御史台三院中,台院是核心机构。唐代御史台职责主要包括三方面:(1)监察纠举百官违法失职行为,由台院和察院来负责;(2)审查违反朝仪行为,由察院负责;(3)推鞫狱讼,由台院负责,御史中丞参与重大疑难案件的三司推事,侍御史参与小三司推事。除了察院监察御史不定期外出巡按外,为了加强地方监察,唐代设置了十道监察区,实行经常性的分道巡按:"凡十道巡按,以判官二人为佐,务繁则有支使。其一,察官人善恶;其二,察户口流散,籍帐隐没,赋役不均;其三,察农桑不勤,仓库减耗;其四,察妖猾盗贼,不事生业,为私蠹害;其五,察德行孝悌,茂才异等,藏器晦迹,应时用者;其六,察黠吏豪宗兼并纵暴,贫弱冤苦不能自申者。"⑤十道巡按在开元年间,增加到十五道。

宋代沿袭了唐代御史台三院设置,"御史台掌纠察官邪,肃正纲纪。大事则廷辨,小事则奏弹。其属有三院:一曰台院,侍御史隶焉;二曰殿院,殿中侍御史隶焉;三曰察院,监察御史隶焉"⑥。相对于唐而言,宋代御史大夫不授实职,御史中丞为御史台台长,一定程度上降低了御史台地位。另外,唐代谏官归属于门下省,而宋代将其独立出来,设立了专门的

①《新唐书·百官志》。
②《新唐书·百官志》。
③《新唐书·百官志》。
④《新唐书·百官志》。
⑤《新唐书·百官志》。
⑥《宋史·职官四》。

谏院,给予左右谏议大夫、司谏、正言这些谏官一定的监察权,"凡发令举事,有不便于时,不合于道,大则廷议,小则上封"①。台院和谏院虽然机构上是独立的,但二者职能交叉混乱,谏院行使了御史的权力。宋初经常以谏官兼领御史职,导致言谏御史的产生,御史的职权有所扩大,出现了台谏合一趋势。宋代地方行政机关主要分为路、州、县三级,在地方监察上,宋代建立了以监司为主、通判为辅的监察系统。设立在路一级的监司有四种:转运司、提点刑狱司、提举常平司、安抚司,分别行使财政、刑狱、赈灾和盐铁、军政等方面的地方监察。通判是设在州一级的监察官,与知州共同处理政务,并有监督知州权力。总体而言,宋代的监察体系较唐代臃肿,机构庞杂,职能交叉。

4. 明清时期

明代中央最高监察机关为都察院,长官为左、右都御史,其监察职责为:"专纠劾百司,辩明冤枉,提督各道,为天子耳目风纪之司。凡大臣奸邪、小人构党、作威福乱政者,劾。凡百官猥茸贪冒坏官纪者,劾。凡学术不正、上书陈言变乱成宪,希进用者,劾。遇朝觐、考察,同吏部司贤否陟黜。"②其下有左、右副都御史和左、右佥都御史等众多属官,还有十三道监察御史一百一十人。十三道监察御史职责范围:"主察纠内外百司之官邪,或露章面劾,或封章奏劾。在内两京刷卷,巡视京营,监临乡、会试及武举,巡视光禄,巡视仓场,巡视内库、皇城、五城,轮值登闻鼓。"③可见,十三道监察御史职权非常广泛,既包括地方官员的监察,也包括京官的监察。明代还在省一级设立了监察机关按察司,"掌一省刑名按劾之事。纠官邪,戢奸暴,平狱讼,雪冤抑,以振扬风纪,而澄清其吏治"④。此外,明代还派出总督和巡抚巡视地方,权力大于一般巡按御史。总督、巡抚初始权力以监察为主,明后期逐渐变为地方最高军政长官。此外,与唐宋显著不同的是,明代进一步扩大了给事中的权力,设立了六科给事中,对应监督六部,各类给事中虽官不过七品,但权力显赫:

---

① 《宋史·职官一》。
② 《明史·职官二》。
③ 《明史·职官二》。
④ 《明史·职官四》。

六科,掌侍从、规谏、补阙、拾遗、稽察六部百司之事。凡制敕宣行,大事覆奏,小事署而颁之;有失,封还执奏。凡内外所上章疏下,分类抄出,参署付部,驳正其违误。吏科,凡吏部引选,则掌科,同至御前请旨。外官领文凭,皆先赴科画字。内外官考察自陈后,则与各科具奏。拾遗纠其不职者。户科,监光禄寺岁入金谷,甲字等十库钱钞杂物,与各科兼莅之,皆三月而代。内外有陈乞田土、隐占侵夺者,纠之。礼科,监订礼部仪制,凡大臣曾经纠劾削夺、有玷士论者纪录之,以核赠谥之典。兵科,凡武臣贴黄诰敕,本科一人监视。其引选画凭之制,如吏科。刑科,每岁二月下旬,上前一年南北罪囚之数,岁终类上一岁蔽狱之数,阅十日一上实在罪囚之数,皆凭法司移报而奏御焉。工科,阅试军器局,同御史巡视节慎库,与各科稽查宝源局。而主德阙违,朝政失得,百官贤佞,各科或单疏专达,或公疏联署奏闻。①

除了监督和弹劾六部官员外,六科给事中还有言谏、封驳、监督狱讼等多种权力。

清初沿袭明制,设都察院。"顺治元年,改左都御史掌院事,满、汉各一人。左副都御史协理院事,各二人。汉左佥都御史一人。先用汉军,后参用汉人。乾隆十三年省。外省督、抚,并以右系衔。右都御史、右副都御史、右佥都御史为督、抚坐衔。乾隆十三年停右都御史衔。"②左都御史职责为:"掌察核官常,参维纲纪。率科道官矢言职,率京畿道纠失检奸,并豫参朝廷大议。凡重辟,会刑部、大理寺定谳。祭祀、朝会、经筵、临雍,执法纠不如仪者。左副都御史佐之。"③雍正元年(1723年)将六科给事中并入都察院,实现了科道合一,六科给事中与十五道监察御史负责京城内外官员的监察纠举,且很多京城衙门是被双重监察的,如宗人府、六部、通政使司、各寺、监。在地方监察上,清代设在省级的总督、巡抚是地方最高行政长官,同时地方上的监察主官,设在省级的按察使司为专职的司法和监察机构,还有道一级的监察机关巡道。

①《明史·职官三》。
②《清史稿·职官志二》。
③《清史稿·职官志二》。

（二）中国古代监察制度的特点

传统监察制度确立于秦代,在中国历史上延续了两千多年,通过以权力制约权力,保障了行政权的有序和高效,也在很大程度上避免了司法的冤滥,促进了吏治的清廉,其价值毋庸置疑。各朝监察制度既有传承,又有发展;既有自己特有的个性,也体现出一些共性特点。

1. 监察体系的多元性

多套监察体系并存这一现象在古代普遍存在,如汉武帝时期设立的御史府、丞相司直、司隶校尉三个独立的监察机构,如宋代的御史台与谏院、明代的都察院与六科,等等,在监察对象和监察职能上都存在一定的交叉重叠。地方监察中既有常驻的,又有巡行的,如汉代有常驻的刺史,也有御史府和丞相司直派员到地方巡行,甚至还有皇帝巡行,再如唐代常驻地方监察的有十道监察区分道巡按,也有监察御史不定时的外出巡按。此外,地方监察中有专职的,也有兼职的,前者如汉代的刺史,后者如汉代的郡守。清代的总督、巡抚与巡道,同样是地方监察中的兼职与专职之分。监察体系的多元化既可以实现对百官全方位、多渠道的监督,而且也使得监察官员处于被监督中,是君主有意而为之,使得所有官员的权力都能得到制约和制衡,从而不敢徇私枉法。这种以权力制约权力的理念与孟德斯鸠思想不谋而合,孟氏有言:"从事物的性质来说,要防止滥用权力,就必须以权力约束权力。"①任何权力都要受到制约,甚至皇帝的权力都在一定程度上受到谏官、史官一些软性的约束。在中国古代多种监察体系中,既有外部的监察,也有内部的监察。前者如御史台对各部门官员的监察,后者如清代总督、巡抚对下属的监察。当然,监察体系的多元化也存在一定的弊端,体现在机构的臃肿和相互间的冲突斗争等方面。

2. 监察机构设置的独立性

要保障监察活动的顺利开展和监察制度的有效贯彻,监察机构独立设置尤为重要,以减少监察官员的后顾之忧。传统社会专职的监察机构无论是设在中央还是地方,在建制上都独立于其他行政机关。魏晋以后,

---

① 〔法〕孟德斯鸠:《论法的精神》(上),商务印书馆1982年版,第154页。

御史台脱离少府而成为独立机关，无论唐宋的御史台还是明清的都察院都是独立建制，独立开展监察工作，即便是其派到地方上的监察御史都归御史台或都察院垂直领导，处于超然地位才能排除其他机关对御史监察活动的干扰，纠举弹劾不法官员，并降低御史可能遭到打击报复行为的发生。此外，御史在任职和监察工作上还有回避制度。汉代规定御史不得为本地人，并实行"三互法"，不同地域的监察官不得相互易地从监，唐代也有监察官任职上的本籍回避、亲族回避，都是为了防止包庇和防止裙带关系的出现，保障他们能够独立监察，更好地履职。不仅专职监察机构与被监察机构是分立的，不同监察体系之间也是相对独立的，以便各自开展监察活动，相互监督。所有的监察机构都是听命于皇帝，是天子的耳目，他们对皇帝负责，是皇帝治吏的御用工具。当然，这种独立性也是相对的，表现在兼职的监察机构和系统内长官对下属、上级对下级的监察等方面。

3. 监察官员位卑权重

秦汉时期用官秩皆六百石的监御史、刺史来监察官秩两千石的郡守；唐宋御史台中的御史不过六到八品，却能监察京城内外文武百官，包括二三品要员；明清时期的监察御史、六科同样品级很低。卑官监察高官，传统社会一以贯之，非偶然现象，顾炎武有言："夫秩卑而命之尊，官小而权之重，此小大相制，内外相维之意也"[①]，这种制度设计蕴含了古人丰富的政治智慧。其一，担任行政要员政务繁杂，需要广泛的知识和阅历，需要相当的能力和长久的历练，但监察官员工作较为单一，知识和能力的要求不用太高，只要有公心有胆识者，资历浅品级低的官员亦可胜任。其二，如由高品级官员充任监察官，他们社会关系网复杂，监察工作中难免更容易受到外界的干扰，而且品级高的官员没有升迁动力，工作的积极性显然比不上品级低的官员。卑官从事监察工作，患得患失的顾虑也相对更少。其三，为了保障监察官员更好地履职，充分发挥其监察作用，传统法律往往对他们进行厚赏重罚。称职的监察官会有更多的奖赏，更快地升迁。汉代称职的刺史往往升为太守，御史大夫升官则为丞相，明代七品的科道

---

① 《日知录·部刺史》。

官员多数可以很快升到四五品官,远较其他部门官员为快,这给了品级低的监察官员足够的工作动力,更有利于监察工作的开展。其四,监察官员品级低,能防止其坐大,从而对行政官员的执法活动带来不利影响,监察官员位卑也便于管理。

4. 监察活动依法而为

监察工作是代天子而为的,监察活动也是依法开展的,否则不能让被纠举弹劾的官员信服。监察工作依据的法律,既有百官都应遵守的职官管理法,也有专门规范监察活动的法律,历朝历代制定了不少。秦简《为吏之道》规定了官吏应该遵守的规则:"凡为吏之道,必精洁正直,慎谨坚固,审悉毋私,微密纤察,安静毋苛,审当赏罚",并具体规定了官员的"五善"和"五失",官员有"五失"将会问责,严重的甚至要处死。秦简《语书》还规定了监察官员必须遵守的细则。汉代地方监察法规有《御史九法》和《刺史六条》,唐代行政法典《唐六典》和专门规范监察制度的《巡察六条》为监察活动的开展提供了制度规范。宋代的《诸路监司互察法》规定,地方诸司若有违法不公行为,要互相举报,不仅诸司之间要互相察举,诸司属官与长官之间也要互相举报。《明会典》中的《风宪总例》、清代《都察院则例》和《钦定台规》都是规范监察活动的重要法规。特别是《钦定台规》,以皇帝名义颁布,内容完备,是我国古代监察法中最系统完善的一部监察法规。有相应的法律依据,既保障了监察工作的有序开展,纠举弹劾了不法官员,同时对监察官员自身也是一种约束,限制了他们的恣意妄为。

5. 注重监察官员的选任和监督

监察官员为治官之官,其自身素质尤为重要,"宪官之职,大则佐三公统理之业以宣导风化,小则正百官纪纲之事以纠察是非,故汉魏以还,事任尤重,至于选用,必举贤才"[1]。唐太宗曾言:"朕居深宫之中,视听不能及远,所委者惟都督、刺史,此辈实理乱所系,尤须得人。"[2]监察官员的选任标准更为严格,首先必须有可靠的政治品格,忠于皇帝。监察权是代表皇帝行使的神圣权力,监察官员必须效忠皇帝,以皇帝的江山社稷为重,

---

① 《册府元龟·宪官部》。
② 《贞观政要·择官》。

有坚定的政治方向。其次,要有刚正不阿的人品、不为强权敢于监察纠举的胆识和清廉的作风。无私者才无畏,私心太重、患得患失的人显然不适合。明代要求选拔风宪官必须是"公正为心,廉洁自守"者,清朝《钦定台规》要求科道官"私惠勿酬、私仇勿毁、敢谏不阿、忠贞常矢、言出如山、心清似水"。再次,要有一定的从政经验,特别是地方工作经验。监察官员只有熟悉官场情况和百姓民情,才能熟练地开展监察工作,发现官员违法失职问题。最后,具备较高的文化学识和法律素养。隋代以后,御史中很多来自科举及第者;清代规定,只有"正途"出身者方可考选科道。法律素养是开展监察工作必备因素,不懂法律如何依法监察,如何纠举官员违法行为。此外,在对监察官员的监督考核上,较其他官员更为严格。唐代《四善二十七最》中对监察官员的考核有专门的规定。明代规定"(御史)若知善不举,见恶不拿,杖一百,发烟瘴地面安置;有赃者,从重论"①。对于监察官员利用职权挟私诬陷他人的行为,一般实行诬告反坐。

科举制度解决的是选官入仕问题,保障了官僚队伍的稳定和高素质;监察制度解决的是官员履职监督问题,纠举弹劾惩治不法官员,保障了国家行政管理的有序和司法审判的公正,充分发挥官僚系统的效能。这两项传统制度蕴含了中国古人先进的治国理念和丰富的政治智慧,是传统行政法中很有特色的内容。

---

① 《明会典·都察院二》。

第十一讲

法 律 儒 家 化

自西汉中期儒家思想被确立为治国思想后,儒家思想主宰了法律,儒家经义不断向法律渗透,引礼入法活动开启了法律儒家化的步伐,魏晋南北朝时期不断深入,"一准乎礼"唐律的出现标志着法律儒家化过程的完成,这一儒家化法律特征一直延续到清末,成为中华法系鲜明的个性。法律儒家化特征在传统法律中有丰富的体现。

一、春秋决狱

春秋决狱是西汉武帝时期在董仲舒和公孙弘等儒家学者倡导下建立的一种审判制度,当案件涉及的问题法律没有规定,或者法律的规定不具体不明确,甚至依法律判决不公正时,司法官员从儒家《春秋》经或者其他经典中引申出微言大义来裁判案件。法律有漏洞、不完善在所难免,审案时出现这种情况为何倡导用《春秋》经来弥补法律的不足,因为在董仲舒等人看来,《春秋》这部鲁国的编年史是孔子修的,孔子作《春秋》,直书史事,字寓褒贬,确立了判断是非、善恶、贤与不肖的标准,如孟子所言:"孔子成《春秋》而乱臣贼子惧。"①汉儒认为当法律有空白、有缺陷时,用孔子的思想来裁判案件是最完美的,当然更为重要的是董仲舒倡导的"春秋大一统者,天地之常经,古今之通谊也"②思想迎合了汉武帝加强中央集权

---

① 《孟子·滕文公下》。
② 《汉书·董仲舒传》。

的需要,得到了汉武帝的赏识,从而春秋决狱能够成为官方认可的一种审判制度。

(一) 董仲舒春秋决狱案例

汉代春秋决狱审判的案件,流传下来的很少,史载董仲舒曾汇编了春秋决事比 232 事:"胶东相董仲舒老病致仕,朝廷每有政议,数遣廷尉张汤亲至陋巷,问其得失,于是作《春秋折狱》二百三十二事,动以《经》对,言之详矣。"①这 232 个案例后世保存下来的也只有几个。

> 君猎得麑,使大夫持以归。大夫道见其母随之而鸣,感而纵之。君慍,议罪未定。君病,恐死,欲托孤幼,乃觉之,大夫其仁乎。遇麑以恩,况人乎? 乃释之,以为子傅。于议何如? 董仲舒曰:"君子不麑不卵,大夫不谏,使持归,非也。然而中感母恩,虽废君命,徒之可也。"

> 甲父乙与丙争言相斗,丙以佩刀刺乙,甲即以杖击丙,误伤乙,甲当何论? 或曰:殴父也,当枭首。论曰:"臣愚以父子至亲也,闻其斗,莫不有怵怅之心,扶杖而救之,非所以欲诟父也。《春秋》之义,许止父病,进药于其父而卒,君子原心,赦而不诛。甲非律所谓殴父,不当坐。"

> 甲夫乙将船,会海盛风,船没溺流,死亡,不得葬。四月,甲母丙即嫁甲。欲皆何论? 或曰:"甲夫死未葬,法无许嫁。以私为人妻,当弃市。"议曰:"臣愚以为,《春秋》之义,言夫人归于齐,言夫死无男,有更嫁之道也。妇人无专制擅恣之行,听从为顺,嫁之者归也。甲又尊者所嫁,无淫之心,非私为人妻也。明于决事,皆无罪名,不当坐。"

> 甲无子,拾道旁儿乙,养为己子。及乙长,有罪杀人,以状语甲,甲藏匿乙。甲当何论? 仲舒断曰:"甲无子,振活养乙。虽非己出,谁与易之。《春秋》之义,父为子隐,子为父隐。甲宜匿乙。"诏不当坐。

---

① 《后汉书·应劭传》。

甲有子乙,乞丙,乙后长大,而丙所成育。甲因酒色谓乙曰:汝是吾子。乙怒,杖甲二十。甲以乙本是其子,不胜其忿,告于县官。仲舒断之曰:"甲生乙,不能长育,以乞丙,于义已绝矣。虽杖甲,不应坐。"

甲为武库卒,盗强弩弦,一时与弩异处。当何罪?论曰:兵所居,比司马,阑入者髡。重武备,贵精兵也。弩机郭弦轴异处,盗之,不至盗武库兵陈。论曰:"大车无辕,小车无軏,何以行之?"甲盗武库兵,当弃市乎?曰:"虽与弩异处,不得弦不可谓弩,矢射不中,与无矢同,不入与无镞同。律曰:此边鄙兵所赃直百钱者,当坐弃市。"①

(二)春秋决狱基本原则:本其事而原其志

官员断案主要是审和判两个环节,审是事实问题,判是法律问题,只有审清案件事实,才谈得上依法判案。春秋决狱也是建立在审清案情基础上,董仲舒说过:"春秋之听狱也,必本其事而原其志;志邪者不待成,首恶者罪特重,本直者其论轻"②,"本其事"强调的是搞清案件事实,"原其志"则是考察行为人动机的善恶。从流传下来的董仲舒处理过的几个案件看,案件事实都很清晰,对案情的认定上官员和双方当事人都没有什么分歧。案件处理的难点在于没有法律依据时,如何从春秋经中找到相应的微言大义。《盐铁论》对春秋决狱的评述"春秋之治狱,论心定罪。志善而违于法者免,志恶而合于法者诛"③,揭示了春秋决狱最重要的原则"论心定罪(原心定罪)",对一个人的行为是否要治罪,关键的不是有无损害后果(及后果的轻重),而是取决于他主观动机的善恶,当然《盐铁论》的评价也有所偏颇,忽视了"本其事"的一面。区分行为人主观善恶是春秋决狱的一项重要精神,从上述六个案件看,除案六外,其余五个最终结果都减轻了处罚,行为人的动机都有善的一面。案一,大夫途中释放小鹿,亦为善举,将功补过,故不应惩罚;案二行为人虽伤害了父亲,但动机是救

---

① 《经典集林·卷二》。
② 《春秋繁露·精华》。
③ 《盐铁论·刑德》。

父;案三女子顺从母意改嫁是孝的体现;案四养父匿子体现了最真挚的父爱;案五生子不养且妄自称父是不善之举,遭到杖击罪有应得,故不惩杖者;案六中监守自盗,具有恶性,应予治罪,在这点上官员意见没有分歧,而分歧在于治什么罪。董仲舒认为既不应认定为普通盗窃行为,也不应认定为盗窃武库兵器罪,而应认定为盗窃边鄙武库物资罪,处弃市死刑。

(三) 春秋决狱的价值

春秋决狱既是汉代经典的司法现象,也是法制史上的重大事件,是儒家经义从司法领域向法律的渗透,是法律儒家化的开端,具有里程碑式的意义。对于春秋决狱的价值,应辩证地看待,积极价值更明显,也有一些消极弊端。

1. 积极方面

(1) 弥补了汉律的不足

秦代法律非常繁密和严酷,汉初废除了严苛的秦律,实行无为而治,约法省刑,三章法律不足以治天下,于是在传承改造了部分秦律基础上发展了汉律,所谓"汉承秦制"。法律的滞后性,决定了其需要不断发展完善,春秋决狱弥补了汉律的不足,主要体现在两方面:其一,填补了法律的一些空白。对于汉律没有规定或者规定不具体不完善以致案件裁判时没有合适的法律规范可援引时,用《春秋》经的微言大义来判案,用《春秋》经乃至其他儒家经典填补了汉律的不足。其二,促进了法律的轻刑化和人性化。尽管汉初废除了挟书律、三族罪、妖言令,但在秦律基础上发展起来的汉律总体上比较严酷,"见于汉律令的死刑六百一十条"[①]。春秋决狱用儒家经义一定程度上改造了汉律,儒家倡导德主刑辅,重视伦理亲情,促进了汉律的轻刑化和人性化,这在董仲舒处理的案件中有充分的体现。

(2) 在一定程度上完善了古代犯罪构成理论

春秋决狱"本其事"强调的是犯罪的客观方面,即真实的案情;"原其

---

① 张晋藩:《中华法制文明的演进》,中国政法大学出版社 1999 年版,第 190 页。

志"重视的是犯罪人的主观方面,动机是善还是恶。从当今的犯罪构成之主体、主观方面、客体、客观方面四要件理论看,春秋决狱已经突出了主观方面和客观方面在犯罪构成中的重要性,特别是主观动机。主观上有损害他人故意显然是恶的,而过失一般可理解为具有善性。董仲舒从犯罪心理的深度,把罪与非罪、故意犯罪与过失犯罪区分开来,在当时具有明显进步意义。秦代实行客观归罪原则,只要有客观方面的案情即可治罪,不细究行为人主观之故意与过失之区分,不谈善恶,因为在秦代占治国指导地位的法家理论看来,人性都是恶的,犯罪都是恶的,都是为了私利而损害他人的行为。春秋决狱"原其志"是对秦代及秦代延续下来的客观归罪原则的否定,强调犯罪构成的主观方面,一定程度上完善了中国古代犯罪构成理论。

(3) 促进了法律与道德的协调统一

《春秋》以及儒家的其他经典,具有很强的伦理道德色彩,教人趋吉向善,董仲舒在对策汉武帝之"天人三策"中就提出国家治理的道德性:"臣谨案《春秋》之中,视前世已行之事,以观天人相与之际,甚可畏也。国家将有失道之败,而天乃先出灾害以谴告之,不知自省,又出怪异以警惧之,尚不知变,而伤败乃至"①。董仲舒建议用春秋大一统思想来治国,受到汉武帝的赏识最终确立了儒家思想的指导地位。然而汉律的酷烈体现的是法家精神,与新儒学为主导下的社会道德伦理不相融洽。春秋决狱实现了儒家伦理对司法活动的主导和向法律的渗透,促进了法律与道德逐步走向新的协调和平衡,特别是促成亲情义务与法律义务的统一,在董仲舒处理的不少案件中都有体现。

(4) 有利于律学的发展

传统律学是一种法律解释学,注重从文字上、逻辑上对律文进行阐释,并在归纳总结基础上抽象出一些法理。虽然"律学"一词在魏晋以后才出现,但秦汉时期律学就诞生了,秦简中的《法律答问》就是一篇比较系统完善的律学作品。② 随着汉代儒学地位的上升并成为治国主导思想,

---

① 《汉书·董仲舒传》。
② 何勤华:《秦汉律学考》,载《法学研究》1999 年第 5 期,第 123—125 页。

律学的发展由法家思想主导之下过渡到儒家思想指导下,董仲舒发起的春秋决狱(引经决狱)进一步促进了用儒家经义来注释法律这种研究风尚,东汉时期引经注律极为盛行,出现了叔孙宣、郭令卿、郑玄、马融等注律大家,魏晋时期刘劭、张斐、杜预、刘颂等律学家极负盛名,律学作品极为丰富。历经唐宋,至明清时期律学的发展巍然壮观,王明德、沈之奇、薛允升、祝庆祺等律学名家的作品代表了清代律学的顶峰。汉以后的历代律学都是在以儒家思想为主导的封建正统思想下开展对法律的研究,是在汉代春秋决狱、引经决狱、引经注律基础上发展起来的,在指导思想、研究方法和理论发展上一脉相承。

2. 消极方面

在肯定春秋决狱正面价值的同时,也不能忽视其明显的消极影响,学界指出了不少。张晋藩先生认为:"由董仲舒首倡的春秋决狱,其发展所带来的任意比附,破坏了法律的确定性,冲淡了援法断罪的严肃性,缩小了法律发挥作用的空间,特别是由于司法之官贤愚不齐而发生的种种谬误,也促进了司法机关的腐朽。"①张先生所言极是,春秋决狱消极影响突出体现在三个方面:

其一,官员过大的裁量权导致案件判决的统一性和公正性难以保障。《春秋》是鲁国的编年史,记载事件前后时间跨度二百四十多年,大事小事无奇不有,从《春秋》经中引申出微言大义,可引的范围太广、弹性太大,主观性太强,完全取决于官员的解释和取舍,自由裁量权太大。虽然弥补了汉律的不足,但由于春秋经不具备法律的明确性和统一性,同样的案件不同的官员可以引出不同的微言大义来裁判,有罪无罪、轻判重判在春秋经中可能都能找到裁判依据,案件判决的统一性荡然无存。至于引经决狱,所引的儒家经典范围更广,判决的统一性更是无从谈起。都是引经决狱,不同官员判案结果天壤之别,且都有理有据,判决的公正性何在? 缺乏公正性的判决只能让人怀疑司法的正义性。

其二,为官员判案恣意轻重提供了机会。对于汉律没有规定的问题,官员在引用儒家经义时有较大的裁量权,尽管绝对正义不可能实现,案件

① 张晋藩:《中华法制文明的演进》,中国政法大学出版社1999年版,第197页。

判决的结果是否具有相对正义在很大程度上取决于司法官员的素质。这一制度上的缺陷,必然为在人情和利益牵连之下官员判案故意不入罪、轻判或重判提供了机会。不法官员借助春秋经的这种模糊性和灵活性,故意出入人罪,"所欲活则傅生之义,所欲陷则予死比"[①]。一定程度的轻判可能还能体现儒家仁爱观主导下的轻刑化思想,当一旦出现草菅人命的酷吏,以礼杀人、恣意入罪,其结果显然有违春秋决狱精神,但因缺乏制度上的补救而难以遏制。

其三,模糊了道德与法律的界限。用儒家的伦理道德来裁判案件,虽然解决了案件处理之法律不足问题,但毕竟道德是道德,法律是法律,二者虽有关联,但存在质的不同。道德有着更高的标准,将道德义务变成法律义务显然是要求过高,脱离了现实。如前文案五中,从道德上讲父母生了孩子就应当抚养,在道德上是无法推脱的义务,天经地义,但从法律层面讲父母可将孩子送予他人收养,汉代法律是允许的,然而董仲舒依据儒家道义,认为生而不养是一项过错。而且,春秋决狱将儒家的伦理道德当法律用来判案,也破坏了法律的严肃性与权威性。法律本应是一套严明的规则,而不应该是司法官员对礼的恣意取舍,而且这种取舍都是案发之后的事情,当事人如何知晓和遵守这种不是法律的法律。

二、五服制罪

(一) 五服

五服最基本含义为五种丧服,即斩衰、齐衰、大功、小功、缌麻。有人去世后,他的亲属应穿丧服服丧,这是古代丧葬礼俗,在《仪礼·丧服》中就有详细的记载。这些丧服用麻布制作,其中斩衰衣服纱最粗且不缝下摆,最为粗糙,其后四种丧服依次纱越来越细。穿丧服是为了表达对死去亲人的哀思,亲人去世了是件痛苦事情,内心的痛苦必须通过外在方式表达出来,让别人感受得到,离死者关系最近的人最痛苦,故穿的丧服最粗

---

① 《汉书·刑法志》。

糙。穿丧服之人都是死者的亲属,血亲或者姻亲,但亲属类型很多,亲疏
远近不同,如费孝通先生所言的差序格局。通常而言,在从斩衰到缌麻五
种丧服中,穿斩衰的人与死者关系最近,如父母死了,儿子穿斩衰,披麻戴
孝;丈夫死了,妻子穿斩衰。较斩衰疏一个层次的亲属穿齐衰,如祖父母
死了,孙子穿齐衰;妻子死了,丈夫穿齐衰;叔伯父死了,侄子穿齐衰;兄弟
死了,其他兄弟穿齐衰。再疏一个层次则穿大功,依次递减,到缌麻为止,
出了缌麻就没有为死者穿丧服服丧的义务。因此,五服是亲属的范围,即
五服亲,这是五服第二层含义。

(二)五服制罪基本规则

《晋律》"峻礼教之防,准五服以制罪",将五服引入犯罪,确立了五服
制罪原则。在亲属之间犯罪问题上,设定了不同于常人的处罚规则,根据
双方服制远近的不同和尊卑关系的不同,处罚的轻重不同。五服制罪原
则自《晋律》首次规定后,成为历代法律中的经典内容,一直延续到明清时
期,《大明律》和《大清律例》中都载有详尽的丧服图。由于《晋律》的失传,
其中五服制罪具体规范不得而知,五服制罪基本规则详见于唐律以及唐
以后的传统律典中。

以《唐律疏议》为例,对一般谋杀罪的处罚为:"徒三年;已伤者,绞。
已杀者,斩",但"谋杀缌麻以上尊长者,流二千里;已伤者,绞;已杀者,皆
斩"。对于缌麻以上尊长谋而未杀伤的行为,处罚重于常人。谋杀服制更
重的尊亲属,处罚进一步加重:"诸谋杀期亲尊长、外祖父母、夫、夫之祖父
母、父母者,皆斩。"只要有谋杀行为,即便未造成任何伤害,都要处斩。反
过来,尊长谋杀卑幼,处罚较常人轻:"尊长谋杀卑幼者,各依故杀罪减二
等;已伤者,减一等;已杀者,依故杀法。"唐律对于一般的手足殴人,处罚
笞四十,伤及以他物殴人,杖六十,但亲属之间的殴人行为,处罚轻重明显
不同:"诸殴缌麻兄姊,杖一百;小功、大功,各递加一等。尊属者,又各加
一等。伤重者,各递加凡斗伤一等。死者,斩",即殴兄姊处罚重于常人,
殴尊亲属处罚更重。反之,"若尊长殴卑幼折伤者,缌麻,减凡人一等;小
功、大功,递减一等。死者,绞",即尊长殴卑幼处罚轻于常人,且服制越
重,处刑越轻。对于亲属之间的盗窃行为,《唐律疏议》规定的处罚轻于常

人："诸盗缌麻、小功亲财物者，减凡人一等；大功，减二等；期亲，减三等"，亲属关系越近处罚越轻。此外，对于一般的奸情行为，唐律的处罚为"徒一年半；有夫者，徒二年"；对于亲属之间的奸情行为，《唐律疏议》根据不同情形分别作了规定："诸奸缌麻以上亲及缌麻以上亲之妻，若妻前夫之女及同母异父姊妹者，徒三年；强者，流二千里；折伤者，绞。妾，减一等"，"诸奸从祖祖母、姑、从祖伯叔母、姑、从父姊妹、从母及兄弟妻、兄弟子妻者，流二千里；强者，绞"，"诸奸父祖妾、伯叔母、姑、姊妹、子孙之妇、兄弟之女者，绞"。可见，亲属之间奸情行为处罚重于常人，服制越重，处刑越重。

对于《唐律疏议》中这些亲属相犯处罚规则，范忠信先生作了很好的总结："在人身伤害情形中，尊亲属犯卑亲属，亲属关系越近（服制越重），则罪刑越轻；卑亲属犯罪亲属，亲属关系越近，则罪刑越重。在亲属相奸情形中，不论尊卑，唯论亲属关系远近，服制越近者罪责越重。在亲属相盗情形中，则正好与亲属相奸情形相反，亲属关系越近则罪责越轻。"①虽然唐律中的亲属相犯处罚具体条文在后世律典中有些修改，但亲属间犯罪处罚上相对于常人而言的加重或减轻原则没变，一直贯穿于后世封建法中。

（三）五服制罪的价值理念

首先，五服制罪的实质是亲属之间犯罪同罪异罚。用五服制罪制度处理亲属之间犯罪时，调查案情只是一方面，关键是要搞清双方当事人的尊卑与服制关系，从而依律做出重于或轻于常人的判决，如元代龚端礼在《五服图解》中所言："欲正刑名，先明服纪。服纪正则刑罚正，服纪不正则刑罚不中矣。"同一种罪行，双方当事人尊卑与服制的不同，判决结果截然不同。同罪异罚首要目的是照顾尊长亲属的利益，在尊卑亲属利益发生冲突时，以牺牲卑幼的利益来捍卫尊长的利益，这也是五服制罪制度基本的立法理念。试看《刑案汇览》中记载的一则清代案例：

陈汶选令子陈自康取茶给饮，因茶不热，倾泼在地，当向斥

① 范忠信：《中国法律传统的基本精神》，山东人民出版社 2001 年版，第 104 页。

骂,并取棍向殴,自康畏惧跑出房外,汶选持棍赶殴,因地上被茶泼湿,滑跌在地,磕伤脑后殒命,刑部以陈父虽自行跌毙,但陈自康不俯首就责,畏惧逃跑,以致伊父追赶滑跌身死,实属违犯教令,照子违犯教令致父自尽例拟绞候。①

该案中陈汶选的跌伤殒命纯属意外事件,而非其子陈自康故意伤害或过失伤害所致,最后却被认定为因逃跑致父跌死违反教令,拟秋后处绞。因损害了服制最重的亲属父亲的利益,处罚极重。

其次,五服制罪体现了"亲亲尊尊,爱有差等"礼教精神。亲亲尊尊是西周礼治的重要原则,亲近应该亲近的人、尊敬应该尊敬的人,是西周宗法制下最基本的也是最重要的伦理,这种宗法伦理被儒家传承下来,并作了进一步的阐发,变成了"父慈子孝、兄友弟恭、夫义妇听"等家族伦理,进而上升为封建礼教。父子、兄弟、夫妻之间互负不同的义务,体现出爱有差等,实质就是不平等。五服制罪从法律上确认、巩固并进一步加剧了这种不平等,这是礼教纲常向法律的渗透和法律进一步儒家化的体现。

最后,五服制罪有利于维护维护家族内部的伦理秩序。汉代以后家族发展起来了,每个人都是生活在家族里,家族是其安身立命的根本,而且家族扮演了重要的经济、政治和文化功能。维护家族内部的伦理秩序,是传统法律的重要使命,家族的成员主要是通过血缘和婚姻两种纽带联系起来,家族内部的伦理主要涉及到尊卑关系和两性关系,具体而言就是长幼有序、男女有别。五服制罪制度严厉打击家族内部冒犯尊长的行为和男女奸情行为,且服制越重处罚越重,以强有力的方式捍卫了家族伦理。减少了家族内部犯上作乱行为的发生,有利于家族内部的稳定,家族稳定了社会才稳定。在家国同构的社会,家内的等级与社会的等级、家族的伦理与社会伦理是相通的,移孝作忠最终有力地捍卫了君主的统治,如《孝经》所言:"君子之事亲孝,故忠可移于君;事兄悌,故顺可移于长;居家里,故治可移于官"②,这无疑是五服制罪制度根本的出发点和归宿。

---

① 转引自瞿同祖:《瞿同祖法学论著集》,中国政法大学出版社1998年版,第40页。
② 《孝经·广扬名》。

三、犯罪容隐制度

犯罪容隐制度是传统法律中很有特色的内容，"容"是容许，"隐"是隐瞒，指必须为一定范围内的亲属或其他特定关系人隐瞒罪行，不得告发也不得作证，违者将要受到法律制裁。

（一）容隐思想的早出

早在春秋时期，容隐的思想就出现了。

> 叶公语孔子曰："吾党有直躬者，其父攘羊，而子证之。"孔子曰："吾党之直者异于是。父为子隐，子为父隐，直在其中矣。"①

孔子认为，父子之间一方有罪时，对方应当隐瞒，而不能举报揭发，并认为父子间相互隐瞒犯罪是最正直的美德，孔子此语成为后世容隐制度的基石。史载"孔子为鲁司寇，有父子讼者，孔子拘之，三月不别，其父请止，孔子舍之"②，父子对簿公堂的行为，是孔子不愿看到的，故消极处之，并认为这是教化不足导致而罪不在民。

孟子仍然秉承父子容隐观，并作了进一步阐发。

> 桃应问曰："舜为天子，皋陶为士，瞽瞍杀人，则如之何？"孟子曰："执之而已矣。""然则舜不禁与？"曰："夫舜恶得而禁之？夫有所受之也。""然则舜如之何？"曰："舜视弃天下，犹弃敝屣也。窃负而逃，遵海滨而处，终身欣然，乐而忘天下。"③

这是儒家先贤们容隐思想代表性言论，孔孟倡导的是父子之间相互隐瞒罪行，认为这是源自人性的最真实情感。

（二）秦汉以后容隐的制度化

先秦没有容隐制度，秦代开了容隐制度的先河，体现在官府对"非公

---

① 《论语·子路》。
② 《荀子·宥坐》。
③ 《孟子·尽心上》。

室告"的不受理:"子告父母,臣妾告主,非公室告,勿听"①。如果坚持告发,则会给告发者判罪。非公室告是发生在家庭内部的侵害行为,"子盗父母,主擅杀、刑、髡其子、臣妾,是谓非公室告"。对于这些行为利益受损害方必须容隐,只是秦代容隐范围非常有限,对于公室告犯罪行为,任何人知情都得告发,即便父子夫妻之间都要相互揭发犯罪。容隐制度进一步发展见于汉宣帝地节四年(公元前66年)的诏令:"父子之亲,夫妇之道,天性也。虽有患祸,犹蒙死而存之。诚爱结于心,仁厚之至也,岂能违之哉!自今子首匿父母,妻匿夫,孙匿大父母,皆勿坐。其父母匿子,夫匿妻,大父母匿孙,罪殊死,皆上请廷尉以闻。"②该诏令确立的亲亲得相首匿原则,将犯罪容隐的范围扩大到父子、夫妻、祖孙之间,但在可隐匿的罪行方面双方是不对等的。

及至唐代,容隐制度得到了系统发展。《唐律疏议》确立了同居相为隐制度:"诸同居,若大功以上亲及外祖父母、外孙,若孙之妇,夫之兄弟及兄弟妻,有罪相为隐。部曲、奴婢为主隐,皆勿论。即泄露其事及擿语消息,亦不坐。其小功以下相隐,减凡人三等。"对于同财共居之人,不论是否同籍、是否有服制,皆可依此相互隐匿罪行。当然,并非同居之人所有罪行都可隐匿,唐律也规定了例外,即谋反、谋大逆、谋叛这三种罪,任何人不得隐匿。此外,《唐律疏议》还规定了对于应容隐之人不得告发,违者治罪:"诸告祖父母、父母者,绞。即嫡、继、慈母杀其父,及所养者杀其本生,并听告"③,"诸告期亲尊长、外祖父母、夫、夫之祖父母,虽得实,徒二年。其告事重者,减所告罪一等。即诬告重者,加所诬罪三等。告大功尊长,各减一等;小功、缌麻,减二等;诬告重者,各加所诬罪一等"④,"诸告缌麻、小功卑幼,虽得实,杖八十;大功以上,递减一等。诬告重者,期亲,减所诬罪二等;大功,减一等;小功以下,以凡人论"⑤。与汉代相比,唐代的同居相为隐制度扩大了隐罪亲属的范围,而且在隐罪方面同居亲属之

①《法律答问》。
②《汉书·宣帝纪》。
③《唐律疏议》,岳纯之点校,上海古籍出版社2013年版,第370页。
④《唐律疏议》,岳纯之点校,上海古籍出版社2013年版,第372页。
⑤《唐律疏议》,岳纯之点校,上海古籍出版社2013年版,第374页。

间是对等的。唐律中的隐罪规定深刻影响了后世律典,《宋刑统》中的"有罪相容隐"制度、《大明律》和《大清律例》中的"亲属相为容隐"制度中,都有唐律的渊源。

(三)容隐制度存在的合理性

显然,容隐制度不利于犯罪的发现和侦查,可能会导致一些犯罪者没有受到法律应有的制裁,这一弊端不能否定,但传统容隐制度肯定利大于弊,否则怎么会在中国延续了两千多年,存在自有其合理性。

首先,容隐是伦理义务的法律化。儒家非常强调家族内部的伦理,首要的是"亲亲","亲亲"的核心是"孝",社会伦理是由家族伦理延伸而来,所谓"老吾老,以及人之老;幼吾幼,以及人之幼"[①]、"亲亲而仁民,仁民而爱物"[②]。父慈子孝、兄友弟恭、夫义妇听都是家庭成员之间的伦理,强调的都是对对方的关爱,是义务而非权利,只有各自尽了本分的义务,各家庭成员的利益才能得以保障。当家人犯了罪时,其他家庭成员自然不希望其受到法律的惩处,必然会不遗余力地替其隐瞒罪行,毁灭罪证,毕竟亲人受到制裁也会一定程度上导致自己利益受损,"一荣俱荣,一损俱损",因为家庭是一个利益共同体。犯罪容隐制度就是法律对这种伦理义务的肯定,而且这种伦理也并非儒家独有,秦律中很有限的容隐规定显然并非儒家思想主导下的,应该说维护尊长的利益在法家思想中也是存在的,韩非"臣事君,子事父,妻事夫。三者顺,则天下治;三者逆,则天下乱"[③]一语即是体现。传统法律确认和维护这种封建义务,既是合理的,也是应该的。

其次,容隐制度基于人的本性。生之谓性,本性是生来的,人生下来而且一辈子都是生活在家庭里面,父子、母子、兄弟、祖孙之间的感情是最真挚的,真诚无伪,自然而然。法律要调整人的行为,要解决人的问题,自然要尊重人性,不能让人性扭曲,不能让人众叛亲离,更不能让人父子反目,容隐制度也是法律人性化的体现。法律的人性化是儒家非常强调的,

---

① 《孟子·梁惠王上》。
② 《孟子·尽心上》。
③ 《韩非子·忠孝》。

儒家的轻刑观、儒家的德主刑辅、先教后刑思想都体现了这一点，明代邱濬说："宣帝诏所匿者止许父子、夫妇、祖孙，而于兄弟及从子之于世父、季父阙焉，必若今律文凡有亲属除谋反大逆外，虽奴婢、雇工人为家长，亦在勿论之限，深得先王以刑弼教之意"①。再者，传统法律中审判回避制度既有判决公正性的考虑，也有人性化的一面。反之，古代铁面无私的清官虽是正义化身，但六亲不认从某种程度上讲有违人的本性。法律不能强人所难，不能设定过高的人性标准。

最后，容隐的有限性不会危害国家政治统治。法律首先要维护君主的统治秩序，传统法律允许一定范围内的亲属容隐，并不会对统治秩序带来多大危害。原因主要有两方面：其一，严重的政治性犯罪不能容隐。谋反、谋大逆、谋叛三种最重的罪，危害了国家的政治统治，法律规定不得容隐，即便亲人之间也得告官。其二，对于一般的犯罪，法律只是要求一定范围内的亲属不得控告，但他人可以告官，所以这并非意味着亲属不告时行为人的违法犯罪行为就不会受到法律追究。相反，允许亲属犯罪容隐则实现了法律与道德的统一性，这种充满伦理性的法律更容易为百姓所接受，民众只有认同了法律才会遵守法律，晋人卫展一言"相隐之道离，则君臣之义废；君臣之义废，则犯上之奸生矣"②义理深刻。所以，从根本上讲，容隐制度有利于国家的政治统治。

四、存留养亲

存留养亲是指犯有死罪或徒流罪的罪犯，如果出现家中父母或祖父母老疾而无其他成年男丁赡养时，在一定条件下可以减免或暂停对罪犯的刑罚，允许其回家奉养该尊亲。

（一）制度规范

存留养亲制度在中国历史悠久，北魏时期始见规定："诸犯死罪，若祖

① 《大学衍义补·慎刑宪》。
② 《晋书·刑法志》。

父母、父母年七十以上，无成人子孙，旁无期亲者，具状上请，流者鞭笞，留养其亲，终则从流，不在原赦之例"，①对需要履行赡养老年父祖义务的死刑犯和流刑犯，给予其养亲的优待，并相应减轻了处罚。

至唐代，存留养亲制度有了很大的发展，《唐律疏议》规定："诸犯死罪非十恶，而祖父母、父母老疾应侍，家无期亲成丁者，上请。犯流罪者，权留养亲（谓非会赦犹流者），不在赦例（仍准同季流人未上道，限内会赦者，从赦原），课、调依旧。若家有进丁及亲终期年者，则从流。计程会赦者，依常例。即至配所应侍合居作者，亦听亲终周年，然后居作"②。

宋代该项制度沿袭唐律未变，元代法律规定："诸犯死罪，有亲年七十以上，无兼丁侍养者，许陈请奏裁"③，"诸窃盗应徒，若有祖父母、父母年老，无兼丁侍养者，刺断免徒，再犯而亲尚存者，候亲终日，发遣居役"④。

《大明律》中列出了"犯罪存留养亲"条目，规定："凡犯死罪，非常赦所不原者，而祖父母、父母老疾应侍，家无以次成丁者，开具所犯罪名奏闻，取自上裁。若犯徒流者，止杖一百，余罪收赎，存留养亲"⑤。

《大明律》中的这些规则在《大清律例》得到了整体的沿用。清末修订《大清新刑律》时，存留养亲制度是否应废除，是礼法之争焦点之一。由于法理派的妥协，本已删去的存留养亲又编入了《暂行章程》，直到民国时期存留养亲制度才退出历史舞台。

（二）使用条件

根据传统律典中的这些规定，可以看出存留养亲制度的使用应具备的基本条件：（1）罪犯犯的是死罪或者徒、流罪，而且死罪必须是非常赦不原之类；这三种罪的执行会导致罪犯与父祖永远或者暂时不能生活在一起，而笞杖刑则不会导致此类后果，不存在需要留养的特殊问题。（2）祖父母或父母年老，或笃疾，没有独立生活能力，需要赡养；年老的年

---

① 《魏书·刑罚志》。
② 《唐律疏议》，岳纯之点校，上海古籍出版社 2013 年版，第 53—55 页。
③ 《元史·刑法志》。
④ 《元史·刑法志》。
⑤ 《大明律》，怀效锋点校，法律出版社 1999 年版，第 10 页。

龄限度,唐律规定为八十以上,而《大清律例》则为七十以上,可见唐律设定的年龄条件更严。(3)家里没有其他成年男丁;其中唐律的要求是"家无期亲成丁",即家里没有齐衰以上的晚辈男丁;而明清律只是要求没有次成丁,而无服制范围之限,条件相对更宽松。家里没有其他男丁,老疾父祖的赡养将会面临问题。(4)如果是死罪的存留养亲,必须上请,是否批准最终由皇帝作主,这也是对死刑的重视,徒流刑如需存留养亲则不需皇帝批准。当然,也并非符合上述条件罪犯就一定能够获得留养优待,如清代法律对于一般杀人行为如父祖老疾无人赡养可以存留养亲,但如果被杀的是独子,他的父母已经没人赡养了,那么此时杀人犯不能享受存留养亲优待,否则有违对等的公平性。

(三)存留养亲制度的价值

存留养亲制度同样是传统法律中很有特色的内容,是一项有利也有弊的制度。

积极方面,首先存留养亲制度有利于父祖的赡养。即便犯了死罪,只要符合存留养亲条件,按照法定程序罪犯即可免死,这无疑给了死刑犯极大的恩惠,但该制度设置的重心并非在此,而是为了养亲才允许死刑犯的存留。此制度中,徒刑、流刑犯人的降等或暂停处罚也是出于养亲考虑。这项制度保障了家无其他成年男丁时死流徒罪人老疾父祖的生活赡养问题,将养儿防老这项传统古训落到了实处,因此存留养亲制度是传统社会尊老敬老的体现。其次,存留养亲制度有利于家庭的稳定。中国古代是农耕社会,种地主要是男人的事情,男人是家里的经济支柱,仰事父母、俯畜妻子,都是成年男子的责任。存留养亲制度的存在使得老疾父祖生活得到了保障,妻儿的生活也得到保障,生活有保障家庭才稳定,否则闹饥荒家庭难以稳定。而且,存留养亲制度使得留养犯人能够一定时间继续和家人在一起生活,避免了家庭永远或暂时的破裂,一家人能在一起过日子,相互照应。最后,存留养亲制度弘扬了孝道。为了维护罪犯老疾父祖的生活,法律竟然网开一面,给了犯人减刑和暂缓行刑的优待,这是法律为孝道让步。由于存留养亲制度执行较严,客观上讲,能够享有这种优待的只是犯人中的极少数,但该制度弘扬了尊老敬老的孝道,传播了孝敬父祖的思想，这是其难能可贵之处。甚至清代除了存留养亲之外，还给予死刑犯"存留承嗣"的优遇，[1]以延续家庭香火。

消极方面，首先是该制度存在明显的不公平。虽然中国传统社会是个等级社会，不同等级之间存在不公平现象在所难免，但即便在同一等级内部存留养亲制度也造成了明显的不公平。他人犯非常赦不原的死罪要处死，而存留养亲者则可免死，虽然亲终之后仍要被执行一些刑罚，但生刑保全了人的性命，与死刑有天壤之别。其次，存留养亲制度会导致一定程度上纵容一部分人犯罪的后果。只要符合父祖老疾、家中没有兼丁时，作为子孙的成年丁男就能享受犯罪减刑、暂缓执行的优待，有了这样一条法律底线，当事人可能会有恃无恐，不惜铤而走险去犯罪，甚至犯死罪。虽然这绝不是存留养亲制度设计者们的初衷，也不是他们所愿意看到的，但人的功利性难免会导致有人借助制度的"护身符"去犯罪。最后，存留养亲制度对社会秩序也带来了一定的负面影响。一些留养的死刑犯或其他重刑犯，没有得到即时的惩处就被放到社会上，对他人的人身财产安全、对社会秩序必然会带来或多或少的威胁，这种没有得到改造的罪人其恶性还是很深的。虽然回归后的家庭温暖可能对于其改邪归正有一定作用，但在预防其再次犯罪上可能比不上生命的剥夺或重刑实施所带来的利益受损之强烈警示。

五、十恶

（一）十恶含义及由来

"十恶"是传统社会十种最重犯罪的统称，在《北齐律》中有"重罪十条"之规定，隋代《开皇律》承袭了这一制度并改名为"十恶"，"高祖开皇元年，更定新律，又置十恶之条，多采后齐之制而颇有损益"[2]。为什么称之为"十恶"，这一名称何来，有些学者认为"十恶"之名来自佛教，本是佛教

---

① 范忠信：《中国法律传统的基本精神》，山东人民出版社 2001 年版，第 97 页。
② 沈家本：《历代刑法考》，邓经元、骈宇骞点校，中华书局 1985 年版，第 1784 页。

术语。[①]"十恶"制度在唐代达到了鼎盛,《唐律疏议》对其做了系统详备的规定,并解释了"十恶"这一名称的含义:"五刑之中,十恶尤切,亏损名教,毁裂冠冕,特标篇首,以为明诫。其数甚恶者,事类有十,故称十恶"[②]。这十种罪行,危及到政治统治的稳定和礼教纲常的维护,是传统法律打击的重点,故"十恶"之名详细列载在唐以及唐以后封建律典的《名例律》中。

(二) 十恶的具体罪行

"十恶"中的十种罪名及所包涉的罪行,在唐代就已经定制了,后世沿用唐制,到了清代都几乎未变。《唐律疏议》将"十恶"罪行的界定为:

(1) 谋反(谓谋危社稷);

(2) 谋大逆(谓谋毁宗庙、山陵及宫阙);

(3) 谋叛(谓谋背国从伪);

(4) 恶逆(谓殴及谋杀祖父母、父母,杀伯叔父母、姑、兄姊、外祖父母、夫、夫之祖父母、父母);

(5) 不道(谓杀一家非死罪三人及支解人,造、畜蛊毒,厌魅);

(6) 大不敬(谓盗大祀神御之物,乘舆服御物,盗及伪造御宝,合和御药误不如本方及封题误,若造御膳误犯食禁,御幸舟船误不牢固,指斥乘舆情理切害及对捍制使而无人臣之礼);

(7) 不孝(谓告言、诅詈祖父母、父母,及祖父母、父母在,别籍、异财若供养有缺;居父母丧,身自嫁娶若作乐、释服从吉;闻祖父母、父母丧,匿不举哀;诈称祖父母、父母死);

(8) 不睦(谓谋杀及卖缌麻以上亲,殴、告夫及大功以上尊长、小功尊属);

(9) 不义(谓杀本属府主、刺史、县令、现受业师,吏卒杀本部五品以上官长,及闻夫丧,匿不举哀,若作乐、释服从吉及改嫁);

---

① 参见张海峰:《唐律"十恶"一词的佛教渊源》,载于《现代法学》2012 年第 3 期,第 38—44 页;周东平:《隋〈开皇律〉十恶渊源新探》,载于《法学研究》2005 年第 4 期,第 133—137 页。

② 《唐律疏议》,岳纯之点校,上海古籍出版社 2013 年版,第 6 页。

(10) 内乱(谓奸小功以上亲、父祖妾及与和者)。

这十种罪名,按其直接损害利益的不同,可分为三类:(1)侵害了皇权;包括谋反、谋大逆、谋叛和大不敬四种罪行,这些行为危害了皇帝的统治权或者皇帝的人身安全、政治权威,故在"十恶"中的排序非常靠前。(2)侵害了家内尊长权益;包括恶逆、不孝以及不睦和内乱中的一部分情形。(3)严重危害了社会秩序;包括不道、不义以及不睦和内乱中的部分情形。

(三) 十恶的惩治

对"十恶"罪的惩罚,相对较重,犹以谋反、谋大逆处罚最重。以唐律为例,《唐律疏议》规定:"诸谋反及大逆者,皆斩;父子年十六以上皆绞,十五以下及母女、妻妾、祖孙、兄弟、姊妹若部曲、资财、田宅,并没官;男夫年八十及笃疾、妇人年六十及废疾者,并免;伯叔父、兄弟之子,皆流三千里,不限籍之同异。"对于谋反只要有预谋即视同真反,不必有谋反行为即可治罪,而且对谋反和谋大逆的处罚不分首从,同样治罪。对这两种罪实行株连,株连面非常广。唐宋法律对谋反者处斩,明清时期加重为凌迟处死。对于大不敬中的"合和御药误不如本方及封题误者""造御膳误犯食禁者""御幸舟船误不牢固者",《唐律疏议》的处罚都是处绞刑。对于冒犯父祖行为,《唐律疏议》规定:"诸詈祖父母、父母者,绞;殴者,斩;过失杀者,流三千里;伤者,徒三年","诸告祖父母、父母者,绞(谓非缘坐之罪及谋叛以上而故告者)","诸子孙违犯教令及供养有缺者,徒二年(谓可从而违,堪供而缺者。须祖父母、父母告乃坐)"。对于亲属之间的奸情行为,唐律打击甚重,"诸奸父祖妾、伯叔母、姑、姊妹、子孙之妇、兄弟之女者,绞"。除了处刑较一般犯罪为重外,唐律规定对于犯"十恶"者,常赦不原,即不得赦免。而且对于本应享有议、请、减、赎、当的官僚贵族,如犯十恶,则取消一切优免特权。"十恶"罪的这些处刑原则,一直延续到了明清时期。传统法律之所以对犯"十恶"者重刑处罚,因为"十恶"多数是涉及到危害君权和父权的犯罪,也有少数涉及到夫权,对"十恶"的打击涉及到维护三纲的问题,而三纲是传统社会的根本,是儒家思想主导下封建伦理的核心,不可动摇。

六、官僚贵族法律特权

在"士农工商"的传统社会,官员的地位高于平民百姓,官僚贵族享有一定法律特权,内容有诸多表现。

首先表现在刑罚方面。

当官员贵族犯罪时,享有一定的刑罚特权,这一现象出现较早。在西周时期就提出了"刑不上大夫"原则,"公族无宫刑"[①],以维护贵族的整体利益,便于更好地统治百姓和奴隶。此外,西周还出现了"八辟丽邦法",当亲、故、贤、能、功、贵、勤、宾这八种人犯罪时,能获得减刑优待。即便是处死刑,贵族在偏僻地方秘密处死,百姓则"刑人于市,与众弃之"[②]。即便是提出"刑无等级"冷酷无情的商鞅,对于太子犯法也奈何不得,只得惩罚其老师。汉高祖七年,刘邦下诏:"郎中有罪耐以上,请之",给与身边侍卫减免刑罚的特权,后"上请"的范围不断扩大,从"二千石"扩大到"六百石","吏六百石位大夫,有罪先请"[③]。在魏晋南北朝时期,八议、官当制度出现了,官僚贵族的刑罚特权在不断扩大。到唐代,《唐律疏议》对于官僚贵族犯罪规定了议、请、减、赎、当一系列充分的特权和优待。唐律中的这些特权制度在后世得到了延续,明清律典中没有官当制度,但议、请、赎等官僚贵族刑罚特权制度仍然存在。

具体而言,《唐律疏议》规定,"诸八议者犯死罪,皆条所坐及应议之状,先奏请议,议定奏裁。流罪以下,减一等"。对于亲、故、贤、能、功、贵、勤、宾这八种人,只要不犯十恶,即可享受八议优待。八议是官僚贵族中规格最高的人,他们犯了死罪,官员无权擅自判决,必须上报皇帝,由皇帝决定,通常能免死。享有上请优遇者层级低于八议者,为皇太子妃大功以上亲、应议者期以上亲及孙和官爵五品以上者,他们犯了死罪,上请;流罪以下,只要不是十恶、反逆缘坐、杀人、监守内奸、盗、略人、受财枉法罪,即可减一等。享有"减"优待的是更低层级的官僚贵族,《唐律疏议》规定:

---

① 《礼记·文王世子》。

② 《礼记·王制》。

③ 《汉书·宣帝纪》。

"诸七品以上之官及官爵得请者之祖父母、父母、兄弟、姊妹、妻、子孙,犯流罪以下,各从减一等之例。"此外,唐律进一步规定了官僚贵族的"赎罪"制度,"诸应议、请、减及九品以上之官,若官品得减者之祖父母、父母、妻、子孙,犯流罪以下,听赎"[1]。层级越低,享有减刑特权之人范围越广。唐律还规定了以官当徒罪制度,"诸犯私罪,以官当徒者,五品以上,一官当徒二年;九品以上,一官当徒一年。若犯公罪者,各加一年当。以官当流者,三流同比徒四年"[2]。

其次,表现在任官方面。

在西周世卿世禄的宗法社会,官僚贵族世代垄断了政治权力。春秋战国以后宗法制的衰落和新兴地主阶级的兴起,客卿养士、军功等入仕途径的出现,为社会中下层民众入仕提供了机会。秦汉选官注重才能和品行、九品中正制实行之处人才品评相对客观、唐以后的"学而优则仕"公平竞争的科举制,让不少寒士脱颖而出,步入仕途。即便是在科举盛行的唐代及后世,仍然存在官员子孙特有的入仕途径:门荫,《新唐书》记载:

> 凡用荫,一品子,正七品上;二品子,正七品下;三品子,从七品上;从三品子,从七品下;正四品子,正八品上;从四品子,正八品下;正五品子,从八品上;从五品及国公子,从八品下。凡品子任杂掌及王公以下亲事、帐内劳满而选者,七品以上子,从九品上叙。其任流外而应入流内,叙品卑者,亦如之。九品以上及勋官五品以上子,从九品下叙。三品以上荫曾孙,五品以上荫孙。孙降子一等,曾孙降孙一等。[3]

门荫无疑是官员子孙享有的入仕特权,清代的官荫有恩荫、难荫和特荫三种形式,后两者分别是对因公死亡官员之子和功臣子孙无士宦或品级卑微者的入仕任官上的优待。

最后,表现在诉讼方面。

其一,在传统社会很多时候,官员犯罪时有司不得擅自逮捕审问,如

---

[1]《唐律疏议》,岳纯之点校,上海古籍出版社 2013 年版,第 22 页。
[2]《唐律疏议》,岳纯之点校,上海古籍出版社 2013 年版,第 31—32 页。
[3]《新唐书·选举志》。

汉代六百石以上的官员犯罪,要先请示皇帝,再如《大明律》"职官有犯"条规定:"凡京官及在外五品以上官有犯,奏闻请旨,不许擅问。六品以下,听分巡御史、按察司并分司取问明白,议拟闻奏区处。若府州县官犯罪,所辖上司不得擅自勾问。只许开具所犯事由,实封奏闻。若许准推问,依律议拟回奏,候委官审实,方许判决"①,不同品级官员享受优待有所不同,但都有优越于百姓的特权,有司不得擅自断案。其二,一定层级的官员能够享受免于刑讯逼供的特权。如《唐律疏议》规定:"诸应议、请、减,若年七十以上,十五以下及废疾者,并不合拷讯,皆据众证定罪,违者以故、失论"②,依此,能享受议请减优待的官员犯罪时即可免于刑讯,《大明律》缩小了范围,官僚贵族只有入了八议范围才能免于刑讯,这与明初朱元璋重典治吏思想有关。免于刑讯,就减少了屈打成招酿成冤案的可能性。其三,古代还存在官员诉讼代理制度。史载西周时期"凡命夫、命妇,不躬坐狱讼"③,意在保护他们的尊严,以免遭到狱吏亵渎,而由他们的家臣、家奴等人代理诉讼。元代法律也确立了官员诉讼可由家人代理的制度:"诸致仕得代官,不得已与齐民讼,许其亲属家人代诉,所司毋侵挠之。"④《大明律》沿袭了和发展了元代的官员诉讼代理制度,规定:"凡官吏,有争论婚姻、钱债、田土等事,听令家人告官理对,不许公文行移。违者,笞四十。"虽然也有平民的诉讼代理制度,但往往只限于老疾之人。在古代,对簿公堂打官司总是一种不甚光彩事情,而且还要受到主审官员和衙役的呵斥,低声下气,没有尊严,官员需要打官司时可由他人代理,更好地照顾了官员的颜面。

官僚贵族不同于平民的特权制度,彰显官僚贵族的优越地位,维护了官员的威严和贵族高贵的形象,毕竟在礼者为异的古代社会,社会等级不可僭越,不同等级意味着不同身份,等级高的人就应该享受更好的资源,更好的待遇,这样才有利于官僚队伍的稳定,而且官员有威严才能充分发挥其管理效能。此外,优越的生活,加之一定的法律特权,使得当官成为

①《大明律》,怀效锋点校,法律出版社1999年版,第4页。
②《唐律疏议》,岳纯之点校,上海古籍出版社2013年版,第467—468页。
③《周礼·秋官·小司寇》。
④《元史·刑法志》。

265

古人最好的出路,有利于更好地吸引治国人才。维护社会等级秩序是儒家极力倡导的,修身齐家治国平天下、货与帝王家也是为儒家所倡导的古代知识分子最好出路。

前述六项只是法律儒家化的突出体现,而非法律儒家化之全部内容。法律儒家化是一个很宏大的范畴,揭示了传统法律的根本属性,从整体上讲儒家化的法律是在汉代春秋决狱、引礼入法的基础上发展起来的。由于儒家思想是一个道德体系,法律儒家化无非就是儒家的道德伦理向法律的渗透,其实质是法律道德化。

第十二讲

清末变法修律

  清末变法是中国法律史上重大事件,1901 年慈禧太后以光绪帝名义发布的上谕,提出"世有万古不易之常经,无一成罔变之治法。大抵法久则弊,法弊则更"①,宣布实行新政,拉开了清末变法的序幕。清末变法是清政府为了继续维持其岌岌可危的统治和挽救民族危亡不得已而为之,在这场自上而下的法律改革运动中,中国法律走向了近代化。

一、清末变法的社会背景

  历经两千多年陈陈相因、缓慢发展的封建政治法律制度到了清代后期逐渐僵化了,社会也失去了活力。与此同时,经过产业革命而迅速发展起来的西方列强不断开拓海外市场,并通过军事侵略打开了中国的国门,疯狂掠夺中国资源,清末变法在国内外矛盾不断加剧的社会危机之下上演了。

(一) 国内背景

  汉唐时期强大的国力、宋代高度发达的商品经济、元代极为辽阔的疆土以及明代郑和下西洋之壮举,都是传统中国曾经的辉煌,而且在清代仍有过康乾盛世的鼎盛,但两千多年来封建政治法律制度少有变化,当它所能容纳的生产力达到顶峰时必将成为束缚社会经济进一步发展的阻力,

---

① 《东华续录(光绪朝)·卷一百九十一》。

而逐渐失去其存在的理由，不能与时俱进的变革势必导致社会矛盾激化，引发社会危机。

首先，农村经济没有活力，农民生活艰难。在土地占有的不均衡之下，无地少地的农民只得租种地主的土地，忍受占土地粮食收成一半左右的封建重租，终年劳累难得温饱，遇到灾年或者家庭变故更是生存堪忧。除了地主的剥削还有高利贷主的剥削，造成了底层社会积贫积弱、民不聊生，农民没有资本投资反过来又会影响土地的出产。尽管清代地主和佃户之间的东佃关系多不再具有人身隶属性，但各地租佃习俗中地主拥有租佃关系绝对的控制权，清代法律干预较少，导致非永佃农即便有能力也不愿投资改良地力，否则更容易招致地主的收地换佃。尽管永佃制代表了租佃制经济生产力最高阶段，但到了一田二主顶峰后逐渐走向了保守。

其次，过时的重农抑商政策在清代仍然存在，商品经济发展艰难。发展商品经济是社会繁荣和进步的必然趋势，但清政府对外闭关锁国，对内重征商税。清代盐有盐税，矿有矿税，茶有茶税，酒有酒税。一般商品营业有牙税，过关有关税，到市场出售还有落地税。再加上一些官吏的勒索，工商业无法扩大再生产，许多商人将商业资本投向土地。此外，清政府还继续推行过时的禁榷制度，对重要物资实行官府垄断经营，违者治罪，如《大清律例》规定："凡犯私盐者，杖一百，徒三年"[1]、"凡贩私茶者，同私盐法论罪。"[2]

再次，科举选才固步自封，存在严重的机制弊端。作为选拔官员重要途径的科举制度，自明代以来考试内容仍然是四书五经，虽然四书五经是古圣先贤的思想，凝聚了精深的传统文化，但同时期西方自然科学在迅猛发展，而我们还仍然固步自封。科举被认为是传统社会知识分子最好的出路，不考自然科学，应试学子们自然不关心、不学习自然科学，毕竟备考精力有限，同样也就少有人去研究自然科学，长久以往终将是自然科学的落后和科技的全面落伍。而且，八股文这种僵化的考试形式除了讲"伟大的空话"外，也难以考量应试者的真才实学。不是科举这种"学而优则仕"

---

[1]《大清律例》，田涛、郑秦点校，法律出版社 1999 年版，第 250 页。
[2]《大清律例》，田涛、郑秦点校，法律出版社 1999 年版，第 257 页。

选才方式不好,而是具体选才制度的僵化不利于新式人才的培养和选拔。再者,科举将社会最好的人才都吸引到官场,没有实现人才资源在全社会的合理分配,某种程度甚至是人才浪费,不利于整个社会的均衡发展。

最后,延续两千年的封建等级制度、集权统治和专制文化在清代仍然牢固地存在,控制着整个社会。当西方自由、平等和人权思想已经充分发展起来时,清代广大底层民众仍然生存在社会的压榨和奴役中。君权独大,封建官僚们享有一系列的特权,作威作福,《大清律例》对百姓而言更多的只是义务。三纲五常仍然是禁锢人们思想的精神枷锁,封建伦理道德教导百姓做逆来顺受的顺民。

哪里有压制哪里就有反抗,高度的专制统治和残酷的封建压榨带来的必然是民怨的沸腾,再加上鸦片战争以来一系列不平等条约中的割地赔款负担最终都转嫁到了百姓身上,进一步加剧了民不聊生,激化了阶级矛盾。农民起义此起彼伏,影响较大的有太平天国起义、捻军起义和云南回民起义,旷日持久,尽管最终被镇压了,但对清政府的统治造成了很大的威胁。这些国内阶级矛盾从根本上讲是积弊丛生僵化的封建制度造成的,不变革作为上层建筑的政治法律制度,别无他途。

(二) 国际背景

在西方资本主义发展起来并寻求海外市场的时候,在商品销售、投资市场和原料供给方面与大清帝国加强经贸往来是必然事情,这是资本本性决定的。清代闭关锁国政策和对外商鸦片贸易的禁止导致了鸦片战争的爆发,列强用坚船利炮打开了中国的国门。随着军事入侵后不平等条约的签订,列强获得了一系列特权,中国失去了主权和领土完整,沦为半殖民地社会。列强的军事侵略、割地赔款和外国资本主义的侵入,进一步加剧了国内的阶级矛盾,阶级矛盾和民族矛盾交织在一起,底层民众受到封建主义和帝国主义的双重压榨。

列强坚船利炮的入侵,也让一些开明官僚们"睁眼看世界",明白了科技落后、器不如人,不再妄自尊大。"师夷长技以制夷",一场求强、求富的"洋务运动"十九世纪六十年代火热地开展起来了,洋务派官僚大规模引进西方先进的科学技术,成立江南制造总局、福州船政局、天津机械制造厂等一系列军工厂,兴办轮船、铁路、电报、邮政、采矿、纺织等各种新式民用工业,创办新式学校,选送留学生出国深造,培养新式人才,并组建了北洋海军。尽管洋务运动在发展国内资本主义经济、国防事业和教育等方面做出了重大贡献,但实践证明这条道路没能挽救民族危亡。1894 年在甲午中日战争中北洋海军全军覆没,标志着历时三十余年的洋务运动破产了。洋务运动失败说明求强治夷的真正出路不是"变器"而是"变道",更关键的不是发展科技,而是变革落后腐朽的上层建筑。

此外,西方文化的输入也给中国民众带来了近代思想启蒙。明末清初就时有传教士来中国传教,代表性的有意大利的利玛窦、德国的汤若望、比利时的南怀仁等等,他们带来了一些西方文化。鸦片战争以后随着国门的打开,西方的传教士大批涌入中国,在传教的同时,他们带来了西方文化著作,并在中国创办报刊,介绍了西方学说,传播了西方的自由、平等、人权和法治观念,启蒙了生活在封建枷锁专制统治下中国民众的思想。此外,中国近代留学生在学习外国先进科技的同时,也自觉不自觉地引入了西方的政治法律文化,在中西文化交流上起了重要的媒介作用。西方近代思想文化的输入,为清末变法提供了一定的社会文化氛围,减少了变法的社会阻力。

引发清末变法还有一项重要背景是领事裁判权的丧失,列强在华的领事裁判权始于 1843 年中英《五口通商章程》,该条约规定:"凡英国禀告华民者,必先赴管事官处投禀,候管事官先行查察谁是谁非,间有华民赴英官处控告英人者,管事官均应听诉,倘遇有交涉词讼,管事官不能劝息,即移请华官公同查明其事,秉公定断,其英人如何科罪,由英国议定章程、法律发给管事官照办。华民如何科罪,应治以中国之法。"随后,美国、法国、俄国、日本等列强也通过不平等条约,获得了在华领事裁判权。此后,收回领事裁判权成为清廷夙愿,经过艰难的谈判,在 1902 年《中英续议通商行船条约》中中英双方达成一致:"中国深欲整顿本国律例,以期与各西国律例改同一律,英国允愿尽力协助以成此举。一俟查悉中国律例情形及其审断办法及一切相关事宜皆臻妥善,英国即允弃其治外法权"①。对

---

① 王铁崖编:《中外旧约章汇编》(第 2 册),生活·读书·新知三联书店 1959 年版,第 109 页。

此,沈家本有言"方今改订商约,英、美、日、葡四国均允中国修订法律,首先收回治外法权,实变法自强之枢纽"①。收回领事裁判权,是清末变法修律的一大动力。

二、沈家本的变法思想

沈家本是清末著名法学家,长期在刑部工作,晚年被清政府委以重任,历任刑部右侍郎、修订法律大臣,并兼大理院正卿、法部右侍郎等职。因对传统法律有精深的研究,法律经验丰富且眼光开阔,沈家本被举荐为清末变法修律主持人,其变法思想自成一家。

(一)法治主义

沈家本对西方资产阶级国家的法治较为欣赏和推崇,认为实行资产阶级法治是列强国家迅速发展强大的关键,他以日本为例说:"日本旧时制度,唐法为多。明治以后,采用欧法,不数十年,遂为强国。"②对于有人认为实行法治会产生流弊,"必入于申韩",沈家本严厉地加以批驳:"抑知申、韩之学,以刻核为宗旨,恃威相劫,实专政之尤。泰西之学,以保护治安为宗旨,人人有自由之便利,仍人人不得稍越法律之范围。二者相衡,判然各别,则以申、韩议泰西,亦未究厥宗旨耳。"③沈家本一针见血地指出了,法家申、韩的法治实质是专制,非西方法治之义。

沈家本坚持西方的"善法之治"思想,认为治国之法必须是善法:"国不可无法,有法而不善,与无法等。"④除了有善法之外,沈家本还强调执法和司法活动必须严格依法,如此国家才能长治久安,"法善而不循法,法亦虚器而已。世无无法之国而能长久者"⑤。学习借鉴西方列强国家资本主义法制,是清末变法的方向和必然选择,对此沈家本有着深入的认识

① 沈家本:《历代刑法考》,邓经元、骈宇骞点校,中华书局 1985 年版,第 2024 页。
② 沈家本:《历代刑法考》,邓经元、骈宇骞点校,中华书局 1985 年版,第 2242 页。
③ 沈家本:《历代刑法考》,邓经元、骈宇骞点校,中华书局 1985 年版,第 2240 页。
④ 沈家本:《历代刑法考》,邓经元、骈宇骞点校,中华书局 1985 年版,第 2239 页。
⑤ 沈家本:《历代刑法考》,邓经元、骈宇骞点校,中华书局 1985 年版,第 47 页。

和坚定的信念。

(二) 中法与西法相结合,取长补短

对于清末修律,清政府提出了"务期中外通行,有裨治理"指导思想,清律中关涉纲常礼教之根本不得动摇。作为开明的封建官僚,沈家本在此问题上有自己深入的认识,坚持中西法律结合,取长补短。沈家本有言:"方今中国,屡经变故,百事艰难,有志之士,当讨究治道之源,旁考各国制度,观其会通,庶几采撷精华,稍有补于当世。"①如对于清律中比附援引规则的弊端,沈家本指出了三点:

> 第一,司法之审判官,得以己意,于律无正条之行为,比附类似之条文,致人于罚,是非司法官,直立法官矣。司法、立法混而为一,非立宪国之所宜有也。第二,法者与民共信之物,律有明文,乃知应为与不应为,若刑律之外,参以官吏之意见,则民将无所适从。以律无明文之事,忽援类似之罚,是何异以机阱杀人也。第三,人心不同,亦如其面,若许审判官得据类似之例,科人以刑,即可恣意出入人罪,刑一事裁判难期统一也。②

正是基于这些认识,《大清新刑律》中引入了西方罪刑法定原则,删除了比附制度。在清醒认识到中西礼教风俗之异基础上,如何融汇变通地移植西方法律,沈家本提出了很有见地的认识:

> 中国今者方议改裁判之制,而礼教风俗不与欧美同。即日本为同洲之国,而亦不能尽同。若遽令法之悉同于彼,其有阻力也固宜然。我法之不善者当去之,当去而不去,是之为悖。彼法之善者当取之,当取而不取,是谓之愚。夫必熟审乎政教风俗之故,而又能通乎法理之原,虚其心,达其聪,损益而会通焉,庶不为悖且愚乎。日本齐藤参事所述裁判之制,颇称详备,凡所谓宗旨何如,经验何如,其大端已具于是。是在讲究斯法者,勿求之

---

① 沈家本:《历代刑法考》,邓经元、骈宇骞点校,中华书局1985年版,第2242页。
② 沈家本:《历代刑法考》,邓经元、骈宇骞点校,中华书局1985年版,第1820页。

于形式，而求之于精神，勿淆群言，勿胶一是，化而裁之，推而行
之，斯变通尽利，平争讼，保治安，阻力罔勿消，而势亦无所阂矣。
古今中外之见，又何必存哉。①

沈氏之言，通达辩证，可谓得意忘形。

（三）法律人道主义

相对于西方资本主义法律而言，大清的法律非常残酷，存在大量令人
毛骨悚然的酷刑。沈家本非常欣赏西方的轻刑主义，在清末刑法改革中
坚持法律人道主义思想。在《删除律例内重法折》中，沈家本建议先议删
除凌迟、枭首、戮尸、刺字刑罚和废除缘坐之制，理由："参诸前人之论说，
皆多议其残苛，而考诸今日环球各国，又皆废而不用，且外人訾议中法之
不仁者，亦惟此数端为最甚。此而不思变通，则欲彼之就我范围，不犹南
辕而北辙乎？"②在沈家本看来不废除这些令洋人恐惧的酷刑，领事裁判
权势难收回。

在《虚拟死罪改为流徒折》，沈家本比较古今和中西死刑，感叹清代死
刑之繁重：

臣等复详加考核欧美、日本各国死刑，从前极为惨虐，近年
则日从轻减，大约少者止数项，多亦不过二三十项。中国刑法，
周时大辟二百，至汉武时多至四百九条，当时颇有禁网渐密之
议。元魏时大辟二百三十条，隋开皇中除死刑八十一条，唐贞观
中又减大辟九十三条，比古死刑殆除其半，刑法号为得中。国朝
之律，沿自前明。顺治时律例内真正死罪凡二百三十九条，又杂
犯斩绞三十六条。迨后杂犯渐改为真犯，他项又随时增加，计现
行律例内，死罪凡八百四十余条，较之顺治年间增十之七、八，不
惟为外人所骇闻，即中国数千年来，亦未有若斯之繁且重
者也。③

在沈家本主持制定的《大清现行刑律》中废除了凌迟、枭首、戮尸、刺

---

① 沈家本：《历代刑法考》，邓经元、骈宇骞点校，中华书局 1985 年版，第 2236—2237 页。
② 沈家本：《历代刑法考》，邓经元、骈宇骞点校，中华书局 1985 年版，第 2026 页。
③ 沈家本：《历代刑法考》，邓经元、骈宇骞点校，中华书局 1985 年版，第 2028 页。

字刑罚和缘坐制度,《大清新刑律》大大减少了死刑条目。

此外,沈家本法律人道主义思想还体现在禁止人口买卖、限制刑讯逼供等方面。对于人口买卖,沈家本深恶痛绝:"贫家子女,一经卖入人手,虐使等于犬马,苛待甚于罪囚。呼吁无门,束手待毙,残酷有不忍言者。"①鉴于当时欧美各国已无买卖人口之事,沈家本提出:"今既以不准买卖为宗旨,自应一律禁止。拟请嗣后买卖人口,无论为妻妾、为子孙、为奴婢,盖行永远禁止,违者治罪。旧时契卖之例,一律作废。"②受到西方诉讼法文化的影响,沈家本主张在刑事案件审判中限制刑讯,"审案时,除罪犯应死,证据已确而不肯供认者准其刑讯外,凡初次讯供时及流徒以下罪名,概不准刑讯,以免冤滥"③。如此,既尊重了罪犯人权,也有利于判决的公正,避免冤滥。

(四) 修律与研究法学相结合,注重人才培养

沈家本深知,中法有中法的法理,西法有西法的法理,中西法律非但制度上差异甚大,其背后的法理判然不同,不懂西方的法学而盲目移植西方法律,变法修律势难成功。对此,沈家本有着相当的洞察力:"法之修也,不可不审,不可不明。而欲法之审,法之明,不可不穷其理。"④不懂法理,不知其所以然必然制定不出良法。沈家本认为移植西方法律,必须研究其法学,"欲将明西法之宗旨,必研究西人之学,尤必编译西人之书"⑤,并以日本为例说明这一点:

> 日本旧时制度,唐法为多。明治以后,采用欧法,不数十年,遂为强国。是岂徒慕欧法之形式而能若是哉?其君臣上下,同心同德,发愤为雄,不惜财力以编译西人之书,以研究西人之学,弃其糟粕而撷其英华,举全国之精神,骨贯注于法律之内,故国势日张,非偶然也。⑥

---

① 沈家本:《历代刑法考》,邓经元、骈宇骞点校,中华书局 1985 年版,第 2037 页。
② 沈家本:《历代刑法考》,邓经元、骈宇骞点校,中华书局 1985 年版,第 2039 页。
③ 李贵连:《沈家本传》,法律出版社 2000 年版,第 214 页。
④ 沈家本:《历代刑法考》,邓经元、骈宇骞点校,中华书局 1985 年版,第 2234 页。
⑤ 沈家本:《历代刑法考》,邓经元、骈宇骞点校,中华书局 1985 年版,第 2242 页。
⑥ 沈家本:《历代刑法考》,邓经元、骈宇骞点校,中华书局 1985 年版,第 2242 页。

沈家本认为日本在学习西方法学方面取得了巨大成功,对西方法学理论有精深研究,这些非短期内急功近利所能解决。

> 各国法学,各自为书,浩若烟海,译才难得,吾国中不能多见。日本之游学欧洲者,大多学成始往,又现已通其文字,故能诵其书册,穷其学说,辨其流派,会其渊源。迨至归国之后,出其所得者,转相教授,研究之力,不少懈怠。是以名流辈出,著述日富。大抵专门之学,非博观约取,其论说必不能详,非极深研几,其精蕴必不能罄。此固非积数十寒暑之功侯不能有所成就。①

在沈家本看来,清末修律急需法学人才,务必振兴中国法学教育,而传统以来一直不重视法学教育,甚至对法律都有偏见。沈家本非常强调司法活动的专业性:“治狱乃专门之学,非人人之所能为。”②在重视法治的同时,沈家本也非常强调官员自身素质的重要性:“夫法之善者,仍在有用法之人,苟非其人,徒法而已。……有其法者尤贵有其人矣。大抵用法者得其人,法即严厉亦能施其仁于法之中;用法者失其人,法即宽平亦能逞其暴于法之外。”③为了更好地培养法学人才,适应变法的需要,在沈家本、伍廷芳的倡导下,清廷设立了京师法律学堂,专事培养法学人才。开设中西方一些重要法学课程,还聘请冈田朝太郎、松冈义正、志田钾太郎等日本学者来讲学。

三、清末变法修律的主要成果

清末修律选择了大陆法系的立法模式,主要以日本法律为蓝本,并请日本法学专家来指导和参与法律修订工作,历经数载出台了几部重要法典,也制定了很多单行法律,初步构建了部门法体系,要者如下:

---

① 沈家本:《历代刑法考》,邓经元、骈宇骞点校,中华书局1985年版,第2240页。
② 沈家本:《历代刑法考》,邓经元、骈宇骞点校,中华书局1985年版,第794页。
③ 沈家本:《历代刑法考》,邓经元、骈宇骞点校,中华书局1985年版,第51页。

（一）《钦定宪法大纲》

在国内外矛盾极度激化情况下，1901年慈禧太后以清政府的名义，下诏变法，改革政治和法律制度。宪法是西方法治的根本，而中国自古未有，如何实行君主立宪制改革，清廷一概不知，于是就有了1905年"五大臣出洋考察"活动，清政府派遣载泽、戴鸿慈、端方、尚其亨、李盛铎五位大臣出访日、美、法、德、英、奥等国考察其政治制度。历时半年多回国后，五大臣向清廷提出了《奏请以五年为期改行立宪政体折》，确信立宪有"皇位永固""外患渐轻""内乱可弭"三大利，且"欲防革命，惟有立宪"。1906年9月1日慈禧以光绪帝名义发布了《宪示预备立宪先行厘定官制谕》，1907年8月13日考察政治馆被改名为宪政编查馆，负责宪法起草工作。1908年8月27日清政府颁布了《钦定宪法大纲》。

作为清末预备立宪最重要的立宪成果，《钦定宪法大纲》是在借鉴日本1899年明治宪法基础上制定的，共23条，分为"君上大权"（14条）与附录臣民权利义务（9条）两部分。该宪法大纲开宗明义地宣布了君主立宪制："大清皇帝统治大清帝国，万世不易，永久尊戴""君上神圣尊严，不可侵犯"，与日本宪法第一条"大日本帝国由万世一系之天皇统治之"如出一辙。此外，该宪法大纲赋予了君主极大的权力，包括召集、开闭、停展及解散议院之权、设官制禄及黜陟百司之权、统率陆海军之权、宣战、媾和、订立条约及派遣使臣权、宣告戒严权、爵赏及恩赦权、总揽司法权、发布命令权，等等。宪法大纲也赋予了臣民言论、著作、出版、集会、结社自由、不受非法逮捕、监禁和处罚权、呈诉权、财产权、居住权，限定在"法律范围之内"。

《钦定宪法大纲》明确了永远保留皇帝这一角色，并对传统以来君主无所不能的权力作了一些规范和限制，但仍然赋予了君主极大的权力。内政外交，军备财政，亦多由君上独断，明确规定"议院不得干预"或"不付议院议决"，即便在形式上议院也不是最高立法机关。其中第八条"当紧急时，得以诏令限制臣民之自由"规定，使宪法所规定的臣民有限权利缺乏有效的保障。可见，该宪法大纲带有很强的封建色彩，与西方资本主义法中的"民主"和"宪政"相差甚远。但传统法律近代化变革是一个漫长的历程,不可能一蹴而就,该宪法大纲在内容上对君权作了明确限定、对臣民权利作了一定的认可,虽"大权统于朝廷",但"庶政公诸舆论"。《钦定宪法大纲》开了中国立宪史的先河,在中国近代法律史上具有里程碑式的意义。

(二)《大清新刑律》

中国传统法律历来是诸法合体,以刑为主,存在大量的酷刑,对严重触犯皇权、父权和夫权行为,打击甚重,与同时期西方资本主义刑法,无论法律原则上还是制度上都判然有别。刑律的修订极为重要,以符合君主立宪政体的需要,同时制定过程又最为艰巨,充满了矛盾和斗争。为了更好落实清廷"将一切现行律例,按照交涉情形,参酌各国法律,悉心考订,妥为拟议,务期中外通行,有裨治理"①这一修律指示,沈家本等组织翻译了大量的外国刑法,如《日本现行刑法》《日本陆军刑法》《日本海军刑法》《法兰西刑法》《德意志刑法》《美国刑法》《俄罗斯刑法》《意大利刑法》《比利时刑法》以及西方刑法学著作。此外,沈家本还聘请了日本著名刑法学家冈田朝太郎担任刑律起草顾问,指导起草工作。

由于《大清律例》年久失修,早已落后于清末急剧变化的社会了,沈家本认为"旧律之删订,万难再缓",但由于刑律修订事关重大且中西刑法相差太大,短期内想制定出一部完善的刑律显然不现实。于是沈家本等人在删改旧律基础上先行制定了一部过渡性的刑律《大清现行刑律》,于1910 年 5 月颁布。相对于《大清律例》而言,该现行刑律最大的变化主要有两方面:其一,废除了凌迟、枭首、戮尸、刺字刑罚,将原笞、杖、徒、流、死及发遣、充军等刑名,删改为罚金、徒刑、流刑、遣刑和死刑五种。其二,把清律中有关继承、分产、婚姻、典卖、田宅、钱债等纯属民事的法律行为分离出来,不再科刑。在修订《大清现行刑律》同时,修订法律馆仍在修订新刑律,几易其稿,最终经清廷批准于 1911 年 1 月 25 日公布《大清新刑律》,这是中国近代意义上的第一部刑法典。

《大清新刑律》共 53 章,总则 17 章,分则 36 章,共 411 条,附《暂行章

---

① 《东华续录(光绪朝)·卷一百七十三》。

程》5 条。相对于《大清现行刑律》,其发展变化主要体现在:(1)采用西方资产阶级刑法的体例,分为总则和分则两编。"总则为全编之纲领,分则为各项之事例",分则以罪名为纲。(2)引入西方资产阶级刑法原则。确立法律面前人人平等原则,取消"八议",删除了请、减、赎、五服制罪等制度。此外,还确立了"罪刑法定"原则,删除旧律中比附,规定律无正条者不予处罚。(3)更定刑名。仿效西法将刑罚确定为主刑和从刑两类,主刑包括死刑、无期徒刑、有期徒刑、拘役和罚金;从刑分为褫夺公权和没收两种。(4)酌减死罪。借鉴西方各国刑法,酌情减少了死罪条目。除谋反、大逆、谋杀祖父母、父母等罪大恶极行为仍用斩刑外,一般死刑仅用绞刑一种,于特定行刑场所秘密执行。(5)规定了惩治教育。仿效西方,凡幼年犯罪,改用惩治处分,拘置场中,进行感化教育,以尽"明刑弼教"之意。此外,《大清新刑律》还规定了妨害国交罪、妨害公务罪、妨害选举罪、鸦片烟罪、妨害卫生罪、妨害交通罪等新的罪名。

《大清新刑律》还没来得及实施,清政府就垮台了。尽管《大清新刑律》中还有一些等级特权制度内容,但这部刑律凝聚了沈家本等立法者很多心血,在《大清现行刑律》基础上又迈出了一大步,对其后民国刑法的制定带来很大的影响。

(三)《大清民律草案》

中国传统法律是公法化的法律,民刑合一,民事法律只是体现在律典中户婚、田宅、钱债、市廛等部分,且对这些方面违法行为也常常用刑来惩治,与西方近代意义上的维护人身权利、财产权利、尊重人和关爱人的民法迥异。鸦片战争打开国门后,西方的人权、自由、平等观念给中国民众带来了思想启蒙,加之列强在中国人身、财产的保护以及商品经济活动的广泛开展,还有清政府发展经济、摆脱社会危机的需要,制定近代民事法律是当务之急,也是众望所归。沈家本、伍廷芳等人主持的修订法律馆1907 年开始修订民律,聘请了日本法律专家松冈义正作为顾问参与起草工作,在民律修订中坚持四项修律原则:注重世界最普通之法则、原本后出最精确之法理、求最适于中国民情之法则、期于改进上最有利益之法则。

　　《大清民律草案》1911年8月完成,分为五编36章,共1569条。前三编总则、物权、债权由修订法律馆起草,后两编亲属和继承由修订法律馆会同礼学馆共同起草。该律内容上具有鲜明的特点。(1)引入了西方资产阶级民法基本原则和制度,主要有:①私有财产所有权不可侵犯。体现在该法第983条"所有人于法令之限制内,自由使用、收益、处分其所有物"、第984条"所有人于其所有物,得排除他人的干涉"以及第1013条"土地所有人,得禁止他人入其地内"等规定上。尊重和保护私有财产是民法基本精神,作出此项规定是个显著的进步。②契约自由。这是契约法重要原则,也是商品经济的基础。该民律草案第513条规定:"依法律行为而债务关系发生,或其内容变更、消灭者,若法令无特别规定,须依利害关系人之契约。"③过错致人损害应予赔偿。该民律草案引进了西方侵权法中的过失赔偿责任,第945条规定:"因故意或过失侵他人之权利而不法者,于因加侵害而生之损害,负赔偿之义务",第948条进一步规定:"官吏、公吏及其他依法令从事公务之职员,因故意或过失违背应尽之职务,向第三人加损害者,对于第三人负赔偿之义务。"(2)亲属、继承法带有很强的固有法色彩。与西方资产阶级法律侧重于个人权利不同,中国传统法律体现的是家族本位,强调的是个人的义务,父为子纲、夫为妻纲是传统婚姻家庭制度的灵魂。由于三纲的根本地位不能动摇,亲属、继承法的修改不可能大刀阔斧,而带有较浓的固有法色彩。如该民律草案第1318条之规定"家政统于家长",第1338条之规定"结婚须由父母允许",体现了家内尊长过大的权利,第1374条甚至还保留了父母对子女的惩戒权和送惩权:"行亲权之父母于必要之范围内,可亲自惩戒其子,或呈请审判衙门送入惩戒所惩戒之";第1333条之规定"同宗者,不得结婚",是传统"同姓不婚"之遗迹;第1351条之规定"关于同居之事务由夫决定",仍然在一定程度上承认了夫权的存在;第1353条"妻未成年时,其监护人之职务由夫行之",明显是肯定了早婚和童养婚习俗。在继承方面上,第一顺序继承人的是儿子,承认代位继承;依第1468条之规定,其后的继承人顺序层级依次为:①夫或妻,②直系尊属,③亲兄弟,④家长,⑤亲女。将女儿作为最后一顺序继承人,只有在没有其他继承人时才能继承遗产,几乎是传统绝户家庭女子继承权的再现。

由于出台较晚,《大清民律草案》也未实施,虽然该民律草案引进了西方先进的民法原则和制度,但外来法和中国传统法糅合在一起,不能融洽反倒显得不伦不类,但该法实现了民刑法律的彻底分离,开创了中国民事立法的新时代,影响深远。

(四)《钦定大清商律》与《大清商律草案》

重农抑商的中国传统社会,没有专门的商法,清末商法的制定既是国内外形势所迫,也是商品经济进一步发展的需要。《辛丑条约》签订后,清政府几乎成为帝国主义控制中国的工具,唯列强之命是从,与列强国家修订商约,满足列强的通商要求,为他们在中国的通商、殖民提供法律保障,并希望藉此收回领事裁判权,这是修订商律的外部原因。同时,西方商品经济的侵入,刺激和加速了民族资本主义经济的发展,国内商品经济的发展也需要法律来引领、规范和保障,制定商律可以缓和国内矛盾,同时还能彰显清政府顺应时代发展潮流的开明。在认清形势下,1903 年 4 月 22 日清政府发布上谕:"前据政务处议复,载振奏请设商部,业经降旨允准,兹著派袁世凯、伍廷芳先定商律,作为则例。侯商律编成奏定后,即行特简大员,开办商部"①,由此拉开了商事立法的序幕。

清末修律秉承民商分立的立法理念,商法的制定主要借鉴了德国、日本和英国的商法,也吸收了一些本土的商事习惯。商律的制定早于民律,在时间上经历了两个阶段,第一个阶段是 1903 年到 1907 年,立法机构为商部;第二节阶段是 1908 年到 1911 年,立法机构为修订法律馆和农工商部、邮传部等机构。《钦定大清商律》与《大清商律草案》分别是这两个阶段代表性的商事立法。

《钦定大清商律》是中国近代史上第一部商法,1904 年颁布,该商律由《商人通例》和《公司律》两部分构成。《商人通例》共 9 条,规定了商人的概念"凡经营商务贸易买卖,贩运货物者均为商人"、商行为主体资格以及商号、会计等账簿等内容。《公司律》共 131 条,首先规定了公司的四种形式:合资公司、合资有限公司、股份公司、股份有限公司,其后依次规定

---

① 《大清法规大全·实业部·谕旨》,台湾考证出版社 1972 年版,第 2949 页。

了股份、股东权利、董事、查账人、董事会议、众股东会议、账目、更改公司章程、公司解散等方面的具体制度。由于《钦定大清商律》立法仓促,内容简单,体系不完备,只是应急所需,颁行不久清政府就酝酿继续制定更为完备的商法,由此开始了《大清商律草案》的立法工作,1908 年修订法律馆专门聘请了日本法学博士志田钾太郎来主持该律的起草。该商律草案于 1909 年陆续脱稿,分总则、商行为、公司律、票据法、海船律五编,共1008 条;内容较全,包涉商业登记、商行为、公司种类、公司职责、海上运输、票据规格及种类、商品交换等方面。《大清商律草案》是中国近代史上第一部商法典,体系严谨,内容详备,但该律过多借鉴日本法制,不太符合中国国情。由于出台较晚,还没来得及颁布实施清政府就垮台了。

(五)《大清刑事诉讼律草案》与《大清民事诉讼律草案》

中国传统法律重实体、轻程序,虽有一些断案程序规则,但人们更注重实体正义,且实体法与程序法混在一起。考诸西方,沈家本、伍廷芳认为制定单独的诉讼法实属必要,在 1906 年修订法律馆制定的《刑事民事诉讼法》草案完成之后,在上清廷的《进呈诉讼法拟请先行试办折》中,沈家本进一步谈到了诉讼法的价值:

> 窃维法一道,因时制宜,大致以刑法为体,以诉讼法为用。体不全,无以标立法之宗旨;用不备,无以收行法之实功。二者相因,不容偏废。……泰西各国诉讼之法,均系另辑专书,复析为民事、刑事二项。凡关于钱债、房屋、地亩、契约及索取赔偿者,隶诸民事裁判;关于叛逆、伪造货币官印、谋杀、故杀、强劫、窃盗、欺诈、恐吓取财及他项应遵刑律拟定者,隶诸刑事裁判。是故断弊(狱)之制秩序井然,平理之功如执符契。①

《刑事民事诉讼法》分为总纲、刑事规则、民事规则、刑事民事通用规则和中外交涉案件五章,共 260 条,附颁行例 3 条。该诉讼法草案采取民事诉讼与刑事诉讼合编体例,体现了其过渡性质。由于该诉讼法草案遭到了地方官员的普遍抵制,各省督抚认为不便执行,终被搁置。后经清

---

① 张国华、李贵连编:《沈家本年谱初编》,北京大学出版社 1989 年版,第 110—111 页。

廷同意,1907年沈家本再次组织同时编纂《大清刑事诉讼律草案》与《大清民事诉讼律草案》,并聘请了冈田朝太郎和松冈义正两位日本法律专家分别参与了该两部诉讼律的制定。《大清刑事诉讼律草案》与《大清民事诉讼律草案》起草工作都于1911年完成,尚未正式版行,清政府就灭亡了。

《大清刑事诉讼律草案》分为总则、第一审、上诉、再审、特别诉讼程序、裁判之执行六编,共515条,规定了审判公开原则、平等原则、自由心证原则、辩论原则和告劾式诉讼方式、公诉制度、证据制度、辩护制度以及三审终审制等重要内容。《大清民事诉讼律草案》分为审判衙门、当事人、通常诉讼程序、特别诉讼程序四编,共800条,规定了诉讼管辖、诉讼代理、诉讼担保、第一审诉讼程序、上诉程序、再审程序、督促程序、公示催告程序等一系列从西方引进的诉讼制度,并确立了当事人主义、辩论原则、一事不再理等审判原则。这两部诉讼律草案分别是中国近代刑事诉讼法律史和中国近代民事诉讼法律史上第一部诉讼法草案,标志着中国传统诉讼制度在近代化道路上迈出了一大步,虽未实施但其引入西方近代诉讼制度的进步性值得肯定,且直接影响到其后的北洋政府诉讼法。

四、清末礼法之争

清末礼法之争,是指在清末《刑事民事诉讼法草案》和《大清新刑律草案》等法律的修订过程中以沈家本、杨度为代表的"法理派"与以张之洞、劳乃宣为代表的"礼教派"之间发生的理论争执。"法理派"之名源于该派主张大力引进西方制度和理论、坚持国家主义立场,而"礼教派"一方则认为新修订的法律不能违背中国传统礼教民情,坚持家族主义立场。

(一)礼法之争的过程

礼法之争的法律载体是1906年奏进的《刑事民事诉讼法草案》和1907年奏进的《大清新刑律草案》,争议的整个过程大致分为三个阶段:

　　第一个阶段,发生在沈家本与张之洞之间。1906 年《刑事民事诉讼法草案》修订好之后,清廷交给各衙门将军督府讨论时,遭到了各督府强烈反对,张之洞批驳甚烈,他认为该法的实施会导致父子异财、兄弟析产、夫妇分资,毁坏中国纲常名教,而且认为应该先有刑法、民法,再有诉讼法,刑民法都没有出来就出台诉讼法,体用倒置。在张之洞为代表的礼教派强烈反对和攻击下,《刑事民事诉讼法草案》夭折了。1907 年沈家本奏进《大清新刑律草案》,光绪帝责令将军、督抚文武官员仔细研究,看是否可行。尽管沈家本强调该刑律的修订秉承"折衷各国大同之良规,兼采近世最新之学说""仍不戾乎我国历世相沿之礼教民情"这一指导思想,但修律步伐太大、条文规定过于西化的做法,为礼教派所不容,张之洞甚至指责法理派"勾结革命""欲兴大狱"。

　　第二个阶段,以沈家本与劳乃宣为代表。由于《大清新刑律草案》受到张之洞等人的反对,沈家本只得再行修改,数易其稿,该《修正刑律草案》送交法部,法部增加《附则》后于 1910 年提交宪政编查馆审议。此时张之洞已故,宪政编查馆参议劳乃宣认为草案中有不少规定有违礼法,并撰写了《修正刑律草案说帖》,希望将一些礼教内容融入法律,劳乃宣的言论遭到了沈家本的反对,沈氏撰文《书劳提学新律说贴后》予以回应。争议双方各执一词,互不退让,此时冈田朝太郎、松冈义正及宪政编查馆、修订法律馆官员也纷纷发表言论声援沈家本,批驳礼教派。后宪政编查馆没有采纳礼教派意见,将草案更名为《大清新刑律》,将《附则》改为《暂行章程》,上交资政院议决。

　　第三个阶段,以杨度与劳乃宣为代表。在资政院审议《大清新刑律》草案过程中,宪政编查馆派特派员杨度去会场,说明立法宗旨。杨度慷慨陈词,阐明并坚持新刑律的国家主义立场,并批评了以劳乃宣为首的礼教派家族主义立法原则。随后再次遭到劳乃宣等人强烈反对。除了撰文批驳之外,劳乃宣还邀集众多同僚向资政院提交《新刑律修正案》,删改了《大清新刑律》草案,写入了一些有关礼教的条款,继续为传统的礼教纲常抗争。虽然劳乃宣的提案被资政院否决了,但在《大清新刑律》草案有关礼教具体条款审议上,双方继续发生了激烈争议。

（二）礼法之争的焦点

清末礼法之争的核心是《大清新刑律》是否违背了礼教纲常，如何对待中国数千年相传的"纲常名教"的问题，旧律中有关礼教的规定是否要写入新刑律以及如何写入。双方争论的焦点主要集中在五个方面。

1. 干名犯义

干名犯义是《大清律例》中一项罪名，指"子孙告祖父母、父母，妻妾告夫及告夫之祖父母、父母"的行为，处罚为"杖一百，徒三年"，如果诬告则处以绞刑。该规定是对封建伦理中父为子纲、夫为妻纲的维护，沈家本从西方平等思想出发，认为不应限制子孙、妻妾起诉权，"干名犯义此告诉之事，应于编纂《判决录》时于诬告罪中详叙办法，不必另立专条"①。礼教派认为"中国素重纲常，故于干犯名义之条，立法特为严重"②，《大清新刑律》中不能删除。

2. 存留养亲

犯罪存留养亲制度始于北魏时期，直到清代《大清律例》仍规定："凡犯死罪非常赦所不原者，而祖父母、父母老、疾应侍，家无以次成丁者，开具所犯罪名，奏闻，取自上裁。若犯徒、流者，止杖一百，余罪收赎，存留养亲。"③沈家本重申了嘉庆六年（1801 年）上谕中指出的该制度弊端"凶恶之徒，稔知律有明条，自恃身系单丁，有犯不死，竟至逞凶肆恶。是承祀、留养，非以施仁，实以长奸，转似诱人犯法"④。因此，沈家本认为存留养亲不应编入新刑律，礼教派认为存留养亲弘扬了孝道，也宣扬了仁政，在新刑律中应予保留。

3. 无夫奸与亲属相奸

传统礼教强调男女之防，男女授受不亲，和奸治罪，《大清律例》规定："凡和奸，杖八十；有夫者，杖九十"⑤，即"无夫奸"杖八十。对于《大清新

① 沈家本：《历代刑法考》，邓经元、骈宇骞点校，中华书局 1985 年版，第 2283 页。
②《清续文献通考·卷二百四十六》。
③《大清律例》，田涛、郑秦点校，法律出版社 1999 年版，第 99—100 页。
④ 沈家本：《历代刑法考》，邓经元、骈宇骞点校，中华书局 1985 年版，第 2283 页。
⑤《大清律例》，田涛、郑秦点校，法律出版社 1999 年版，第 521 页。

刑律》草案中删去了"无夫奸"之条，劳乃宣指责违背了礼教风俗，法律应本于礼教道德，且"无夫奸"不治罪有碍社会治安。沈家本则认为"无夫之妇犯奸，欧洲法律并无治罪之文。……近日学说家多主张不编入律内，此最为外人著眼之处，如必欲增入此层，恐此律必多指摘也。此事有关风化，当于教育上别筹办法，不必编入刑律之中"[①]。劳乃宣继而指责沈家本以外国人的喜好作为修律取向，认为为了收回治外法权而一味迎合外国人口胃是错误的。

对于亲属相奸行为，《大清律例》之处罚重于常人，"凡奸同宗无服之亲，及无服亲之妻者，各杖一百"[②]；奸缌麻以上亲，各处杖一百、徒三年；最重的甚至处斩："若奸父祖妾、伯叔母、姑、姊妹、子孙之妇、兄弟之女者，各斩"[③]。《大清新刑律》草案则将其降格处罚，比照"和奸有夫之妇"处三等至五等有期徒刑，理由："此等行同禽兽，故大乖礼教，然究为个人之过恶，未害及于社会。"[④]礼教派则认为这种"禽兽"行为严重违背礼教伦常，应如旧律一般严惩。

4. 子孙违犯教令

在传统社会，祖父母、父母对子孙有管理、教育、惩戒权力，对于子孙不服从管教之违犯教令行为，父母可告官惩治。《大清律例》规定："凡子孙违犯祖父母、父母教令，及奉养有缺者，杖一百。"对于《大清新刑律》草案没有"子孙违犯教令"这一条目，劳乃宣在《修正刑律草案说帖》中批评指出："子孙治罪之权，全在祖父母父母，实为教孝之盛轨。草案未列此条，殊非孝治天下之道。"对此，沈家本回应说："违犯教令出乎家庭，此全是教育上事，应别设感化院之类，以宏教育之方。此无关于刑事，不必规定于刑律中也。"松冈义正也认为，此条属于亲权范围内事情，应归于民律，不应规定于刑律。

5. 子孙卑幼能否对尊长行使正当防卫

传统法律中有正当防卫相关规定，如《唐律疏议》中的"夜无故入人

---

① 沈家本：《历代刑法考》，邓经元、骈宇骞点校，中华书局1985年版，第2286页。

② 《大清律例》，田涛、郑秦点校，法律出版社1999年版，第524页。

③ 《大清律例》，田涛、郑秦点校，法律出版社1999年版，第524页。

④ 沈家本：《历代刑法考》，邓经元、骈宇骞点校，中华书局1985年版，第2284页。

家"条,《大清律例》中仍沿袭了此项规定,"凡夜无故入人家内者,杖八十。主家登时杀死者,勿论"。法律馆修订新刑律引入了西方刑法中的正当防卫制度,规定"凡对于现在不正之侵害,出于防卫自己或他人权利之行为,不为罪",此条只是一概规定,没有区分双方身份,依此规定当尊亲属有犯时子孙也可正当防卫。劳乃宣等人认为,对于尊亲属的棍棒殴打,子孙只能大杖则走,小杖则受,不可有正当防卫权利。杨度运用近代刑法理论,认为刑法是君主对于人民的一种限制,尊亲属不可对子孙行使私刑,故在正当防卫问题上没有例外。

(三) 礼法之争的结果

礼法之争中对于一些具体法律制度是否要保留的问题,实际上是新修订的刑律是否要照顾礼教纲常、是否要体现和照顾传统伦理的问题。变法修律的方向是学习和引进西方列强法律,西方的法律有西方的法理,中国传统法律建立在传统礼教纲常基础上,有中国的律学理论,两种理论本不相同,引入西方法律必然会冲击到礼教纲常,实现二者完美结合谁也做不到。在引入西法的力度大小、变革法律的快慢上,礼教派与法理派认识不同,礼法之争实质上是修律立场上国家主义和家族主义之争。

客观地讲,在清末变法修律过程中,如沈家本、伍廷芳、杨度这般深入了解甚至精通西方法律且思想开明的大清官员毕竟只是少数,相对于礼教派而言,法理派势单力孤,而且礼教派有皇帝和太后在背后支撑,因为清廷最高层也不希望变法力度过大而动摇其赖以维持统治的礼教根基。甚至有学者认为,清王朝实行新政、仿行宪政并非出自真心,而是欺世惑民的一种骗术,企图借立宪修律以巩固封建统治。① 总体上看,礼法之争的结局以法理派的妥协而告终,在《大清新刑律》草案中本已被删除的一些关涉礼教的条目,因礼教派的强力反对以及皇帝和太后的干预,最终以五条《暂行章程》的形式补上,附于《大清新刑律》后面。在清廷颁布《大清新刑律》之后,礼教派仍然弹劾沈家本,使得沈氏不得不辞去修订法律大臣一职,回归刑部侍郎本职。

---

① 唐自斌:《杨度与清末礼法之争》,载《湖南师范大学社会科学学报》1993 年第 1 期,第 93 页。

　　尽管礼法之争中双方分歧较大,无情批判,但在变法图强、缓和国内外矛盾和挽救危亡这一修律的目的和出发点为上,双方并没有原则性分歧,张之洞和劳乃宣也并非不识时务,由沈家本来主持变法修律是张之洞极力荐举的。礼教派的批评也入情入理,分歧主要源于双方所持立场不同。换个角度看,清末礼法之争也是清末变法过程中,不同学术思想、不同观点的碰撞、批判和争鸣,对于中国法学的发展和法律思想的传播,都具有重要意义。

图书在版编目(CIP)数据

中国法律史/陈和平编著. —上海:上海三联书店,2023.2
ISBN 978 - 7 - 5426 - 7813 - 3

Ⅰ.①中…　Ⅱ.①陈…　Ⅲ.①法制史-中国　Ⅳ.①D929

中国版本图书馆 CIP 数据核字(2022)第 153176 号

中国法律史

编　著　者 / 陈和平

责任编辑 / 郑秀艳
装帧设计 / 一本好书
监　　制 / 姚　军
责任校对 / 王凌霄

出版发行 / 上海三联书店
　　　　　 (200030)中国上海市漕溪北路 331 号 A 座 6 楼
邮　　箱 / sdxsanlian@sina.com
邮购电话 / 021 - 22895540
印　　刷 / 上海惠敦印务科技有限公司

版　　次 / 2023 年 2 月第 1 版
印　　次 / 2023 年 2 月第 1 次印刷
开　　本 / 640 mm×960 mm　1/16
字　　数 / 280 千字
印　　张 / 18.5
书　　号 / ISBN 978 - 7 - 5426 - 7813 - 3/D·545
定　　价 / 78.00 元

敬启读者,如发现本书有印装质量问题,请与印刷厂联系 021 - 63779028